高等职业技术院校精品教材——交通运输类

U0616873

铁道机车车辆（第3版）

主　编　　马军强　　窦照龙

副主编　　朱亚利　　王　伟

主　审　　李益民

西南交通大学出版社
·成　都·

图书在版编目（CIP）数据

铁道机车车辆 / 马军强，窦照龙主编. - 3 版.
成都：西南交通大学出版社，2025. 6. -- ISBN 978-7
-5774-0497-4

Ⅰ. U26

中国国家版本馆 CIP 数据核字第 2025AD6756 号

Tiedao Jiche Cheliang （Di 3 Ban）

铁道机车车辆（第 3 版）

主编　马军强　窦照龙

策 划 编 辑	王　旻
责 任 编 辑	王　旻
责 任 校 对	左凌涛
封 面 设 计	何东琳设计工作室
出 版 发 行	西南交通大学出版社 （四川省成都市金牛区二环路北一段 111 号 西南交通大学创新大厦 21 楼）
营销部电话	028-87600564　028-87600533
邮 政 编 码	610031
网　　　址	https://www.xnjdcbs.com
印　　　刷	四川煤田地质制图印务有限责任公司
成 品 尺 寸	185 mm × 260 mm
印　　　张	20.25
字　　　数	507 千
版　　　次	2013 年 8 月第 1 版 2019 年 8 月第 2 版 2025 年 6 月第 3 版
印　　　次	2025 年 6 月第 1 次（累计印刷 12 次）
书　　　号	ISBN 978-7-5774-0497-4
定　　　价	58.00 元

课件咨询电话：028-81435775

　　随着我国重载运输和高速铁路的迅速发展，以铁道机车车辆及动车组为代表的运输装备制造业步入了国际领先水平。为了更好地满足高职院校培养运输生产高素质技能型人才的需要，帮助运输生产一线职工学习机车车辆知识、了解生产装备、提升专业素质，编写组认真总结了《铁道机车车辆》（第 2 版）教材在教学实践中的经验，并结合最近几年铁道机车车辆技术的发展成果和职业教育新形态教材建设理念，以模块和任务方式组织教材内容，将基本知识技能与拓展知识相结合对《铁道机车车辆》（第 2 版）一书进行了再次修订。

　　修订后的《铁道机车车辆》更加注重设备的实用性，突出了当前主型设备和最新管理运用知识，增补了新型机车车辆设备。教材按照铁道运营管理类人才培养目标，明确了知识、素质、能力要求，增设了帮助读者理解的参考资料，包括图片、视频和文本等，并以二维码方式嵌入教材，同时融入了现代运输生产中的新技术、新材料、新工艺、新设备、新规章以及相关设备方面的内容。

　　"铁道机车车辆"是铁道交通运营管理专业群的基础课程，是相关专业核心课程的先导课程。通过本课程的学习，学员可掌握各种车辆的历史演变、类型、构造及运用特点，熟悉当前主型机车车辆的基本工作原理、性能及管理运用知识，从而更好地学习运输专业的专业课程，更合理地运用铁路运输设备，为运输生产作出更大贡献。

　　本书由西安铁路职业技术学院马军强教授统稿，马军强、窦照龙担任主编；李益民担任主审。本次修订工作分工如下：模块 1 由西安铁路职业技术学院马军强负责；模块 3 由中国铁路郑州局集团有限公司郑州动车段窦照龙负责；模块 4 由西安铁路职业技术学院朱亚利负责；模块 2、模块 11 由西安铁路职业技术学院王伟负责；模块 5、模块 6、模块 7 由西安铁路职业技术学院师玲萍负责；模块 8、模块 9 由西安铁路职业技术学院王娟负责，模块 10 由西安铁路职业技术学院张省伟负责。

在教材编写过程中，得到了广州铁路职业技术学院朱婉萍、西安铁路职业技术学院魏仁辉以及西南交通大学出版社等部门及专家的大力支持；此外，本书的视频、图片及文档等技术资料均由铁路局一线企业专家提供，他们是：中国铁路兰州局集团有限公司兰州西车辆段刘亚飞，中国铁路成都局集团有限公司成都北车辆段赵世杰，中国铁路西安局集团有限公司车辆部王宁、西安东车辆段李建澍、西安客车车辆段王新玉、榆林车辆段蔡媛美等，在此表示衷心感谢。鉴于铁路改革和技术的发展，本教材难免存在不足之处，欢迎广大专家、读者提出宝贵意见。

编 者

2024 年 11 月

　　随着我国重载运输和高速铁路的迅速发展，以铁道机车车辆及动车组为代表的运输装备制造业步入了国际领先水平。为了更好地满足高职院校培养运输生产高素质技能型人才的需要，帮助运输生产一线职工学习机车车辆知识、了解生产装备、提升专业素质，编写组认真总结了《铁道机车车辆》（第 1 版）教材在教学实践中的经验，结合最近几年铁道机车车辆技术的发展成果，对《铁道机车车辆》一书进行了修订。

　　修订后的《铁道机车车辆》在注重设备全面性的同时，更加注重设备的实用性，精简了我国铁道机车车辆的发展历程，突出了当前主型设备和最新管理运用知识，增补了新型机车车辆设备。教材按照铁道运营管理专业群人才培养目标要求，重点介绍主型机车车辆装备的基本特点、基本原理及使用性能等内容，同时融入了现代运输生产中的新技术、新材料、新工艺、新设备、新规章及其相关设备方面的内容。

　　"铁道机车车辆"是铁道交通运营管理专业群的基础课程，是相关专业核心课程的先导课程。通过本课程的学习，学员可掌握各种车辆的历史演变、类型、构造及运用特点，熟悉当前主型机车车辆的基本工作原理、性能及管理运用知识，从而更好地学习运输专业的专业课程，更合理地运用铁路运输设备，为运输生产作出更大贡献。

　　本次修订工作主要邀请了经验丰富的铁路技术人员参与，在分工修订、互相协作的基础上，大家提供了许多资料。本书由西安铁路职业技术学院马军强教授统稿，韩买良教授主审。编写分工为：第一章、第六章、第七章由中国铁路西安局集团有限公司职工培训部杨学诚、计划统计部马醒敏负责修订；第八章、第九章、第十章由中国铁路西安局集团有限公司机务部徐涛负责，组织延安机务段钟亚杰、马利山、徐强及新丰镇机务段孟帅参与修订；第二章、第三章、第四章、第五章由中国铁路西安局集团有限公司车辆部郭光玉负责，组织赵荣华、王路、梁朝利、阎泉、汤斌、溪斌参与修订；第十一章由中国铁路西安局集团有限公司车辆部赵荣华、机务部徐涛负责修订。

本教材在编写过程中，得到了兄弟院校的大力支持，以及西安铁路职业技术学院徐小勇教授、薛振洲老师、师利娟老师以及西南交通大学出版社等部门及专家的大力帮助，在此表示衷心感谢。本教材在编写过程中，参考了大量的文献和资料，在此一并向所有文献和资料的作者致以衷心的感谢！

　　鉴于铁路改革和技术的发展，本教材难免存在不足之处，欢迎广大专家、读者提出宝贵意见。

编　者

2019 年 5 月

第1版前言
PREFACE

随着我国重载运输和高速铁路的发展，铁路运输装备现代化水平得到了很大提高。为了适应铁路运输装备现代化及运输生产的需要，满足铁路运输专业院校培养运输生产高素质技能型人才的需要，满足运输生产一线职工学习机车车辆知识，更好地了解生产装备、提升专业素质的需要，我们根据铁路高等职业教育铁道运输专业人才培养方案及相关课程标准，在参考相关教材、参考资料，总结近年技术发展成果的基础上，结合多年的教学经验，编写了《铁道机车车辆》一书。

本书注重设备的全面性与现实性的结合，比较全面系统地讲述了我国铁道机车车辆的发展历程、基本特点、基本原理、管理及运用等基本知识。教材介绍的重点是现代主型机车车辆装备及设备的使用性能等内容，同时融入了现代运输生产中的新技术、新材料、新工艺、新设备、新规章，尤其是精选了动车组及其相关设备方面的内容。

"铁路机车车辆"是铁路运输专业的基础课程，是专业核心课程的先导课程。通过本课程的学习可使学生把握各种车辆的历史演变、类型、构造及运用特点，熟悉机车车辆的基本工作原理、性能及管理运用知识，从而更好地学习运输专业"铁路行车组织""铁路货运组织""铁路客运组织"等专业课程，更合理地运用铁路运输设备，为运输生产作出更大贡献。

本教材由西安铁路职业技术学院马军强主编，编写分工为：西安铁路职业技术学院马军强编写第二章，第三章，第四章，第五章，第六章，第十章，第十一章第四节、第五节；西安局集团有限公司调度所张靠社编写第七章，第十一章第六节、第七节；天津铁道职业技术学院王珏编写第一章；西安铁路职业技术学院滕勇编写第八章，第九章，第十一章第一节、第二节、第三节。本教材由马军强统稿、西安铁路职业技术学院韩买良教授主审。

本教材在编写过程中得到了兄弟院校的大力支持，得到了西安局集团有限公司、京沪高速铁路股份有限公司、西南交通大学出版社等部门及专家的大力帮助，在此表示衷心感谢。

本教材在编写过程中，参考了大量的文献和资料，在此一并向所有文献和资料的作者致以衷心的感谢！

鉴于铁路改革和技术的发展，本教材难免存在不足之处，欢迎广大专家、读者提出宝贵意见。

编　者

2013 年 6 月

数字资源目录

序号	二维码名称	资源类型/数量	书籍页码
1	K6转向架简介	动画	2
2	车辆分类及车种代码	PDF	4
3	客车类型和标记	PPT	13
4	货车的类别	PPT	32
5	我国主型敞车的主要技术参数一览表	PDF	42
6	P$_{64}$型棚车主要技术参数	PDF	47
7	P$_{65}$型棚车主要技术参数	PDF	49
8	P$_{70}$型棚车主要技术参数	PDF	51
9	P$_{80}$型棚车主要技术参数	PDF	54
10	我国部分长大货物车的性能参数表	PDF	64
11	电开水器常见故障、原因及处理方法	PDF	78
12	制冷原理示意图	PDF	81
13	铁路客车主要损伤形式	PPT	86
14	车钩简介	微课	92
15	25T客车密接式车钩技术参数	PDF	102
16	客车车钩缓冲装置	PPT	102
17	209系列转向架参数对比	PDF	137
18	206系列转向架参数对比	PDF	139
19	客车转向架	PPT	142
20	车辆制动概述	PPT	155
21	铁路客货车制动机发展概述	PDF	163
22	客车运用常识	PPT	181
23	TCDS系统特点	PDF	185

序号	二维码名称	资源类型/数量	书籍页码
24	四类事故等级具体内容	PDF	194
25	各型内燃机车简介	PPT	201
26	R12V280ZJ 柴油机总体结构	PPT 及动画	206
27	HXN5 型内燃机车转向架结构	PPT	223
28	直流传动电力机车简介	PPT	228
29	交流传动电力机车简介	PPT	228
30	HXD3 型电力机车司机室设备	PPT	232
31	HXD3 型电力机车车顶设备	PPT	232
32	受电弓	PPT	234
33	主断路器	PPT	235
34	高压隔离开关	PPT	236
35	电力机车主要部件图片	PDF	236
36	HXD3 型电力机车风源系统简介	PPT	237
37	CCB-II型制动系统简介	PPT	238
38	机车交路及机车运转制	PPT	252
39	机车乘务组与乘务制度	PPT	254
40	动车组转向架发展技术	PPT	265
41	CRH380 具体车型布局	PDF	278
42	EC01/EC08 车内部和地板下布局	PDF	278

目 录
CONTENTS

模块 1 车辆整体认知

铁路运输在各种运输方式中优势突出，在国民经济和社会发展中具有特殊重要的地位和作用。铁道车辆是运输货物和旅客的重要装备。技术装备现代化是增强铁路综合运输能力的重要基础，是确保运输安全的关键环节，是提升铁路服务质量的基本条件，是提高铁路运输效益的重要源头。随着国民经济的发展和人民生活水平的不断提高，我国铁路建设以客运高速、快速和货运快捷、重载为重点，推动了我国铁道机车车辆技术的快速发展并逐渐达到国际先进水平。

知识目标

1. 掌握铁道车辆的组成及分类；
2. 掌握铁道车辆标记；
3. 掌握铁道车辆的方位及主要参数。

能力目标

1. 能够简述铁道车辆的组成、分类；
2. 能够分清楚车辆的方位。

素质目标

1. 培养学生的爱国主义情怀、民族自豪感；
2. 提高学生的行业认知，增强学生的行业自豪感。

任务 1 车辆的组成及分类

任务导入

近年来，伴随着我国科学技术的快速发展，我国交通基础设施建设从传统型向现代化、智能化、信息化方向快速发展，和谐号、复兴号、动力集中型动车组等车种车型相继诞生并投入运用，但无论车辆技术如何发展，铁道车辆的基本结构组成和分类都没有发生太大变化。接下来让我们一起学习铁道车辆的基础知识吧。

一、铁道车辆的组成

铁道车辆是用来运送旅客、装运货物或作其他特殊用途的运载工具，是铁路运输的重要设

（a）座椅

（b）卫生间

图 1.1.5　车内设备

二、铁道车辆的分类

铁道车辆按用途分为货车、客车及特种用途车。

（一）货车

货车是供运送货物的车辆，按其用途分为通用货车、专用货车和特种货车。

车辆分类及车种代码

1. 通用货车

敞车：我国的主型货车。如图 1.1.6 所示，其车体两侧及端部均设有 0.8 m 以上的固定墙板，无车顶，又称高边车。敞车主要用以装运散粒货物，如煤、焦炭等；可装运木材、集装箱等无须严格防止湿损的货物；也可加盖篷布，运输怕湿损的货物；还可装运质量不大的机械设备。因此，敞车具有很大的通用性。

图 1.1.6　敞车

棚车：车体设有车顶、侧墙、端墙和门窗，如图 1.1.7 所示。棚车用以装运各种需防止湿损、日晒或散失的货物，如布匹、粮食、化肥、棉纺织品和仪器等。除运送货物外，棚车还可以作简易客车使用。

图 1.1.7　棚车

平车：如图 1.1.8 所示，平车的底架承载面为一平面，通常两侧设有柱插，有的平车还设有可活动下翻式的矮端墙和侧墙，可用来装运矿石、砂土等块粒状货物。平车一般用于装运钢材、木材、集装箱、汽车、拖拉机、机器设备及军用装备等较大的货物。

图 1.1.8　平车

2. 专用货车

罐车：设有圆筒形罐体，专用于装载液体、液化气体或粉状货物的车辆，如图 1.1.9 所示。罐车按装载货物品种不同可分为轻油罐车、黏油罐车、沥青罐车、食油罐车、水罐车、化工品罐车、粉状货物罐车、液化气罐车等；按卸货方式可分为上卸式罐车、下卸式罐车。

图 1.1.9　罐车

机械保温车：运送鱼、肉、鲜果、蔬菜等易腐货物的专用车辆。这些货物在运送过程中需要保持一定的温度、湿度和通风条件，因此机械保温车的车体装有隔热材料，如图 1.1.10 所示，车内设有冷却装置、加温装置、测温装置和通风装置等，具有制冷、保温和加温 3 种性能。

图 1.1.10　机械保温车

集装箱车：底架承载面与平车相同但无地板，车体上设有固定集装箱的设备，用以装运集装箱。采用集装箱车运输可大大提高装卸车效率，加速车辆的周转。

长大货物车：特长和特重货物无法用一般的铁路货车来装运，必须使用专门的长大货物车。例如，车辆长度在 19 m 以上的长大平车；此外，还有矿石车、砂石车、水泥车、漏斗车等。其中，矿石车主要用以运送各种矿石、矿粉，有的矿石车车体能借助液压或空气压力的作用向任一侧倾斜，并自动开启侧门，把货物倾泻出来；砂石车又称低边车，有固定的高度不足 0.8 m 的侧墙，以防止过载，主要用于运送砂土、碎石等货物；水泥车车体为圆柱形罐体，上部有装入水泥的舱孔，下部有漏斗式开门，专供运送散装水泥。使用水泥车，可节约大量包装材料及工时。图 1.1.11 为水泥车。

图 1.1.11　水泥车

（二）客车

按用途不同将客车分为运送旅客的车辆、为旅客服务的车辆和特殊用途的车辆。

1. 运送旅客的车辆

硬座车：旅客座位为半硬制品（泡沫塑料）或木制品，相对的两组座椅中心距离在 1 800 mm 以下。

软座车：旅客座位及靠垫设有弹簧装置，相对的两组座椅中心距离在 1 800 mm 以上。

硬卧车：卧铺为 3 层，铺垫为半硬制品（泡沫塑料）或木制品，卧室为敞开式或半敞开式。

软卧车：卧铺为两层，铺垫有弹簧装置，卧室为封闭式单间，单间定员不超过 4 人。

合造车：一辆车上同时设有两种或两种以上用途的车内设备。

双层客车：设有上、下两层客室的座车或卧车，如图 1.1.12 所示。

图 1.1.12　双层客车

2. 为旅客服务的车辆

餐车（CA）：供旅客在旅行中饮食就餐用的车辆，车内设有厨房、餐室及储藏室（同时还有小卖部）等设备，如图 1.1.13 所示。

图 1.1.13　餐车

行李车（XL）：供运输旅客行李及物品的车辆。车内设有行李间及办公室等设备。

3. 特殊用途的车辆

邮政车：供运输邮件的车辆。车内设有邮政间及邮政员办公室等设备，常固定编挂于旅客列车中，如图 1.1.14 所示。

图 1.1.14　邮政车

公务车：供国家机关人员到沿线检查工作时办公用的专用车辆。

卫生车：专供运送伤病员使用的车辆，车内设有简单的医疗设备。

医疗车：到铁路沿线为铁路职工及家属进行巡回医疗使用的车辆，车内设有医疗设备，如图 1.1.15 所示。

图 1.1.15　医疗车

试验车：供科学技术试验研究使用的车辆，车内设有试验仪器设备。

维修车：供检查和维修铁道线路设备的车辆，车内有必要的维修检查设备。

（三）特种用途车辆

救援车：发生铁路交通事故时，用于排除线路故障及修复线路故障使用的车辆，一般编成救援列车，包括起重吊车、修复线路的工具车、材料车、救援人员的食宿车等。

检衡车：用于鉴定轨道平衡（大型专用地秤）性能的车辆，设有砝码或同时设有操作机器，有 30 t、40 t、50 t 等几种类别，如图 1.1.16 所示。

图 1.1.16　检衡车

发电车：设有动力机械驱动的发电设备的车辆，有单节的，也有由发电车、机修车及发电人员生活用车等合编的电站式车列（可称为电站车组），用于给列车供电，可作为铁路线上流动的发电厂，供缺电处所用电。

除雪车：供扫除铁道上积雪之用。车辆上部装有犁式的专用除雪板，一般由机车推动前进，主要在我国寒冷的东北地区清扫轨道积雪，如图 1.1.17 所示。

图 1.1.17　除雪车

无缝钢轨输送车：用于运送、回收 250 m 的超长钢轨，一般由多种车辆组合而成，此外还有电路维修车、锅炉车等。

知识巩固

1. 简述铁道车辆是由哪几部分组成。
2. 简述我国客车车辆有哪些种类。

3. 我国通用货车有哪些？罐车属于通用货车吗？如果不是，请说明原因。

知识拓展

客车如果按照运营类型也可以分为以下几种：

（1）轻轨车辆及地铁车辆：这是一种城市交通系统中所用的短途车辆，目前统称它们为城市轨道交通车辆，其本身均设有驱动装置。

（2）市郊客车：比轻轨车辆及地铁车辆运行距离稍远，在大城市与其周边的中、小城镇或卫星城市之间运行。

（3）高速客车：运行速度大于或等于 200 km/h 的客车。

（4）准高速客车：运行速度为 160 ~ 200 km/h 的客车。

（5）普速客车：运行速度为 120 ~ 160 km/h 的客车

任务 2　车辆标记

任务导入

通过任务 1 的学习，我们了解到铁道车辆的基本组成和分类方法，掌握了铁道车辆各部分的组成及其作用，认识了我国常见客货车辆类型。在实际的铁路运输中，为便于对车辆进行运用管理和检修工作，满足全路铁路运输信息联网的需求，运用中的每辆车上都标有一些数字、字母、图案或者文字，这些就叫作车辆标记。那车辆上的这些标记究竟代表什么意思呢？下面让我们一起揭开车辆标记的神秘面纱吧。

如图 1.2.1 所示，在车辆指定部位涂打的用于标明车辆的配属、用途、编号、主要参数等的文字、数字和代号称为车辆标记。车辆标记可分为车型车号标记、产权配属标记、运用标记、检修标记。

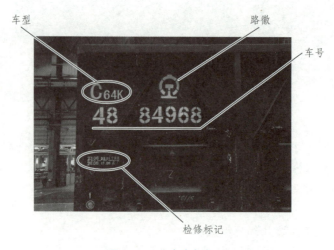

图 1.2.1　货车车辆标记

一、车型车号标记

车型车号标记简称车号或车辆代码。客、货车的车型车号标记均由基本型号、辅助型号和车辆制造顺序号码 3 部分组成，每一辆车的代码是唯一的。货车是在侧墙上或活动墙板上涂打，并在底架侧梁或侧墙下缘涂打小车号。客车涂打在两侧墙的两端靠近车门处和客室内端墙上部。

（一）货车车辆代码

1. 货车车种编码方法

货车车种代码原则上在该车汉语拼音名称中选取一个大写字母构成，具体如表 1.2.1 所示。

表 1.2.1　货车车辆种类代码

顺　号	车　种	代　号	顺　号	车　种	代　号
1	敞　车	C	10	家畜车	J
2	棚　车	P	11	水泥车	U
3	平　车	N	12	粮食车	L
4	罐　车	G	13	特种车	T
5	保温车	B	14	矿翻车	KF
6	集装箱车	X	15	活鱼车	H
7	矿石车	K	16	通风车	F
8	长大货物车	D	17	守　车	S
9	毒品车	W			

2. 货车车型、车号编码方法

（1）货车车型编码方法。

货车车型代码作为车种代码的后缀，车型代码用大写汉语拼音字母和数字混合表示，它是为区分同一车种中因结构、装载量等的不同而设的。车型代码必须与车种代码连用，必要时其后还可再加大写拼音字母。原则上车种、车型代码合在一起不得超过 5 个字符，一般由下面 3 部分组成：

第一部分为货车所属车种编码，用 1 位大写字母表示，作为车型编码的首部。

第二部分为货车的质量系列或顺序系列，用 1 位或 2 位数字或大写字母表示。

第三部分为货车的材质或结构，用 1 位或 2 位大写字母表示。

具体表示如下：

X　XX　XXX

大写字母，表示该车种材质或结构

数字或字母，表示该种车质量系列或顺序系列

大写字母，表示货车所属车种

例如：

C_{62B}　　C（车种）　　62（顺序系列）　　B（结构区别）

N_{17A}　　N（车种）　　17（顺序系列）　　A（结构区别）

（2）货车车号编码方法。

① 货车车号采用7位数字代码，可编的容量为9 999 999辆。

② 同一车种、车型的货车，其车号编码必须集中在划定的码域内，以便从车号编码上反映货车的车种、车型信息。

③ 每辆货车的车号编码在全国范围必须唯一。

④ 车号编码的基本规律：车号的7位数中，前1～4位表示车型车种，后3～6位一般表示生产顺序等。货车各车种的车号编码范围如表1.2.2所示。

表1.2.2　货车车号编码表

车　种		车号容量	车号范围	预留号
准轨货车	棚　车	500 000	3 000 000～3 499 999	3 500 000～3 999 999
	敞　车	900 000	4 000 000～4 899 999	4 900 000～4 999 999
	平　车	100 000	5 000 000～5 099 999	5 100 000～5 199 999
	集装箱车	50 000	5 200 000～5 249 999	5 250 000～5 499 999
	矿石车	32 000	5 500 000～5 531 999	5 532 000～5 599 999
	长大物货车	100 000	5 600 000～5 699 999	5 700 000～5 999 999
	罐　车	310 000	6 000 000～6 309 999	6 310 000～6 999 999
	冷藏车	232 000	7 000 000～7 231 999	7 232 000～7 999 999
	毒品车	10 000	8 000 000～8 009 999	
	家畜车	40 000	8 010 000～8 039 999	
	水泥车	20 000	8 040 000～8 059 999	
	粮食车	5 000	8 060 000～8 064 999	
	特种车	10 000	8 065 000～8 074 999	8 075 000～8 999 999
	守　车	50 000	9 000 000～9 049 999	9 050 000～9 099 999
	海南车	100 000	9 100 000～9 199 999	
窄轨车	米轨车	50 000	9 200 000～9 249 999	
	寸轨车	50 000	9 250 000～9 299 999	9 300 000～9 999 999
自备车		999 999	0 000 001～0 999 999	
备　用		2 000 000	1 000 000～2 999 999	

（二）客车车辆代码

如图1.2.2所示，客车车号也是由基本型号、辅助型号和制造顺序号码3部分组成，一般涂打在两侧墙的两端靠近车门处和客室内端墙上部。在客车车型车号标记的左侧或右侧，还用汉字标明该车车种，如"硬座车"等，以便旅客识别。

客车类型和标记

图 1.2.2　客车车型车号标记

1. 基本型号

基本型号即车辆的车种编码,一般用 2 个或 3 个大写汉语拼音字母表示,如表 1.2.3 所示。

表 1.2.3　客车车种名称及基本型号

顺　号	车　种	代　号	顺　号	车　种	代　号
1	软座车	RZ	10	空调发电车	KD
2	硬座车	YZ	11	医疗车	YI
3	软卧车	RW	12	试验车	SY
4	硬卧车	YW	13	简易座车	DP
5	行李车	XL	14	维修车	EX
6	邮政车	UZ	15	文教车	WJ
7	餐　车	CA	16	特种车	TZ
8	公务车	GW	17	代用座车	ZP
9	卫生车	WS	18	代用行李车	XP

这里需要说明的是,合造车(由两种或两种以上合造成一辆车)的基本型号,由组成合造车的车种汉语拼音字头合并,如软硬座车为"RYZ"。有特殊结构和用途的客车,在车种基本型号中增添汉语拼音字头,如双层客车加"S",市郊客车加"J",内燃动车加"N",电力动车加"D"。

2. 辅助型号

为表示同一种型号的客车的不同结构系列及内部有特殊设施时,用一位或两位小阿拉伯数字及小汉语拼音字母表示，附在基本型号的右下角。将这些小阿拉伯数字和小汉语拼字母称为车辆的辅助型号。例如 YZ_{22}、YZ_{25T} 中的"22""25T"均为辅助型号。

3. 客车制造顺序号码

客车制造顺序号码表示按预先规定的规则而编排的某一车种的顺序号码，用以区分同一类型的不同车辆，用阿拉伯数字表示，记在基本型号和辅助型号的右侧。客车制造顺序号码的编码情况如表 1.2.4 所示。

例如，客车车号标记为 $YZ_{25B}387888$，其中，YZ 表示基本型号为硬座车；25B 表示辅助型号（非空调型或本车供电空调型）；387888 表示客车制造顺序号码。客车车号标记为 $YZ_{25G}48479$，其中，YZ 表示基本型号为硬座车；25G 表示辅助型号为集中供电空调车；48479 表示客车制造顺序号码等。

表 1.2.4　客车车号编码表

序　号	车　种	起讫号码
1	合造车	100 000 ~ 109 999
2	行李车	200 000 ~ 299 999
3	软座车	110 000 ~ 199 999
4	硬座车	300 000 ~ 499 999
5	软卧车	500 000 ~ 599 999
6	硬卧车	600 000 ~ 799 999
7	餐　车	800 000 ~ 899 999
8	其他车	900 000 ~ 999 999

二、产权制造标记

（一）路徽标记

凡产权归中国国家铁路集团有限公司（简称国铁集团）所有的车辆，均要涂打路徽，货车涂打在车体两侧的侧墙上。客车涂打在车体两端外墙板左侧。对于货车，还应在侧梁适当部位安装中国国家铁路集团有限公司的产权牌(用金属制作的、椭圆形的路徽标志牌)，如图 1.2.3、图 1.2.4 所示。

图 1.2.3　路徽标记

图 1.2.4　中国国家铁路集团有限公司产权牌

（二）国徽标记

凡参加国际联运的客车须在侧墙中部悬挂国徽标记，如图 1.2.5 所示。参加国际联运的货车虽无国徽，一旦离开产权所有国，可凭路徽标志回送至产权国。

图 1.2.5　国徽标记

（三）路外厂矿企业自备车辆的产权标志

路外厂矿企业的自备车因运送货物或委托路内厂、段检修而需要在正线上行驶时，一般要在侧墙上或其他相应部位用汉字涂打上"某某公司自备车"字样，如图 1.2.6 所示。

图 1.2.6　神华集团公司自备车

（四）配属标记

凡配属给相关单位管理的车辆，都应该涂打配属标记。客车在外端墙处涂打，如图 1.2.7 所示，图中"西局西段"是指西安铁路局西安客车车辆段。

我国大多数货车一般无固定配属，都统一归国铁集团管理。对于那些指定有使用区间和要求回送或固定配属的货车，在车体两侧中部应涂打配属标记，如"某单位专用车"等，如图 1.2.8 所示。

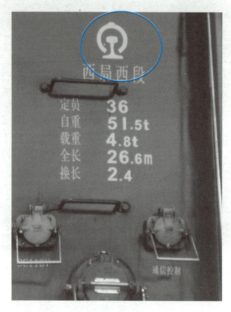

图 1.2.7　配属标记

图 1.2.8　固定配属的专用敞车

（五）制造厂铭牌

新造车辆应安装金属的制造厂铭牌，其内容包括制造厂名和制造年份。货车安装在侧梁（或中梁）的二位或三位，客车安装在车体二位或三位脚蹬上。

三、运用标记

（一）性能标记

如图 1.2.9 所示，包括自重、载重、容积、定员、换长等能表明车辆自身性能的标记，货车涂打在车体两侧外墙板上，客车涂打在车体外端墙板左侧。

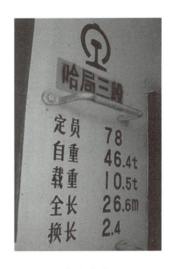

（a）货车　　　　　　　　　　　（b）客车

图 1.2.9　性能标记

1. 自重

空车时，车辆自身的质量称为车辆的自重，包括车上所有固定设备和附件质量之和。

2. 载重

车辆所允许的最大装载量，货车为货物质量，客车为旅客和行李的质量（包括乘务人员和整备品）。货车最重要的一个指标就是载重，它代表装载能力。

3. 车辆长度

车辆长度又称车辆全长，是指车辆两端车钩均处于闭锁位时，两钩舌内侧面之间的距离，也可以理解为车体长度加一个车钩的长度。一般车辆长度都在 26 m 以下。

4. 换长

车辆换算长度称为换长，是车辆长度与标准车辆长度的比值（最早的货车为 11 m，作为标准长度）。其作用是在列车编组时，可以换算成标准车辆长度的辆数（例如，换长为 1.3，是指 1.3 个标准车辆），便于估算列车长度。

5. 容积

车辆内部可容纳货物的体积称为车辆的容积，一般以车辆内部的长×宽×高（长度单位为 m）表示。罐车以 m^3 表示。

6. 定员

每辆车上允许乘坐、站立或睡眠的旅客人数称为定员。

（二）车辆方位标记

车辆方位标记用来表示车辆的1位端和2位端，分别用阿拉伯数字"1"和"2"表示，如图1.2.10所示。货车涂打在两侧梁右端下角，客车涂打在脚蹬的外侧面和内端墙上方。

图 1.2.10　定位标记

（三）表示车辆（主要是货车）设备、用途及结构特点的各种标记

1. 人字标记（人）

该标记表示该棚车设有床托，可以利用床托搭床板；车顶中央设有烟筒口，可以安装火炉；车体两侧有较多的车窗，能通风换气，且为竹、木地板，并设有便器等。必要时，该车可以代替客车运送人员。

2. 环形标记（马）

该标记表示车内设有拴马环或拦马杆座的敞车或棚车。

3. 国际联运标记（MC）

该标记表示该车辆各部分符合国际联运的技术要求，可以参加国际联运。

4. 禁止通过装有车辆减速器的驼峰标记

该标记表示该车辆下部尺寸与机械化驼峰的减速器尺寸相抵触，或受车内设备的限制等，禁止通过装有车辆减速器的驼峰。

5. 关字标记（关）

该标记表示部分有活动墙板的车辆，活动墙板放下时超过机车车辆限界，装卸货物后，必须关好活动墙板，以保证行车安全。

6. 卷字标记（卷）

该标记表示该车辆（部分敞车、矿石车等）两侧梁端部设有挂卷扬机钢丝绳的挂钩（牵引钩），以便进行卷扬倒车（利用卷扬机钢丝绳牵引车辆移动位置）。

7. 集中载重标记

该标记表示载重大于 60 t 的平车、长大货物车等，应在车底架两侧涂刷集中载重标记，标明车辆中部一定尺寸范围内的允许载质量（见图 1.2.11）。

8. 毒品专用车标记

该标记涂打在毒品车车门上，并在车门左侧的外侧墙上涂打毒品标记（见图 1.2.12），表示该车辆专门装运农药等有毒货物。

9. 特字标记 ㊟

该标记表示可以装运坦克及其他质量较大的特殊货物的车辆。

10. 救援列车标记

该标记是在车辆两侧中央涂刷白色色带，表示救援列车。

集重	1 m	25 t
	2	30
	3	40
	4	45
	5	50

图 1.2.11　集中载重标记

图 1.2.12　毒品标记

此外，在车辆上还有其他特殊标记，如罐车装载货物品名标记、进气压力标记、"危险"及色带标记，长大货物车涂打"限速"和"限制曲线半径"标记，部分货车上涂打货车新产品试运期间试验标记，紧急制动阀手把旁安装"危险请勿动"铭牌等。这里不再一一介绍。

（四）客车车种汉字标记及定员标记

为了便于旅客识别，在客车侧墙上的车号前必须用汉字涂刷上车种名称，如硬座车 $YZ_{25G}46188$。有车门灯的客车还可以在车门灯玻璃上涂刷车种汉字名称，以便旅客夜间识别。在客车客室内端墙上方的特制标牌上，标明车号及按座席或铺位可容纳的定员数，如图 1.2.13 所示。

$YZ_{25G}46188$
定员：128 人

$RW_{25G}31688$
定员：36 人

图 1.2.13　特制标牌

四、检修标记

车辆检修标记分为定期检修标记、摘车临修标记以及与车辆检修有关标记，标明检修时间及单位，以便明确其检修责任。

（一）货车检修标记

1. 定期检修标记

货车定期检修标记主要有厂、段修标记。之前还有辅修（6个月）和轴检（3个月）标记，现已取消。车辆的厂、段修标记如图1.2.14所示，横线上部为段修标记，下部为厂修标记。右侧是本次检修的年、月和检修单位简称，左侧为下次检修年、月。由厂、段修标记可反映出厂修和段修的周期。货车的厂、段修标记涂打在车体两侧左端下角。

图 1.2.14 定期检修标记

2. 摘车临修标记

货车因发生临时故障需要从列车中摘下送到修车线修理后，应在车辆端墙板上涂打摘车临修标记，表示摘车临修日期（年、月、日）和站修作业场的简称。如图1.2.15所示，表示该车处于K—空车位（Z—重车位），于2024年9月23日在榆林站修作业场实施的空车摘车临修。

图 1.2.15 货车摘车临修标记

（二）客车定期检修标记

1. 速度120 km/h以下的客车（25G型）

（1）厂、段修标记。客车厂、段修标记涂打在车体两外端墙板右侧，该标记的形式如图

1.2.16（a）所示。横线上部为段修标记，横线下部为厂修标记。右侧数字和文字分别表示已施行厂、段修的日期（年、月）及厂、段名称（即施修单位简称）；左侧数字为下一次厂、段修日期（年、月）。

（2）客车辅修标记。客车辅修标记如图 1.2.16（b）所示，涂打在制动缸（或副风缸）侧面，若现车结构妨碍列检员检查上述标记时，改在附近车墙板下部涂打。右上格为本次检修日期和局段简称，左上格为下次检修日期。辅修标记空格用完后，做定检时应将原标记用油漆涂掉，再涂打新的标记。

03.5	01.11	京同
07.11	98.11	石厂

（a）

辅修	4.16	10.16	天

（b）

图 1.2.16　厂、段修标记及客车辅修标记

2. 速度 120 km/h 以上的客车（25K、25T 型）

如图 1.2.17 所示，对于运营速度大于 120 km/h 的客车，检修修程是按照走行里程区分，共分为 A1、A2、A3、A4、A5 五级修程，其中，A3 相当于段修，A4、A5 相当于厂修，涂打于两外侧墙板右侧。检修时间 A1 修须涂打年、月、日，A2、A3、A4 修只需涂打年、月。

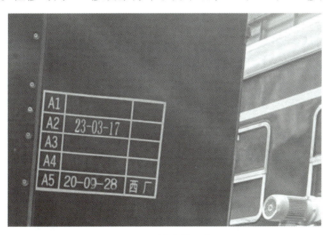

图 1.2.17　检修修程标记

（三）车辆检修有关标记

1. 延期检修标记 延

该标记为车辆允许延期检修标记，涂打在定期修程标记的右侧。

2. 车辆方位

车辆方位分别表示车辆的第一位端和第二位端，用阿拉伯数字"1"和"2"表示。货车涂打在两侧端部下角。

3. 车钩中心线

沿车钩钩舌外侧及钩头两侧，在钩身横截面高度 1/2 处用白色油漆涂打一宽度为 5 mm 的水平直线，即为车钩中心线。车钩中心线距轨面的距离应符合规定。

4. 钩型

在钩头侧面涂有车钩型号（阿拉伯数字）标记，以便识别车钩。

5. ⬚

该标记表示客车架车作业时，顶车指定的部位。

知识巩固

1. 简述车辆标记的类型和意义。
2. 参加国际联运的客车应该有哪些标记？
3. 货车车辆的检修标记有哪些具体内容？

知识拓展

车辆检修制度：我国采用以计划预防修为主、状态修为辅的车辆检修制度，在计划修的前提下，逐步扩大实施状态修、换件修和主要零部件的专业化集中修。

计划修又分为定期检修和日常保养两大类。

1. 定期检修

定期检修是车辆每运用一定时间或里程对车辆的全部和部分零件进行一定程度的检修。在车辆尚未发生故障之前就对车辆进行修理，消除车辆零部件的缺陷和隐患，预防故障的发生，是一种预防性的维修制度。

2. 日常保养

日常保养也叫运用维修，其基本任务是对车辆易损件和由于特殊情况造成的故障进行维修，保证在运用中的车辆具有良好的技术状态，及时发现和处理车辆中发生的一切故障，保证行车安全。

任务 3 | 车辆的方位、轴距与主要参数

任务导入

通过任务 2 的学习，我们了解到车辆上有很多的标记，并学习了它们代表的意义。下面将具体学习车辆方位、轴距以及具体的尺寸参数，了解它们各自的用途，并掌握车辆常见参数的设定标准和具体方法。通过学习这些知识，可以了解铁道车辆在设计过程中的设计标准，掌握客货车不同类型的参数要求，以及车辆的主要技术参数等，以便我们更好地掌握铁道车辆的检修技术规范和运用标准。现在一起来学习这些技术指标吧。

一、车辆的方位

（一）车辆方位的意义

铁道车辆的结构可看作是一个前后、左右都对称的结构，其上有很多相同或相近的零部件，例如车轴、轴承、车轮等。为了满足制造、检修和运用需要，我们设置车辆方位并对车辆上的每个零部件进行编号、定位，便于区分同类型零部件在车辆中的不同位置。

（二）车辆方位的定义

车辆方位是指以制动缸活塞杆推出的方向为 1 位端，相反的方向为 2 位端。在车辆的 1 位端设有人力制动机，对于有多个制动缸的情况则以人力制动机安装的位置为 1 位端。如客车转向架使用盘形制动装置时制动缸数较多，可以人力制动机端为 1 位端 。

1. 零部件的位置确定

如图 1.3.1 所示，如果是纵向排列的零部件，是由 1 位端数起，顺次数到 2 位车端止（例如，一辆车上有 4 根车轴，靠近 1 位端的就叫 1 位轴，靠近 2 位端的就叫 4 位轴）；如果零部件位置是左右对称的，则规定人站在 1 位车端，面向 2 位车端，以 1 位端为起点，从左向右按顺序依次数到 2 位端（例如，车轮是左右对称，人站在 1 位端，其左侧分别为第 1、3、5、7 位车轮；右侧为第 2、4、6、8 位车轮）。

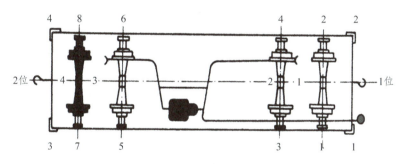

图 1.3.1　车辆的方位

2. 列车中车辆前后的称呼法

编挂在列车中的车辆，其前后左右的称呼方法是按照列车运行方向来规定的，其前进的那一端为前部，相反的一端称为后部，面向前部站立而定出其左右。

二、车辆轴距与定距

（一）车辆轴距

车辆的轴距分为全轴距和固定轴距，如图 1.3.2 所示。

1. 全轴距

全轴距是指车辆最前位和最后位的车轴中心间的水平距离，用 l 表示。全轴距过小会增加车辆的点头振动，不适合高速运行，易引起脱线或脱钩事故，易使货物损坏或倒塌。

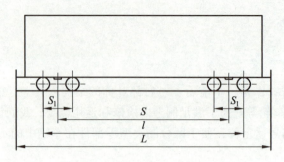

S_1—固定轴距；S—车辆定距；l—全轴距；L—车辆长度（全长）

图 1.3.2　车辆轴距

2. 固定轴距

固定轴距是指同一转向架中最前位和最后位车轴中心线间的水平距离，用 S_1 表示。固定轴距不宜过大或过小。

固定轴距过大时，车辆过曲线时不灵活，外侧车轮紧贴钢轨内侧面，加剧轮缘与钢轨间的磨耗，甚至将轮缘挤压到钢轨上，引发脱轨事故。

固定轴距过小时，则增大车辆的振动，乘坐舒适度降低，易造成螺栓等紧固件的松动、丢失或损坏。一般来说，货车转向架的固定轴距为 1 650 ~ 1 800 mm，客车转向架的固定轴距为 2 400 ~ 2 700 mm。

3. 车辆定距

车辆定距是指车辆两端支撑处之间的水平距离，有转向架的车辆为两心盘中心线间的水平距离，用 S 表示。车辆定距跟车体长度的比值为 1：1.4，也就是说，车体长度跟车辆定距是成比例的。如车辆定距过大，易引起牵引梁下垂，而过小时会造成通过曲线线路时车体中部偏移量过大。

三、车辆的主要技术参数

车辆的结构和使用是否合理，应根据其经济效果来判断。表明车辆的技术经济指标除自重、载重、容积、定员外，主要还有以下几项：

（1）自重系数，是指车辆自重与设计标记载重的比值。显然在保证强度、刚度和使用寿命的条件下，自重系数越小越经济。它是衡量货车设计合理性的一个重要指标。

客车自重系数是指客车自重与旅客定员之比值。

（2）比容系数，是指设计容积与标记载重的比值。它可以衡量车辆装运某种货物时是否合理地利用了它的载重和容积。

（3）轴重，是指车辆总重（自重＋载重）与全车轴数之比。其值一般不允许超过铁道线路及桥梁所允许承载的条件。目前，我国允许的最大轴重为 30 t。

（4）每延米长度线路载荷（每延米轨道载重），是指车辆总重与车辆全长之比，其值不允许超过铁道线路及桥梁所允许承载的数值。目前，我国重载线路每延米长度的载重允许达到 8 t。

（5）构造速度，是指允许车辆正常运行的最高速度。它取决于车辆的构造强度、运行品质、制动性能。

（6）最高试验速度，是指车辆设计时，按安全及结构强度等条件所允许的车辆最高行驶速度。车辆实际运行速度一般不允许超过最高试验速度。

（7）单位容积，是指车辆设计容积和标记载重之比。这是说明车辆载重力与容积能否达到充分利用的指标，可供铁路部门办理货物发送作业时参考。

知识巩固

1. 车辆方位的定义是什么？并简述它的意义。
2. 简述车辆定距的标准和设计原则。
3. 简述车辆主要技术参数有哪些，并说出其具体内容。

知识拓展

1. 货车定期检修修程及主要内容

铁路货车定期检修主要是以时间确定检修周期，主要有厂修和段修两级修程。以敞车为例，厂修为 8 年，段修为 2 年。

厂修是恢复性修理，其任务是对铁路货车各部按规定进行全面分解、检查和彻底修理，并进行必要的改造工作。厂修一般在车辆厂进行，也可在有条件的铁路局车辆段进行。目的是恢复车辆的基本性能，使其接近新造车水平。修竣后需涂打厂修标记。

段修是维护性修理，其任务是恢复货车的基本运行性能，分解检查车辆的转向架、车钩缓冲装置及制动装置等部件，检查并修理车辆（包括车体及附属件）的故障，保证各装置作用良好，防止行车事故，一般在车辆段检修车间进行。

2. 客车定期检修修程及主要内容

客车定期检修主要是"以走行里程为主、时间周期为辅"的方式进行检修，分为 A1 到 A5 五级修程。如图 1.3.3 所示，其中 A1 相当于辅修，A2、A3 相当于段修，A4、A5 修相当于厂修。

图 1.3.3　客车定检修程

A1——运行（30±2）万 km，或距上次 A1 修以上修程 1 年；A1 修又称辅修，一般在运用车列中不解编进行作业，主要为简单的分解检修或者换件修。例如检修远心集成器或者更换 104 分配阀。

A2——运行 60_0^{+6} 万 km 或距上次 A2 修以上修程 2.5 年；对零部件实施分单元、分部件的换件修和状态修，恢复车辆基本性能。

A3——距上次 A2 修运行 60_0^{+6} 万 km 或 2.5 年；A3 修在车辆段检修车间进行，在 A2 修基础上，对重点部位实施扩大范围的分解或换件检修。

A4——运行超过 240_0^{+24} 万 km 或距新造（或上次 A4 修）10 年；A4 修为小厂修，在车辆段或者车辆厂进行，主要包括车体、车钩缓冲装置、转向架、制动供风装置和车电装置分解检修，全面恢复车辆的基本性能。

A5——距上次 A4 修运行 240_0^{+24} 万 km 或 10 年；A5 修为大厂修，在车辆段或者车辆厂进行，在 A4 修基础上，外部突出全部清除，木结构全部分解，给水卫生各配件全部分解，电气装置以扩大必换件的方式彻底修理。

任务 4　我国铁道车辆的发展与展望

任务导入

新中国成立之初，我国拥有可统计的机车车辆 4 069 台，分别出自 9 个国家的 30 多家工厂，机车型号多达 198 种，客车 130 多种，货车 500 多种，当时的中国也因此被称为"万国机车博物馆"。中华人民共和国成立后，我国在对原有车辆修理工厂进行调整充实、技术改造和扩建的同时开始制造车辆。当时原铁道部成立了车辆局，各铁路局成立车辆处（科），建立车辆段，逐步形成我国完整的车辆制造、修理和养护体系。下面让我们一起来重温历史，见证我国车辆的蓬勃发展历程。

一、1949—1957 年仿制阶段

1949 年，我国开始制造货车，首先仿制了 C_1 型 30 t 敞车，采用铆接钢底架，钢骨木板车体，转 15 型螺栓拱架结构转向架，滑动轴承轮对。1952 年开始制造 21 型全钢客车，车体为钢结构，采用 101 型均衡梁式铸钢转向架。虽然这些车辆的结构不十分先进，但开始了我国自己制造车辆的历程。

1954 年，有计划地从全国各地抽调工程技术人员和熟练工人组成设计队伍和形成批量生产车辆的力量，并确定四方机车车辆厂和齐齐哈尔车辆厂分别为客车、货车设计主导厂，两厂率先成立了车辆设计科。1954 年、1955 年、1966 年分别新建的长春客车厂、株洲车辆厂和眉山车辆厂成为专业客车、货车制造工厂。1955—1958 年设计制造了转 6 型和转 8 型 D 轴三大件货车铸钢转向架及各种类型的 60 t 货车。1955 年，仿照苏联全钢客车制造了车长为 23.6 m 的 22 型客车，采用独立温水取暖，有一部分车辆采用大气压式蒸汽取暖，称为 23 型客车，两种客车的车体结构基本相似。

从此以后，我国制造的货车车型逐渐增加，先后制造了平车、棚车、罐车、漏斗车、家畜车和保温车等，货车的吨位也逐渐由 30 t、40 t 增加到 50 t，同时也仿制三大件式铸钢货车转向架。我国自己制造的 21 型客车也逐渐配套，有硬席车、硬卧车、软席车、软卧车、餐车、行李车和邮政车等近 3 000 辆。

二、1958—1977 年独立设计制造阶段

经过一段时间的仿制过程，我国车辆厂已经积累了相当丰富的经验，从各铁路院校中培养出的一大批车辆高级专业技术人才也逐渐成长，车辆工业走上了一个新台阶。1958 年，四方机车车辆厂研制成功我国第一列双层客车并配备了 U 形转向架。这列客车先后在北京—天津、北京—沈阳、上海—杭州、杭州—金华之间运行历时 23 年，为国产客车的设计和制造起到了推动作用。

1960 年研制成功了一列低重心旅客列车，其结构特点是重心低，自重轻，采用铝合金车体，外表呈流线型。该列车曾在天津—北京之间运行，为我国自行设计特种客车积累了宝贵经验。四方机车车辆厂为国际联运车研制成功 U 形构架的 206、207 型客车转向架，浦镇车辆厂于 1974 年研制成功了 209 型 D 轴客车转向架。由于这两种转向架性能良好，推广使用后被定为我国 D 轴客车主型转向架并大批量生产，逐步替代 202 型 C 轴转向架。1969 年，成功研制了新一代长 25.5 m 的 25 型客车、餐车和行李发电车，并逐步取代了 22 型客车，此外各种发电车、试验车、特种车和地铁车辆，也同步得到发展。

三、改革开放以来车辆技术迅速发展阶段

1978 年我国进入了以经济建设为中心的新时期，伴随着改革开放、国民经济的大发展，铁道车辆也进入了一个大发展的新阶段。通过国家重大科技攻关项目和全路科技发展规划的实施，铁道车辆面貌出现了重大变化。

在货车方面，除改进和发展 C_{62}、C_{64} 型等各种车辆外，为了实现晋煤外运，研制了 C_{61}、C_{63} 型专用运煤敞车，开发制造了 70 t 级的通用货车、60 t 级的大容量棚车和滑动侧墙棚车、70 t 级有盖和无盖漏斗车、重型超限货车、长大货物车、总质量 100 t 的运煤单元列车，促进了我国快速及重载运输的发展。

齐齐哈尔车辆厂和株洲车辆厂研制成功了 350 t 和 280 t 的 D35 钳夹式大型货车，承担大型发电设备，如定子、变压器的运输任务。此外还研制了一批专用货车，如 PD_3 型毒品车，冷板冷藏车，PJ_2、PJ_3 型家畜车，NJ_{6A} 型集装箱平车，四层长钢轨列车，运输小轿车的双层平车等。

为了扩大客运能力，浦镇车辆厂于 20 世纪 80 年代中期成功设计和制造了第二代双层客车，并在浦镇车辆厂和长春客车厂批量生产投入运用。国家"八五"重点攻关项目的 3 种速度为 160 km/h 的准高速客车投入广深线使用，其中有浦镇车辆厂的双层准高速客车，四方机车车辆厂和长春客车厂的单层准高速客车，实现了大城市之间夕发朝至或朝发夕至，方便了旅客。

20 世纪 90 年代，成功研制了 25Z 型准高速客车，为客车的提速打下了基础，为速度

200 km/h 及以上高速客车的开发拉开了序幕。为满足 1997 年客车提速需要，我国又设计制造了 25K 型快速客车。其转向架基本是采用准高速转向架技术，车体基本是 25G 型车的技术，将我国新造客车的最高运行速度由 140 km/h 提高到 160 km/h。其间，我国相继研制了"新曙光""神州"等内燃动车组和"春城""蓝箭""先锋""中华之星"等电力动车组，其中，"先锋"号动车组在秦沈客运专线山海关—绥中区间试验速度达 292.2 km/h，"中华之星"电动车组在秦沈客运专线山海关—绥中区段最高速度达 321.5 km/h。

进入 21 世纪后，由于铁路货运压力的不断提升，货车装备升级换代步伐加快，载重 70 t 通用货车、载重 80 t 煤炭专用货车、载重 100 t 矿石专用车均投入运用。特别是自主研制的 C_{80} 和 C_{80B} 型煤运专用货车也已投入运用。

2005 年以来，按照"引进先进技术、联合设计生产、打造中国品牌"的基本原则，中国引进了德国、法国、日本等国的高速动车组技术，在消化吸收再创新的基础上，生产出了"和谐号"系列高速动车组，速度在 200 km/h 之内的有 CRH1、CRH2、CRH3、CRH5、CRH6 等 5 个动车组系列，后续开发了速度在 200 ~ 380 km/h 的动车组产品体系：CRH380A、CRH380B、CRH380C、CRH380D，"和谐号"动车组基本满足了我国客运需求。

四、展望铁道车辆的未来

（一）中低速磁浮列车

目前，我国拥有世界上里程最长的中低速磁浮线（长沙磁浮线）、北京中低速磁浮 S1 线（已投入运营），另有中低速磁浮试验线 3 条（湖南株洲、上海临港、河北唐山）。我国已成为世界上中低速磁浮交通技术工程化领先的国家。目前只有 4 个国家掌握了中低速磁浮的核心技术。

（二）复兴号动车组

基于不同平台研发出的"和谐号"车型，由于标准不统一，不能互联互通，难以互为备用，增加了运营和维修成本。2012 年，中国标准动车组———"复兴号"正式启动研发。

2017 年 6 月 25 日，中国标准动车组被正式命名为"复兴号"，"复兴号"动车组在京沪高铁率先实现了 350 km/h 运营，我国再次成为世界上高铁商业运营速度最高的国家。

（三）重载货运列车

大秦铁路是国铁 I 级货运专线铁路，作为我国第一条开行重载单元列车的铁路，也是我国第一条双线电气化重载运煤专线。大秦铁路（大同—秦皇岛）是中国现代化水平最高的货运铁路之一，平均每 12 min 就会开出一趟重载列车，创下了世界单条铁路重载列车密度最高、运量最大、增运幅度最快、运输效率最高等多项世界纪录。

朔黄铁路，是一条连接中国山西省忻州市和河北省沧州市的国铁 I 级双线电气化重载货运铁路，2024 年 4 月 20 日，朔黄铁路完成 3 万 t 级运行试验，试验列车由 4 台国能号大功率交流电力机车牵引，编组 324 辆，总长 4 088 m，总重 32 400 t，创新了中国编组最长、载重最大的重载组合列车纪录。2024 年 9 月，一列无人驾驶万吨重载列车首次在朔黄铁路完成开行试验, 这标志着我国重载铁路实现了从自动驾驶到无人驾驶的新突破, 对推动重载铁路智能化发展具有重大意义。

知识巩固

1. 简述我国铁道车辆发展的几个阶段。
2. 简述铁道车辆客货车的发展趋势。

知识拓展

复兴号动车组有 CR400、CR300、CR200 3 个系列。

（1）CR400 系列：CR400AF、CR400BF（见图 1.4.1）。

图 1.4.1　CR400AF 型动车组

（2）CR300 系列：CR300AF、CR300BF（见图 1.4.2）。

图 1.4.2　CR300BF 型动车组

（3）CR200J 动力车：CR200J1、CR200J2、CR200J3（见图 1.4.3）。

图 1.4.3 CR200J 型动力集中型动车组

此外，还有未量产的 CR450、CR220J，可变轨距动车组，双层动车组 CR400AF-S、CR400BF-S，卧铺动车组 CR400AF-AE、CR400BF-E，货运动车组 CR400AF-H、CR400BF-H 等。

模块 2 货车认知

铁路运输货物的种类繁多，货车车辆的结构、数量、质量等对铁路运输能力的提高以及运输质量的保证起着重要作用。货车车体既要保证运货质量，又要考虑到装、卸货物方便。不同类型的铁路车辆的用途不同，其结构形式也各不相同。

货车车体按照类型可分为平车、敞车、棚车、罐车，以及特种用途车等形式的车体；按照制造材质可分为钢木混合结构和全钢结构车体；按照其承载特点分为底架承载结构、底架侧墙共同承载结构和整体承载结构 3 种。

本模块主要介绍货车车体结构概述、各种货车（敞车、平车、棚车、罐车）的具体结构形式等。

知识目标

1. 掌握车体的一般结构；
2. 掌握车辆的承载方式及受力情况；
3. 掌握各种货车（敞车、平车、棚车、罐车）的结构形式。

能力目标

1. 能够简述车辆的承载方式及受力情况；
2. 能够分清楚各种类型的货车。

素质目标

1. 培养学生严谨细致、吃苦耐劳、锐意创新的铁路工匠精神；
2. 树立学生安全生产、规范操作的意识。

任务 1 车体结构概述

任务导入

2023 年，我国外交部表示，中欧班列已成为共建"一带一路"的旗舰项目和标志性平台，中欧班列之所以能够通达欧洲 25 个国家和地区的 200 多座城市，源于我国铁路货车的运行速度和载重目前为世界先进水平。下面就让我们一起来学习铁路货车的车体基本结构吧。

一、车体的定义和组成

车辆上用来装载货物或者运送旅客的部分叫作车体。车体的作用就是容纳运输对象，所以要求在不超限的前提下，有一定的体积，有相应的强度和刚度，满足运输过程中承载和受力的需要。

完整的车体一般由4个部分组成：底架、侧墙、端墙以及车顶，如客车、棚车等。货车为满足运输的需要，结构类型较多，如敞车、平车等无侧墙或者车顶。

二、车体的分类

（一）按照用途分类

车体可以分为客车和货车两种。货车可以分为通用货车和专用货车。我国货车主型为敞车、平车、棚车、罐车等。其中，敞车占比最大。

货车的类别

（二）按照载重能力分类

货车也可以按照承载吨数区分，从早期的30 t、50 t、60 t到现在主型的70 t、80 t，以及载重100 t的货车（见图2.1.1），可满足大秦线3万t重载列车运输需求。

图2.1.1　100 t运煤专用敞车

（三）按材质分类

车体按材质可以分为普通碳素钢、耐候钢以及铝合金3种。耐候钢即耐大气腐蚀钢，是介于普通碳素钢和不锈钢之间的低合金钢系列，由普通碳素钢添加少量铜、镍等耐腐蚀元素而成，具有优质钢的强韧、塑性以及延展性，抗腐蚀、抗疲劳；铝合金成本高，客车车体多用铝合金，能够减轻自重，提高速度。近年来，货车车体也开始使用铝合金，例如 C_{80B} 型煤矿专用敞车（见图2.1.2）。C_{80B} 型是为大秦线2万t重载列车设计开发的运煤专用车辆，由铝合金和不锈钢两种材料组成。

图 2.1.2　C₈₀B 型煤矿专用敞车

三、车体的一般结构

车体一般由各纵向、横向梁以及立柱组焊成钢结构，再装上内/外墙板、地板以及门、窗等就构成了完整的车体。底架和转向架、钩缓装置连接在一起，实现了垂向、纵向载荷的传递。由于敞车在货车中占比最大，我们以敞车为例讲解其底架结构，如图 2.1.3 所示。

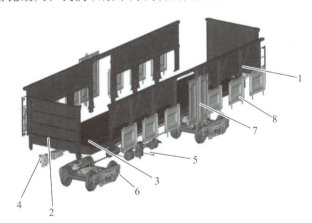

1—侧墙；2—端墙；3—底架；4—钩缓装置；5—制动装置；6—转向架；7—车门；8—侧门。

图 2.1.3　敞车结构

底架是车体的基础，由若干纵向梁和横向梁组成。如图 2.1.4 所示，底架中部最粗的纵向梁叫中梁，它是底架的骨干。在客车结构中，由于底架承载要求不高，会取消部分中梁，只留下两端的中梁，客车上称其为牵引梁。底架两侧的叫侧梁，两端的叫端梁。最粗的横向梁叫枕梁，用来连接转向架。其余根据需要则设有大、小横梁以及纵向辅助梁。

车体的侧墙和端墙类似，主要由立柱、墙板、门窗组成。在侧墙上的立柱叫侧立柱，在端墙上的立柱叫端立柱，在 4 个角的叫角立柱。车顶的结构则包括车顶弯梁、上侧梁等，如图 2.1.5 所示。

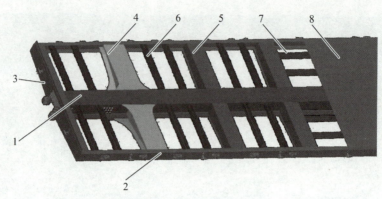

1—中梁；2—侧梁；3—端梁；4—枕梁；5—大横梁；6—小横梁；7—纵向辅助梁；8—钢地板。

图 2.1.4　敞车底架结构

1—侧墙；2—端墙；3—车顶；4—侧立柱；5—端立柱；6—角立柱；7—车顶弯梁；8—上侧梁。

图 2.1.5　棚车整体结构

四、车辆承载方式

车体按照承载方式可分为底架承载结构、侧墙和底架共同承载结构及整体承载结构 3 种形式。

（一）底架承载结构

全部载荷均由底架来承担的车体结构称为底架承载结构。平车及长大货物车，由于构造上只要求其具有载货地板面，而不需要车体的其他部分，故作用在地板面上的载荷完全由底架的各梁来承担。因此，中梁和侧梁都需要做得比较强大。为了使受力合理，中、侧梁均制成中央断面尺寸比两端断面尺寸大的鱼腹形，即为近似等强度的梁。图 2.1.6 所示 为典型的底架承载结构。

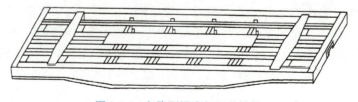

图 2.1.6　鱼腹形梁底架承载结构

（二）侧墙和底架共同承载结构

载荷由侧、端墙与底架共同承担的车体结构称为侧墙和底架共同承载结构，简称侧墙承载结构。由于侧、端墙分担了部分载荷，底架就可以相对轻巧些，中、侧梁断面均可减小，中梁不需要制成鱼腹形。侧梁型的钢断面尺寸比中梁型钢小，减轻了底架的质量。

侧墙和底架共同承载结构大多采用板梁式。在侧端墙的钢骨架上敷以金属薄板就形成板梁式侧墙承载结构，如图2.1.7所示。这种结构的侧、端墙具有足够的强度和刚度，除了能与底架共同承担垂向载荷外，还能承受部分纵向载荷，所以可显著减轻中梁的负担。为了保证金属板受力后不致失稳，板的自由面积不宜过大，常采用压筋或外加斜撑的方式解决。

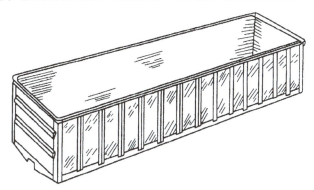

图 2.1.7　侧墙和底架共同承载结构

（三）整体承载结构

在板梁式侧、端墙上固接由金属板、梁组焊而成的车顶，使底架、侧墙、端墙、车顶牢固地组成为一个整体，车体各部分均能承受垂向力和纵向力，这种结构称为整体承载结构，如图2.1.8所示。

整体承载结构的车体骨架是由很多小截面的纵向、横向杆件组成一个个钢环，与金属包板组焊在一起，具有很大的强度和刚度。因此底架的结构可以制作得更为轻巧，甚至可以将底架中部的一段中梁取消而制成无中梁的底架结构。

对于某些形式的车辆，例如罐车，其罐体本身具有很大的强度和刚度，能承受各种载荷，此时连底架也可以取消，仅在罐体的两端焊上牵引梁和枕梁，供安装车钩缓冲装置和传递载荷，如图2.1.9所示。它也是整体承载结构的一种形式。

图 2.1.8　整体承载结构

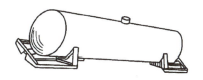

图 2.1.9　无底架罐车

五、车体的受力状况

车体底架通过心盘或旁承支撑在转向架上。车体钢结构承担了作用在车体上的各种载荷，如图 2.1.10 所示。

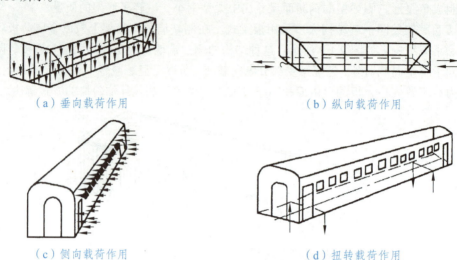

（a）垂向载荷作用　　　　　　　　　（b）纵向载荷作用

（c）侧向载荷作用　　　　　　　　　（d）扭转载荷作用

图 2.1.10　车体受力图示

（一）垂向载荷

垂向载荷包括车体自重、载重、整备质量以及由于轮轨冲击和簧上振动而产生的垂向动载荷。在大部分情况下，这些载荷是比较均匀地铅垂作用在地板面上，如图 2.1.10（a）所示。某些货车（如敞车、平车），有时也要考虑装运成件货物而造成的集中载荷。

（二）纵向载荷

纵向载荷是指当列车起动、变速、上下坡道，特别是紧急制动和调车作业时，在车辆之间以及机车和车辆之间所产生的牵引和压缩冲击力。此纵向力通过车钩缓冲装置作用于底架的前（或后）从板座上，如图 2.1.10（b）所示。随着列车长度和总质量的增加，纵向力的数值将会很大，对车体来说，也是一种主要载荷。

（三）侧向载荷

侧向载荷包括风力和离心力，如图 2.1.10（c）所示，当货车装运散粒货物时，还要考虑散粒货物对侧墙的压力。侧向载荷比起前两种载荷虽然小得多，但对车体的局部结构有一定影响，例如会使侧柱产生弯曲变形，进而加重侧墙各构件的弯曲变形等。

（四）扭转载荷

扭转载荷是指当车辆在不平顺线路上运行或车体被不均匀地顶起时（如检修时的顶车作业），车体将受扭转载荷，如图 2.1.10（d）所示。

此外，车体钢结构上还承受着各种局部载荷，例如底架上悬挂的制动、给水、车电等装置引起的附加载荷；客车侧墙上的行李架承载物品时引起的载荷等。

知识巩固

1. 简述车体承载方式的几种类型。
2. 棚车车体结构可以分为哪几部分？并简单阐述底架的具体结构。
3. 车体在何种情况下会受到侧向力？并说出其对车体的影响。

知识拓展

1. 耐候钢

耐候钢是指具有保护锈层耐大气腐蚀，可用于制造车辆、桥梁、塔架、集装箱等钢结构的低合金结构钢。与普碳钢相比，耐候钢在大气中具有更优良的抗蚀性能。耐候钢中加入磷、铜、铬、镍等微量元素后，使钢材表面形成致密和附着性很强的保护膜，阻碍锈蚀往里扩散和发展，大大提高了钢铁材料的耐大气腐蚀能力。

2. 碳纤维

碳纤维主要是指由碳元素组成的一种特种纤维，具有一般碳素材料的特性，如耐高温、耐摩擦、导电、导热及耐腐蚀等，但与一般碳素材料不同的是，其外形有显著的各向异性、柔软、可加工成各种织物，沿纤维轴方向表现出很高的强度。碳纤维密度小，因此有很高的比强度。碳纤维是一种力学性能优异的新材料，它的密度不到钢的 1/4，碳纤维树脂复合材料抗拉强度一般都在 3 500 MPa 以上，是钢的 7 ~ 9 倍，抗拉弹性模量为 23 000 ~ 43 000 MPa，亦高于钢。

任务 2　敞车认知

任务导入

敞车是铁路运输中的主型车辆，主要供运送煤炭、矿石、建材物资、木材、钢材等大型货物，也可用来运送质量不大的机械设备。若在所装运的货物上面蒙盖防水帆布或其他遮篷物之后，敞车可代替棚车承运怕受雨淋的货物，因此敞车具有很大的通用性，在货车组成中数量最多，约占货车总数的 60%。下面让我们共同来了解一下敞车的结构特点吧。

一、敞车的类型

敞车按卸货方式不同可分为两类：一类是适用于人工或机械装卸作业的通用敞车；另一类是只适用于大型工矿企业、站场、码头之间成列固定编组运输，用翻车机卸货的专用敞车。

目前，我国主型敞车是载重 70 t 级的 C_{70} 系列通用敞车，其余还有载重 60 t 级的 C_{64} 系列敞车和利用翻车机专用敞车载重 61 t 的 C_{63} 型系列敞车、载重 75 t 的 C_{75} 系列敞车和 C_{76} 系列铝合金敞车，以及载重 80 t 的 C_{80} 系列敞车等。

二、C₆₄型系列敞车

C_{64} 型敞车采用全钢焊接结构，其车辆载重 61 t，比容系数为 1.2 m³/t，每延米轨道载重 6.2 t/m，能适合翻车机卸货的要求。

为承受翻车机压力的作用，C_{64} 型敞车的上侧梁及上端梁均采用冷弯专用型钢；为改善因长期使用翻车机卸货时，侧开门上门锁锁闭机构变形问题，改进了中侧门结构，加粗侧开门上门锁轴，并增加了侧开门中部支点等。如图 2.2.1 所示，其车体由底架、侧墙、端墙等部件组成，端墙、侧墙与底架牢固地焊接在一起。车体选用低合金耐候钢焊接而成，其强度和刚度较 C_{62} 型系列敞车有较大的加强，而且侧墙刚度较大，基本满足翻车机卸货的要求。图 2.2.2 为 C_{64K} 型敞车。

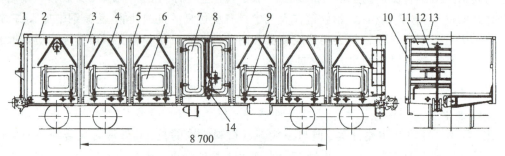

1—手制动机；2—上侧梁；3—侧墙；4—斜撑；5—侧柱；6—下侧门；7—侧门；8—上门锁；9—下侧门搭扣；10—角柱；11—端墙；12—横带；13—上端梁；14—下门锁。

图 2.2.1　C_{64} 型敞车结构

图 2.2.2　C_{64K} 型敞车

C_{64} 型系列敞车侧墙为板柱式侧壁承载结构，由上侧梁、侧柱、侧板、斜撑、侧柱连铁、侧门、内补强座和侧柱补强板组焊而成，两侧柱间设人字形斜撑。侧墙下半部由侧柱、连铁和侧梁组成刚性框架，中间开设门孔。

敞车侧门的位置、数量及开启方式对装卸作业、侧墙强度和刚度影响较大。侧门的开度既要便于装卸，又要保证侧壁的承载能力不受太大影响。全车有 12 扇下侧门及 2 扇对开式中侧开门。侧开门采用带有压紧机构的新型门锁装置。

C_{64} 型系列敞车中装用转 8AG 型转向架的车辆，车型确定为 C_{64T} 型；装用转 K2 型转向架的车辆，车型定为 C_{64K} 型；装用转 K4 型转向架的车辆，车型定为 C_{64H} 型。

三、C_{70}（C_{70H}）型敞车

我国从 2006 年开始制造载重为 70 t 的系列敞车，主要用于装运煤炭、矿石、建材、机械设备、钢材及木材等货物。除能满足人工装卸外，C_{70} 型敞车还能适应翻车机等机械化卸车作业，并能适应解冻库的要求。

C_{70}（C_{70H}）型敞车的主要技术特点是采用屈服极限为 450 MPa 的高强度钢和新型中梁，载重大、自重轻；优化了底架结构，提高了纵向承载能力，轴重为 23 t，适应万吨重载列车的运输要求。车体内长 13 m，车辆中部集载能力达到 39 t，较 C_{64} 型敞车提高了 70%，可运输的集载货物范围更广；采用新型中侧门结构，提高了车门的可靠性；采用 E 级钢 17 型高强度车钩和 MT-2 型大容量缓冲器，提高了车钩缓冲装置的使用可靠性；C_{70} 装用转 K6 型转向架，C_{70H} 装用转 K5 型转向架（二者用 H 来区分），改善了车辆运行品质，降低了轮轨间作用力，减轻了轮轨磨耗，确保车辆运营速度达 120 km/h，满足提速要求；侧柱采用新型双曲面冷弯型钢，提高了强度和刚度，更适应翻车机作业，主要零部件与现有敞车通用互换，满足与现有敞车的互换性要求，方便维护和检修。

该车车体为全钢焊接结构，由底架、侧墙、端墙、车门等部件组成，如图 2.2.3 所示。

C_{70} 型敞车侧墙为板柱式结构，由侧柱、上侧梁、侧板、斜撑、连铁、侧柱补强板及侧柱内补强座等组焊而成。上侧梁采用 140 mm×100 mm×5 mm 的冷弯矩形钢管，侧柱采用 8 mm 厚冷弯双曲面帽形型钢，斜撑采用冷弯槽钢。侧柱与侧梁连接采用专用拉铆钉铆接，侧柱根部设有铸造侧柱内补强座，如图 2.2.4 所示。

C_{70} 型敞车端墙由上端梁、角柱、横带及端板等组焊而成。上端梁、角柱采用 160 mm×100 mm×5 mm 的冷弯矩形钢管，横带采用断面高度为 150 mm 的帽形冷弯型钢，上侧梁与上端梁节点处组焊角部加强铁，如图 2.2.5 所示。

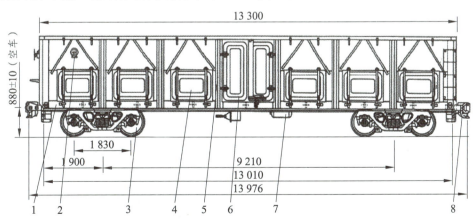

1—底架；2—标记；3—转向架；4—下侧门；5—侧墙；6—侧开门；
7—制动装置；8—车钩缓冲装置。

图 2.2.3　C_{70}（C_{70H}）型敞车总图

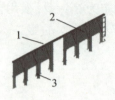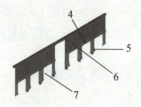

1—上侧梁；2—斜撑；3—侧柱；4—连铁；5—内补强座；6—侧板；7—侧柱补强板。

图 2.2.4　C₇₀（C₇₀ₕ）型敞车侧墙图

1—角部加强铁；2—上端缘；3—端板；4—角柱；5—横带。

图 2.2.5　C₇₀（C₇₀ₕ）型敞车端墙图

C_{70} 型敞车采用制动主管压力满足 500 kPa 和 600 kPa 的空气制动装置，采用 120 型控制阀、直径为 305 mm 的整体旋压密封式制动缸、不锈钢嵌入式储风缸、改进的 ST2-250 型双向闸瓦间隙自动调整器、KZW-A 型空重车自动调整装置、货车脱轨自动制动装置等。

四、C₈₀ 型通用敞车

随着我国国民经济的持续、快速、稳定发展，铁路管理和研究部门通过一系列改革和技术革新，使我国的铁路事业取得了令人瞩目的成绩。为实现大秦铁路开行 2 万 t 重载列车的运输要求，自 2004 年以来，国铁集团提出在保证安全可靠性的前提下，以提速、重载为核心，以新材料的应用为重点，以降低检修、维护成本为目标，立项开发研制 25 t 轴重专用运煤敞车，相继推出了 C₇₆ᴮ 型、C₇₆ᴄ 型、C₈₀ 型通用敞车，以及 C₈₀ 型专用敞车。现以 C₈₀ 型通用敞车为例，介绍其结构特点（见图 2.2.6）。

图 2.2.6　C₈₀ 型通用敞车

车体为全钢焊接结构，由底架、侧墙、端墙、车门等部件组成，如图 2.2.7 所示。

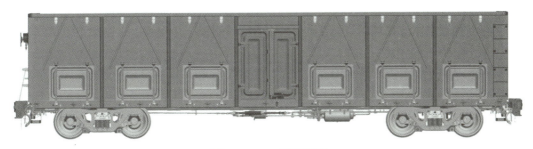

图 2.2.7　C₈₀型主视图

（一）底　架

底架由各纵向梁、横向梁和钢地板组焊而成，C₇₀型钢地板为 6 mm 厚的耐候钢，采用锻造上心盘以及材质为 C 级钢的前后从板座。前、后从板座与中梁采用专用拉铆钉。

C₈₀型与 C₇₀型的区别就是 C₈₀型采用 B+级铸钢的整体冲击座，冲击座和后从板座处安装可拆卸式磨耗板，具体如图 2.2.8 所示。

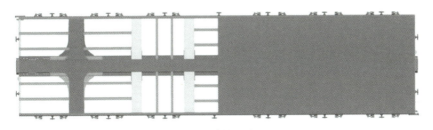

（a）底架结构示意图　　　　　　　　　　　　　　（b）整体冲击座

图 2.2.8　C₈₀型敞车底架

（二）端　墙

如图 2.2.9 所示，敞车没有车顶，侧墙、端墙共同承受载荷，故端墙未采用侧立柱，而采用横带来加强整个车体的结构。

（a）C₇₀端墙　　　　　　　　（b）C₈₀端墙　　　　　　　　（c）C₈₀端墙用的槽钢

1—上端梁；2—加强铁；3—角立柱；4—横带；5—端墙板。

图 2.2.9　端墙结构

（三）侧　墙

侧墙为板柱式结构，其由上侧梁、侧立柱、侧墙板、斜撑等组成。侧墙内部焊有侧柱补强板。侧立柱与侧梁采用专用拉铆钉连接。在车体两侧的侧墙上各安装一对侧开式中立门及6扇上翻式下侧门。

中立门由两侧开门组成，并配有锁闭装置，上锁杆包裹在锁盒中，防止磕碰和变形；门边处组焊冷弯槽钢，增强车门刚度，防止车门外涨；下门锁采用偏心压紧机构，当车门关闭后，上锁杆可防止下门锁窜出，操作简单，安全可靠。

知识巩固

1. 简述我国敞车的类型。
2. 请说出 C_{70H} 的具体配置。

我国主型敞车的
主要技术参数一览表

知识拓展

C_{80} 型铝合金敞车首次采用铝合金轻型新材料和双"浴盆"式铆焊组合新结构，自重20 t、载重达80 t，大大减轻了车辆自重，降低了车辆重心，可适应2万 t 重载列车编组要求，具有显著的经济及社会效益，是我国铁路货运发展的一次飞跃。近年来，持续推进既有线开行27 t 轴重通用货车、专用线开行30 t 轴重货车以及35.7 t 以上轴重通用货车的成套技术研究，并相继生产出 $C_{80E(H/F)}$ 型敞车、C_{96} 型运煤专用敞车等产品。

如图2.2.10所示，C_{80} 型车体为钢铝双浴盆铆焊结构，钢结构之间采用焊接，钢与铝、铝与铝之间采用铆接，其铆接部位均采用 HUCK（环槽铆钉，也称虎克钉）进行连接，主要由底架、侧墙、端墙和撑杆等组成。车体钢结构材料采用屈服强度为450 MPa 的耐大气腐蚀钢；采用16型和17型车钩、MT-2 或 HM-1 型缓冲器、120-1型空气控制阀及 NSW 型手制动机，其参数如图2.2.11所示。

图 2.2.10　C_{80} 型铝合金运煤敞车

（1）底架。车底架由中梁、侧梁、枕梁、端梁、纵横梁、地板、挡板、浴盆等组成。中梁采用冷弯槽钢与下盖板、下翼缘等组焊而成，浴盆内部中梁表面采用铝合金板进行包覆；枕梁为双腹板箱形变截面结构；侧梁采用冷弯槽钢与铝型材铆接结构；浴盆由铝合金材质的弧形板、浴盆端板等组成，与底架之间采用专用拉铆钉连接，浴盆底部设有排水孔；采用材料为 C

级铸钢的整体式上心盘（直径 358 mm）及整体式冲击座，C_{80} 型铝合金运煤敞车采用转 K_6、转 K_5、转 K_7 型转向架，具有运行速度高、动力学性能稳定等特点，如图 2.2.12 所示。

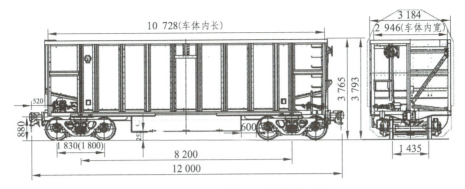

图 2.2.11　C_{80} 型铝合金运煤敞车参数

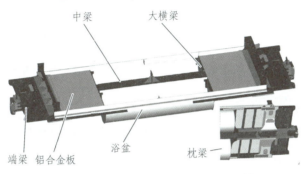

图 2.2.12　C_{80} 型铝合金运煤敞车底架结构

（2）撑杆。C_{80B} 型结构如图 2.2.13 所示，C_{80B} 型与 C_{80} 型通用敞车相比，C_{80B} 型在车体内增设了 3 组撑杆。撑杆是为了增强两侧墙及侧墙与底架之间的连接刚度，防止侧墙外胀，其材质为挤压铝型材，撑杆与撑杆座采用铰接结构连接。

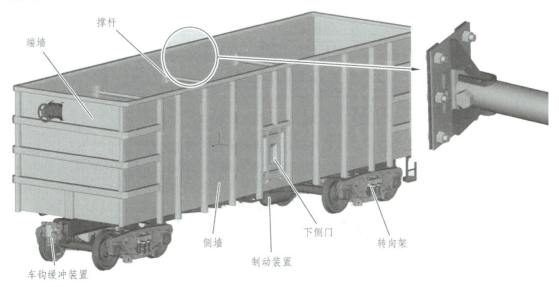

图 2.2.13　C_{80B} 型结构

任务 3 平车认知

通用平车是我国铁路货运的主要车型之一，主要运输钢材、木材、汽车、工程机械、混凝土预制梁、大型机械设备、轴类零件、变压器、军用装备等货物，具有适用性好、集载能力强的特点。平车按结构分类，有不设端、侧板的平车，有仅设端板的平车和设有端、侧板的平车；按用途可分为3大类：普通平车（N系列平车）、专用平车（集装箱平车、长大平车等）、两用平车（NX系列平车）。平车按载重吨位可分为30 t、40 t、50 t、60 t等数种。现在让我们一起来认知各种类型的平车结构吧。

一、普通平车

平车用途广泛，可以运送各种大型货物、军工装备和集装箱，早期的平车 N_{12} 只有底架、无端板、侧板；之后设计出只带端板的 N_{16} 型平车，最后设计出载重70 t级，设有端板、侧板的 N_{17} 型平车，如图2.3.1所示。N_{17} 型平车是齐齐哈尔车辆厂于1970年研制的通用平车，该车集中载重能力较大，能装运较重的预应力混凝土桥梁，同时还具有活动端、侧板。中梁是由两根大型工字钢制成，呈鱼腹形状，材质为低合金钢，在中梁工字钢上加焊了盖板，以增加集重能力；侧梁也采用工字钢，且制成鱼腹形，侧梁腹板外侧装有绳栓和安装木侧柱用的柱插。枕梁由厚12 mm的上、下盖板及厚8 mm的双腹板组焊成封闭的箱形断面。端梁上固定有绳栓、钩提杆座、手制动座（1位端）及脚踏板托架等零件。底架上铺设有70 mm厚的木质地板，地板用地板卡铁和螺栓固定在纵向辅助梁上。地板四周的边缘包有地板压条，用螺栓把压条和地板固定于侧梁上。N_{17} 型平车设有木质活动侧墙，扩大了使用范围。

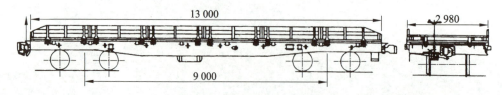

图 2.3.1　N_{17} 型平车

平车活动侧墙的高度希望尽可能高些，以便能装运更多的散粒货物，但在装运大件货物时，侧墙板要经常翻下，故侧墙板的最大高度应根据其放下位置时，车辆下部限界尺寸所允许的最低位置来确定。侧墙高度一般为467 mm，N_{17} 型平车的活动墙板数量较多，两侧共12块，两端各一块，这使得开闭较轻便。

二、集装箱专用平车

自20世纪70年代后，我国研制了载重为40 t的第一代 NJ_{4A} 型、NJ_5 型集装箱专用平车，主要运输国内铁路 5 t 和 10 t 集装箱。80 年代开发生产了 X_{6A} 型集装箱平车，主要用于运输国内铁路 5 t 和 10 t 集装箱及国际 20 ft（1 ft=0.304 8 m）、40 ft 集装箱。90 年代中期研制了 X_{6B} 型集装箱平车，该车可承载 6 个国内铁路 10 t 集装箱、2 个国际 20 ft 集装箱、1 个 40 ft 或 45 ft 集装箱。90 年代末研制了 X_{1K} 型集装箱平车，该车可承载 6 个国内铁路 10 t 集装箱、2 个国际 20 ft 集装箱、1 个 40 ft 或 45 ft 集装箱。

随着世界集装箱运输的快速发展，箱型趋于大型化和标准化，传统的车辆在结构、性能方面都不能满足集装箱运输需要，必须要研制适应国际联合运输需要的集装箱专用车辆。近年来，我国研制的轴重 25 t、载重 78 t、商业运营速度 120 km/h 的双层集装箱车专列，与单层集装箱车相比装箱能力提高 40% 以上。目前，我国铁路集装箱专用平车有 X_{6A}、X_{6B}、X_{6C}、X_{1K}、X_{2H}（X_{2K}）、X_{3K}、X_{4K}、X_{6K}、X_{70} 型等多种型号。根据中长期铁路网发展规划，为满足国民经济快速发展的需要，中国集装箱车辆的数量及品种将有很大发展。

20 世纪 80 年代初，集装箱专用平车 X_{2K} 问世，见图 2.3.2，紧接着开发出 X_{3k}、X_{4K}，以常见的 X_{4k} 为例（见图 2.3.3），可以同时装运 3 个 20 ft 或者一个 50 ft 的国际标准集装箱。

图 2.3.2　X_{2K} 型平车

图 2.3.3　X_{4K} 型平车

如图 2.3.4 所示，其中梁选用高强度耐候钢组焊成箱型，再制成鱼腹形结构，取消了传统平车的鱼腹形侧梁，有效减轻了自重，提高了载重，增加了装箱数量。

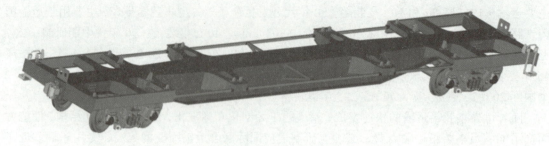

图 2.3.4　X$_{4K}$ 结构

如图 2.3.5 所示，其底架上设有集装箱锁闭装置，具有防倾覆和防跳起功能。两端为固定式，中部为锁头可原位翻转，防止其丢失，并且装卸货物更加方便。

（a）中部翻转锁　　　　　　　（b）单锁　　　　　　　　（c）双锁

图 2.3.5　X$_{4K}$ 型锁闭装置

三、NX$_{70}$（NX$_{70H}$）型共用车

如图 2.3.6 所示，NX$_{70}$ 共用车兼有普通平车和集装箱专用平车双重功能。

图 2.3.6　NX$_{70}$ 平车

该车底架为全钢焊接结构，中梁、侧梁都制成鱼腹形结构，横梁截面较大，底架上铺有厚木地板或竹木复合地板，并带有集装箱的锁闭装置。

知识巩固

1. 平车车体结构有何特点？主要有哪些车型？
2. 简述 N$_{17}$ 型平车车体的具体结构。

20 世纪 50 至 60 年代，我国先后开发了载重为 30 t 的 N_1 型平车，载重为 40 t 的 N_4 型平车，载重为 50 t 的 N_5 型平车，载重为 60 t 的 N_6 型、N_{60} 型、N_{12} 型和 N_{16} 型平车。之后，我国设计研制出载重能力较大、能装运较重预应力钢筋混凝土桥梁的 N_{17} 型平车，在 N_{17} 型平车的基础上，又进一步升级改造出 N_{17G} 型、N_{17T} 型、N_{17K} 型等平车，形成了 N_{17} 系列产品，目前，这些平车仍为我国铁路通用平车的主型产品。

为满足铁路货物运输市场的需要，扩大普通平车的使用范围，提高使用率，在 N_{17} 系列普通平车的基础上研制出了 NX_{17} 型共用平车，这是我国第一代共用平车。后又经过改进研制了 NX_{17A} 型、NX_{17B} 型共用平车。2000 年，为满足货运提速的需要，又分别对 NX_{17A} 和 NX_{17B} 型平车进行了改进设计，开发出 NX_{17T} 型、NX_{17BT} 型、NX_{17K} 型、NX_{17BK} 型和 NX_{17BH} 等车型，这些车辆均采用提速转向架。

2005 年，研发了 NX_{70} 型、NX_{70H} 型共用平车，该车轴重为 23 t，载重为 70 t，集重能力提高了 10%。同时为适应我国小汽车工业的发展以及国际贸易的扩大，我国又开发了 SQ 系列运输小汽车专用平车。

今后将继续开发平车-集装箱两用车，逐步淘汰单一用途平车，优化既有平车-集装箱两用车结构，增大车辆地板面积，降低车辆自重系数，增加载质量，提高运行速度，应用自动锁定锁头、竹木复合地板等新技术、新材料，以减少侧向力对集装箱及车辆运行安全的影响。

任务 4　棚车认知

棚车是铁路货车中的通用车辆，在我国铁路货车总数中约占 15%。它主要用来运输怕日晒、雨淋、雪浸的货物。这些货物包括各种粮谷、食品、日用工业制成品及贵重仪器设备等。加上一些必要的附属设备后，一部分棚车还可运送人员和马匹。

我国棚车种类较多，早期棚车的载重仅为 30 t（P_1、P_3），1953 年我国开始研发载重为 50 t 的 P50，2014 年我国开始研制载重 80 t、轴重 23 t，最终装用 DZ1 型转向架的定型为 P_{80} 型棚车，装用 DZ2 型转向架的定型为 P_{80H} 型棚车，最高速度 120 km/h。下面一起来认识一下棚车家族吧。

一、P_{64} 型系列棚车

如图 2.4.1 所示，P_{64} 型系列棚车是在 $P_{62(N)}$ 型棚车的基础上改进设计的具有内衬结构的棚车，载重为 58 t，容积为 116 m^3，车体为全钢电焊结构。将 P_{64} 型棚车的人字形结构车顶改为圆弧形车顶，扩大了容积，即为 P_{64A} 型棚车。为了提高 P_{64A} 型棚车的载重，在充分考虑其强度、刚度和耐腐蚀

P_{64} 型棚车主要技术参数

性前提下，通过优化结构设计和采用新型材料，在2001年完成新型减重棚车 P_{64G} 的设计，其载重可以达到60 t。该系列棚车的结构形式大体相同，均由底架、侧墙、端墙和车顶等组成，其钢结构主要梁件及板材件均采用低合金耐候钢，内衬板和地板采用竹材板。车顶主要由车顶板与上侧梁、车顶弯梁、端弯梁等组焊而成。车顶板采用2 mm厚钢板，车顶内加装3 mm PVC板内衬。P_{64GK} 型棚车结构如图2.4.2所示。

图 2.4.1 P_{64GK} 棚车

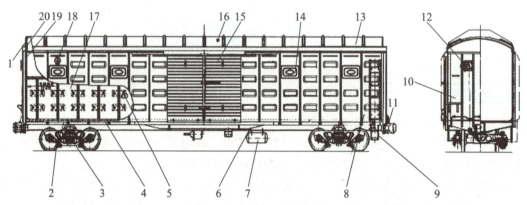

1—车顶木结构；2—底架组成；3—转向架；4—底架木结构；5——一位侧墙组成；6—底架附属件；
7—风制动装置；8—二位侧墙组成；9—便器组装；10—端墙组成；11—车钩缓冲装置；
12—手制动装置；13—车顶钢结构；14—车窗；15—车门；16—烟囱座；
17—侧墙木结构；18—标记；19—端墙木结构；20—电气组装。

图 2.4.2 P_{64GK} 型棚车结构

二、P_{65}型行包快运棚车

P_{65} 型行包快运棚车是为适应铁路货车提速和行包快运的需要而研制开发的，其主要用于装运行包等各种轻浮和怕日晒、雨雪侵袭的贵重货物，也可运送人员。由于考虑轻浮货物运输，因此其容积较大，载重为40 t、自重为25.9 t。

该车的结构特点是车顶采用了增加车顶侧梁的圆弧顶结构，充分利用了机车车辆上部限界，达到了扩容的目的，使该车总容积达到 135 m³。车门采用新型 3 m 对开式车门，提高了车门刚度，增强了车门开闭灵活性，方便使用，如图 2.4.3 所示。

P₆₅ 型棚车主要技术参数

图 2.4.3 $P_{65}S$ 型行包快运棚车

随着行包快运专列的开行，押运的问题也随之而来，根据这一情况，在原 P_{65} 型行包快运棚车的基础上设计了带押运间的 P_{65S} 型行包快运棚车。该车在 P_{65} 型行包快运棚车的基础上增加了间壁墙，间壁墙将车体分成装货间和押运间两部分。间壁墙由角柱、端柱、间壁墙板组成，间壁墙板为 4 mm；押运间在车体的 2 位端，设施主要有一张硬卧铺、便器、边座、茶桌、水桶支架、灭火器等车内设备。在 1 位侧墙上还装有供押运人员休息用的活动椅，不用时可以支起，以便节省空间。

三、活动侧墙和活动顶棚车

（一） P_{66} 型活动侧墙棚车

P_{66} 型活动侧墙棚车是为了适应我国货物运输品种、要求多样化发展起来的侧墙采用全开门结构的棚车。该车适用于在中国标准轨距线路上运行，可装运各种怕日晒、雨雪侵袭和较贵重的托盘（箱装、袋装、打包货物），以及外形较规则稳定的长大货物。特别适合各型规格的叉车等机械化装卸作业，如图 2.4.4 所示。

图 2.4.4 P_{66} 型活动侧墙棚车

活动侧墙棚车由于其门孔宽度较大，且其任何部位的侧墙均能打开，故便于用叉车机械化装卸货物，减轻了装卸工人的劳动强度，提高了装车效率。

活动侧墙棚车一般可分为双侧门活动侧墙棚车、三侧门活动侧墙棚车及四侧门活动侧墙棚车。双侧门及三侧门活动侧墙棚车通常为车长较短的 2 轴车，而四侧门活动侧墙棚车通常为 4 轴车。双侧门活动侧墙棚车广泛运用于欧洲国家，其每侧活动侧墙的 2 扇铝合金车门在车顶和底架上分别沿不同的导轨移动，外侧导轨上的侧门可同内侧导轨上的侧门重合，使其门孔的最大宽度可达车体的一半。车体主要以底架承载，为防止货物的纵向移动，车内通常还设有导轨式隔离墙。三侧门及四侧门活动侧墙棚车同双侧门活动侧墙棚车的原理基本类似，三侧门活动侧墙棚车的中门及四侧门活动侧墙棚车 2 扇中门为塞拉门形式，其门孔的最大宽度分别为车体的 1/3 及 1/2。活动侧墙棚车侧门开闭如图 2.4.5 所示。

图 2.4.5　活动侧墙棚车

（二）活动顶棚车

活动顶棚车由车体、制动装置、车钩缓冲装置和转向架等部件组成。车体由底架、侧墙、端墙、车门、活动车顶、活动顶的开闭机构等组成，如图 2.4.6 所示。

活动顶棚车可分为推拉式和吊装式。推拉式活动顶棚车的原理同活动侧墙棚车相似，通过传动机构可使其中的一扇车顶升起，打开车顶时，两活动顶重合，车顶的最大开启长度为车体的一半，便于用吊车装卸货物。吊装式活动顶棚车的车顶由两节活动顶盖组成，装卸货物时，可用吊车将一个活动顶盖置于另一顶盖上或将其置于站台上，或将两个活动顶盖同时置于站台上。车辆正常运行时，车顶通过上边梁和端梁的锁闭装置固定在车上。

图 2.4.6　活动顶棚车

四、P₇₀ 型棚车

2002 年，为适应我国既有铁路线路和桥梁的实际承载能力，加快铁路装备现代化进程，满足铁路货车由 60 t 向 70 t 的升级换代要求，齐齐哈尔车辆厂会同铁道科学研究院对当时近 7 年的棚车运用现状、棚车适运货物的构成情况进行了分析。2003 年开始 70 t 级新型通用棚车的研制，2005 年初完成了 70 t 级新型通用棚车工作图设计、小批量试制及各项性能试验工作，并于同年 8 月通过了样车的部级审查。装用转 K6 型转向架的定型为 P₇₀ 型棚车，装用转 K5 型转向架的定型为 P₇₀ₕ 型棚车（未量产）。

P₇₀ 型棚车主要技术参数

（一）主要特点

（1）采用高强度耐候钢及冷弯型钢，优化了断面结构，满足铁路货车提速、重载的要求。

（2）采用新型防腐隔热涂料和隔热漆，提高了车辆的抗传导隔热性和抗辐射隔热性能。

（3）在车顶设置有 4 个通风器，加强车内空气流通，防止空气湿度对车体的腐蚀。

（4）车门为推拉式，安全性高。

（5）车窗、车门及部分零部件可与其他系列（60/80 t）棚车互换，通用性强。

（二）主要结构

P₇₀ 型棚车（见图 2.4.7）车体为全钢焊接整体承载结构，主要由底架、侧墙、端墙、车顶、车门、车窗等组成。

图 2.4.7 P₇₀（P₇₀ₕ）型棚车

1. 底 架

P₇₀（P₇₀ₕ）型棚车底架如图 2.4.8 所示，中梁采用屈服强度为 450 MPa 的乙型钢或冷弯中梁，下侧梁采用冷弯型钢组焊，制成鱼腹形结构；采用直锻钢上心盘和 C 级铸钢的前、后从板座。底架铺设竹木复合层积材地板，门口处装 3 mm 厚的花纹钢地板。

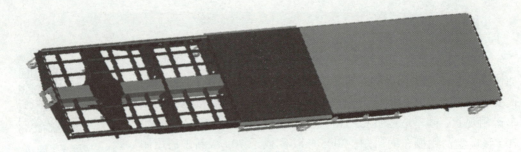

图 2.4.8　底架

2. 端　墙

P_{70}（P_{70H}）型棚车端墙如图 2.4.9 所示，端墙由端墙板、端立柱、角立柱、上端梁等组焊而成。端板采用 3mm 厚钢板，端板上预留电源线通过孔及照明设施安装座。

图 2.4.9　端墙

3. 车　顶

P_{70}（P_{70H}）型棚车车顶如图 2.4.10 所示，车顶上装有 4 个通风器。车顶侧梁选用冷弯型钢。车顶弯梁为圆弧形，并设有照明设施安装板。车顶内衬选用厚度为 5 mm 的 PVC 板。

通风器

车顶板

车顶端板

车顶侧梁

图 2.4.10　车顶

4. 侧　墙

P_{70}（P_{70H}）型棚车侧墙如图 2.4.11 所示，由侧墙板、侧立柱、门柱、上侧梁等组焊而成。侧板选用 2.3 mm 厚的钢板压型结构，侧墙内衬选用 3.5 mm 厚的竹板。

图 2.4.11　侧墙

5. 车窗和车门

P_{70}（P_{70H}）型棚车车窗和车门如图 2.4.12 所示，车体每侧安装一组推拉式对开车门，车门板采用 1.5 mm 厚的冷弯波纹板，车体每侧设 4 扇下翻式车窗。

（a）车窗

（b）车门

图 2.4.12　车窗和车门

知识巩固

1. 简述棚车的结构。

2. 棚车车体结构有何特点？主要有哪些车型？

知识拓展

我国旧有的棚车大部分是载重 30 t 的钢木混合结构的小型车，如 P_1、P_3 型棚车，这种棚车远不能满足我国铁路运输发展的需要，已全部淘汰。20 世纪 60 年代，我国研制了载重 60 t 的 P_{13} 型棚车，考虑到货物防盗的需要，随后将该车的 4 个顶部装货口取消，定型为 P_{60} 型棚车。20 世纪 70 年代，在此基础上将木地板改成钢地板，将木质内墙板改成纤维板，车窗由上下抽拉式改为左右抽拉式，改后定型为 P_{61} 型棚车。

20 世纪 80 年代，在 P_{61} 型棚车的基础上，将棚车内墙板取消，仅保留内顶板，同时将车窗改为通风口罩，定型为 P_{62} 型棚车。20 世纪 90 年代，我国将 P_{62} 型棚车的车体材料改为耐候钢后，改型为 P_{62N} 型棚车，同时从苏联引进了 P_{63} 型棚车。随后又研制了大容积的 P_{64} 型棚车，并在此基础上陆续研制了 P_{64A} 和 P_{64G} 等 P_{64} 型系列棚车。为了适应铁路货车提速和行包快运的需要，20 世纪末我国又研制了 P_{65} 型行包快运棚车和带押运间的 P_{65S} 型快运棚车，该车采用转 K_2 型转向架，内部衬板全部采用 PVC 板，提高了棚车的档次。

从 2000 年开始，我国陆续开发研制了 21 t 轴重的活动侧墙棚车和活动顶棚车，最大限度地方便了叉车或人工装卸作业，同时也为我国发展托盘运输提供了必要的装备。为适应铁路运输装备跨越式发展的需要，2005 年起，我国又研制了轴重 23 t 的大载质量的 P$_{70}$ 型棚车。

P$_{80}$ 型棚车主要技术参数

2014 年，齐齐哈尔车辆厂等公司开始研制生产的 23 t 轴重大容积棚车，2015 年 1 月 13 日，P$_{80}$、P$_{80H}$ 型棚车设计方案和样车通过国铁集团评审。并由齐齐哈尔车辆厂、眉山车辆厂、长江公司生产。普通线路下按照 23 t 轴重考核，载重为 66 t，重载线路情况下载重 80 t。装用 DZ1 型转向架的定型为 P$_{80}$ 型棚车，装用 DZ2 型转向架的定型为 P$_{80H}$ 型棚车，最高速度 120 km/h。

部分棚车参数及性能特点对比如表 2.4.1 所示。

表 2.4.1　我国部分棚车尺寸及性能表

车型	载重/t	自重/t	每延米载重/t	容积/m³	车辆定距/mm	车体尺寸/mm			构造特点
						内长	内宽	内高	
P$_{60}$	60	22.2	5	120	11 500	15 470	2 830	2 750	设木地板，每侧设一扇滑轮车门，8 扇车窗
P$_{62}$	60	24	6.1	120	11 700	15 490	2 820	2 760	设钢地板，每侧侧墙设 8 个百叶窗式通风口
P$_{62N}$	60	23.4	5.07	120	11 700	15 490	2 820	2 754	采用耐候钢，其余同 P$_{62}$ 型
P$_{63}$	60	24	5.03	137	12 240	15 722	2 763	2 900	设木地板，每侧设双扇对拉门，门孔宽 3 980 mm
P$_{64}$	58	25.4	5.1	116	11 700	15 466	2 796	2 705	设竹地板，每侧设双扇对拉门，4 扇车窗
P$_{70}$	70	24.6	5.5	145	12 100	16 087	2 793	2 705	设竹材层压板地板，每侧设双扇对拉门，4 扇车窗

任务 5　罐车认知

任务导入

罐车是一种罐状车体，是装运液体、液化气体和粉状货物的专用车辆，约占我国货车总数的 10%。罐车的装载能力是以体积来度量的，罐车的标记载质量是以实际所运的货物的密度计算的，即测量罐内所盛液体水平面的高度，然后根据罐体容积表查得所盛液体的质量。

罐车按结构特点可分为有底架、无底架罐车；有空气包、无空气包罐车；上卸式和下卸式罐车。罐车按用途分为轻油类罐车、黏油类罐车、酸碱类罐车、液化气体罐车和粉状货物罐车等。罐车的罐体形状可分为圆柱形、圆锥形以及这两种形状组合成的特殊形状（如凹底罐体等）。

一、各类罐车的特点

（一）轻油类罐车

轻油类罐车可运输汽油、煤油、轻柴油等轻质油类的石油产品。由于轻油具有较强的渗透能力，在罐体下部设排油装置容易渗漏，因此一般是利用虹吸原理由罐体上部卸货（即上卸式）。罐体外部涂成银灰色，以减少太阳辐射热的影响，从而减少轻油类货物的蒸发。我国生产的轻油类罐车有 G_{60}、G_{60k}、G_{70}、G_{70A}、G_{70k} 等。由于轻油罐车所运石油产品密度较小（$0.69 \sim 0.88\ t/m^3$），所以 50 t 车实际载重 42 t、60 t 车实际载重 52 t 左右。

轻油类罐车主要由底架、罐体、连接装置、排油装置、安全装置、作业防护设施组成，下面以 G_{70} 型罐车为例进行介绍。

G_{70}、G_{80} 型罐车是我国目前运用的主型罐车。由于罐体本身强度、刚度满足运输需要，故采用无中梁结构。罐体为圆筒形，两端固定在枕梁上，如图 2.5.1 所示。

图 2.5.1　GQ_{70}（NX_{70H}）轻油罐车

1. 主要结构

GQ_{70} 型轻油罐车主要由罐体、牵枕装配、车钩缓冲装置、制动装置、转向架及安全附件等组成，车端不设通过台，如图 2.5.2 所示。

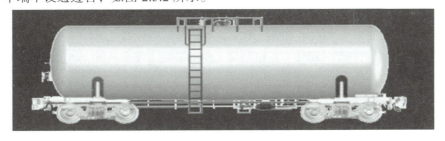

图 2.5.2　GQ_{70} 型轻油罐车结构

（1）罐体。

罐体采用直锥圆截面斜底结构，材质为低合金高强度结构钢。底部两端向中间倾斜，方便油品卸出。

（2）牵枕装配。

牵枕装配主要由牵引梁装配、枕梁装配、边梁装配、端梁装配等组成。自重轻，结构简单。牵引梁和枕梁配合，可以传递纵向力和垂向力，如图 2.5.3 所示

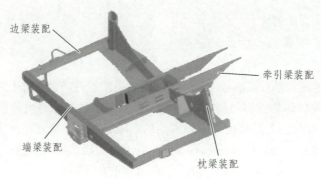

图 2.5.3 牵枕装配

2. 装卸方式

为方便货物的装卸以及检修，罐体顶部开设有进人孔，并在进人孔一侧安装有呼吸式安全阀，罐体外设有扶梯，罐顶设工作台和防护栏杆。车顶附件如图 2.5.4 所示。

（a）车顶全貌　　　　　　　（b）进人孔　　　　　　　（c）安全阀

图 2.5.4 车顶附件

（二）黏油类罐车

黏油类罐车是运送原油、润滑油等黏度较大油类的罐车。采用罐体下部排油的方式（即下卸式），黏油在冬季或寒冷地区容易凝固，卸货不便，为此，在罐体上设有加温装置。运送原油的罐车，罐体表面涂成黑色；运送成品黏油的罐车，罐体表面则涂成黄色。我国主型黏油罐车有 G_{17}、G_{17A}（无底架）、G_{17B}、GN_{70}、GN_{70H} 等型号。

黏油类罐车主要由底架、罐体、连接装置、排油装置、安全装置、加温装置、作业防护设施等组成，如图 2.5.5 所示。

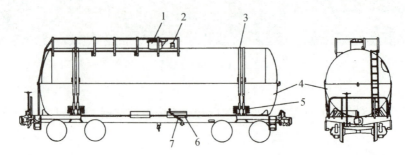

1—进人孔；2—安全阀；3—卡带；4—加温套；5—垫木；6—鞍板；7—进气管。

图 2.5.5 G_{17} 型黏油类罐车

1. 加温装置

由于黏油在冬季或寒冷地区会发生凝固，给卸车带来了困难。为了卸车方便，在罐体外面下半部设有夹层式加温套。在加温套两端的上部各设一个排气口，在加温套底部的两端各设一个排水口。在加温套两侧的中部各焊有一个进气管座，以便与进气支管连接。在底架下横向设一暖气主管，其上装有两个进气管，向加温套供应所需的蒸汽。

2. 排油装置

黏油罐车均采用下卸式排油装置。G17型罐车所采用的是埋入式球形中心排油阀，借助螺栓与罐体上的阀座连接。阀体上部伸入加温套内，当阀关闭时，阀芯的球面突出阀体浸在罐内油中。这样当罐内有凝结水并结冰后也不至于封住阀口，能实现从车下排油并不需要设排油阀处的加温套，是目前黏油罐车的通用阀类。其操纵机构设在车体下部，通过开闭轴直接转动球形心阀起开闭作用。

（三）酸碱类罐车

酸碱类罐车专门用于运送浓硫酸、浓硝酸、液碱（氢氧化钠）等货物。由于酸碱类化工产品具有较强的侵蚀作用和密度较大的特点，所以要求此类罐车的容积要小一些，而且要求罐体具有较好的耐腐蚀性能。为此，一般在罐体内壁衬以橡胶、铝、塑料等具有抗腐蚀性能的材料，也有些罐车的罐体采用铝合金、不锈钢及玻璃钢等其他不受酸碱侵蚀的材料。考虑到酸、碱在低温下会凝固，酸碱类罐车设有加温套，当酸碱凝结时，可加温使其融化以便从上部卸出。

酸碱类罐车主要有以下几种车型：G11型酸碱罐车、GS70型浓硫酸罐车、G11B型不锈钢液碱罐车、GFA型玻璃钢盐酸罐车、GH64型铝制浓硝酸罐车等。

（四）液化气体罐车

液化气体罐车主要用以运送液化石油气、液氨、液氯、丁烷、丙烷和以丙烷为主要成分的液化石油气体。此类罐车容积大，加设遮阳罩，采用无底架结构。此类罐车的工作人员工作压力较高，罐体属于压力容器，所以采用高强度钢板制造，除满足一般的罐车要求外，还需按照压力容器的要求进行设计、试验和检测。

液化气体罐车罐体表面涂成浅银色，纵向中部涂有一条环形色带，用不同颜色来区别液化气体种类。目前液化气体罐车的种类主要有GY40系列、GY60系列、GY80系列、GY95系列和GY100系列等。

GQ型液化气体罐车供运输压力不超过 1.96 MPa 的常温液化气体，罐体总容积 110 m³，载质量为 50 t，其罐体用强度较高的 18 mm 厚钢板制成。罐顶两端设有两个开启压力为 2.06 MPa 的安全阀，中部设有装卸液化气体的排灌装置。为减少阳光的辐射热，在罐顶设有包角为 120° 的遮阳罩。

新型液化气体罐车的一端还设有押运室，押运间主要由钢结构、防寒材、木结构、内部设施等组成。押运间内设有通风器、灭火器、暖瓶架、应急灯、行李架、折叠铺等设施，为押运人员提供了良好的押运条件，从而确保液化气体铁路罐车的安全运行。

（五）粉状货物罐车

粉状货物罐车利用流态化输送的原理装、卸水泥、氧化铝粉等粉状货物，即将货物与具有一定压力的空气混合，此时每一粉粒被一层薄空气包围，当空气压力能够克服粉粒自重和管道摩擦阻力时，货物即具有流体的性能。如 GF_1 型、GF_3 型、GF_4 型氧化铝粉罐车，罐体按其形状可分为卧罐式、立罐式和卧罐锥斗式几种。

该类车一般在卸货地点以压缩空气作动力，将粉状货物流态化，并用压力空气将粉状货物直接吹送到料仓内，实现装卸货物的机械化和自动化密闭装载，减少对环境和人体的污染，既降低了成本，又提高了效率。

罐车类型虽多，但其结构形式和主要部件基本相同，车体为圆筒形罐状体，其两端用卡带紧固在枕梁上，货物装在罐体内。为了便于货物的装卸及检修人员进入罐体内，在罐体顶部设有进人孔（旧型罐车顶部设有空气包，作为温度变化时罐内液体膨胀的附加容器）。在进人孔的一侧安设有进排气兼用的呼吸式安全阀。罐体顶部设有走板、工作台和安全栏杆，罐体上还设有卸油装置以及内外扶梯等。我国的部分罐车、水泥车的尺寸及性能如表 2.5.1 所示。

表 2.5.1 我国部分罐车、水泥车的尺寸及性能表

车种	车型	载重/t	自重/t	罐体有效容积/m³	车辆定距/mm	罐体尺寸/mm		构造特点
						总长	内径	
罐车	G_{60}	50	19.9	60	7 300	10 410	2 800	轻油罐车，无空气包，上卸式
	G_{19}	63	20.7	7	9 620	12 960	2 800	轻油罐车，倾斜底，无底架，无空气包，上卸式
	G_{12}	50	23.3	51	6 800	10 026	2 600	黏油罐车，下卸式
	G_{17}	52	22.2	60	7 300	10 410	2 800	黏油罐车，无空气包，下卸式
	GL_B	58	25.2	58	7 300	10 220	2 800	沥青罐车，罐内有加热管，罐体隔热，下卸式
	G_{70}	60	19.8	69.7	7 500	10 700	3 020	轻油罐车，无空气包，上卸式
	GH_{40}	40	43		13 100	16 070	2 804	液化气体罐车，上装上卸式，有押运间
	GF_3	60	23.8	61	8 100	11 200	2 800	氧氧化铝粉罐车，气卸式卸货氧
	G_{11J}	62.5	20.5	47.29	7 300	9 680	2 600	液碱罐车，上装上卸式
水泥车	U_{60}	58	27		9 440		3 200	有 3 个立式罐，气卸式卸货
	U_{60w}	59	24.5	48	7 600	10 100	3 000	卧式气卸水泥罐车，罐体底部有 3 个锥斗和气室

二、罐车作业注意事项

（1）在罐车附近作业时注意防火。

（2）对酸碱类罐车进行调车作业时，应特别注意防止冲击力过大，以免罐内酸碱溢出伤人。

（3）卸空的罐车，罐内经常有残留的有毒气体，未经化验不得进入罐内作业，以免中毒。

（4）黏油类罐车在用蒸汽加温卸油时，进入罐体加温层的蒸汽压力不应超过 490 kPa。

（5）不准用明火烘烤加温卸油。

（6）取送罐车的机车不得进入洗罐库内，以免发生火灾等。

知识巩固

1. 按装运货物的不同，罐车有几种类型？各类罐车车体结构有何特点？
2. 在罐车附近作业时有哪些注意事项？
3. 为什么有的罐车可以不设底架？无底架罐车的垂直载荷和纵向载荷是如何传递的？

知识拓展

罐车发展的重要阶段

新中国成立前，我国罐车主要依赖于进口，车型杂、质量差、技术条件落后。新中国成立后随着石油工业的迅猛发展，需要大量高质量的罐车来满足运输需求。我国铁路罐车的技术进步主要经历了 4 个时期的大跨越，使铁路罐车技术性能有了明显的提高。

一是新中国成立初期的罐车，主要以仿制、改造为主，载重基本在 30 t，少数能达到 50 t。1953 年以前制造的罐车是仿照国外产品进行的，1953 年后开始自行设计制造，至 20 世纪 60 年代，各铁路工厂经过不断设计改进，出现了以 G_{60}、G_{17}、G_{12} 等为主型罐车的第一次大的发展时期，罐车载重由 30 t 提高到 50 t，运输的介质有轻油类、黏油类、浓硫酸、液化气体及化工类产品等。

二是 20 世纪 80 年代至 90 年代末，我国罐车实现了第二次升级换代，大量载重 60 t 的 G_{70}、G_{17B} 等罐车出现，标志我国罐车由载重 50 t 级提高到 60 t 级。另外罐车基础部件的性能全面提升，采用了压型件和国产高强度耐候钢材，转向架采用滚动轴承，GK 型三通阀改进为 103 型空气分配阀，制动也采用了新技术。随着罐车采用运行速度 120 km/h 的转 K2 型、转 K4 型提速转向架的设计改造，罐车的运行速度也提高了一大步。罐车运输的介质有轻油类、黏油类、酸碱类、氧化铝粉、食用油、沥青、液化气体和液化石油气等。

三是进入 21 世纪，随着 25 t 轴重转 K6、K5 型转向架的研制，为大载重罐车研制提供了技术支持，我国罐车进入了第 3 次大的发展时期。为加快 23 t 轴重罐车升级换代，提高运输质量，同时便于运用管理、制造、检修，罐车的研发以车型"系列化、通用化、专用、设计标准化、模块化"为原则，研制了载重 70 t 级系列罐车，罐体采用斜底结构，便于介质卸出，提高卸净率；部件可靠性能进一步提高，采用了可靠的牵枕结构；采用助开式人孔，改进了呼吸式安全阀；黏油类罐车采用内置排管式加热系统，加热效果进一步改善；制动装置采用了大量新技术，座式 120 控制阀、KZW-A 型空重车自动调整装置、不锈钢制动管系等；采用 E 级钢 17 号车钩及 E 级钢钩尾框，采用了商业运营速度为 120 km/h 的转 K5 或转 K6 型转向架。

四是为了进一步提升我国既有线路的货物运输能力和效率，在 70 t 级粉状货物罐车的基础上，研发了新一代的 27 t 轴重 GF_{80} 型氧化铝粉罐车，采用了高强度耐候钢作为罐体材质，载重高达 80 t，设计速度为 100 km/h。通过配备 27 t 轴重低动力作用的 DZ1 型转向架，有力推动了我国铁路货车从 70 t 级向 80 t 级的全面升级。GQ_{80} 型罐车为无中梁结构，主要由车体、转向架、车钩缓冲装置和制动装置等组成。车体由牵枕、罐体、端梯及走台等部件组成，主要型钢和板材采用低合金高强度钢和高强度耐候钢；牵引梁采用乙字钢，枕梁采用单腹板、侧盖板支撑结构，罐体为两端锥筒加中间直筒碳钢焊接结构，罐体与牵枕组焊为一体；采用 DZ1 型转向架；采用 17 型车钩及配套钩尾框，MT-2 型缓冲器；采用 120 制动系统和 NSW 型手制动机等，如图 2.5.6 所示。

图 2.5.6　27 t 轴重 GQ$_{80}$ 型罐车

任务 6　特种车辆认知

任务导入

　　铁道车辆按照用途进行分类，可以分为客车和货车，货车按照用途可以分为通用货车、专用货车。在前面的知识内容中，我们学习了一些常见的货车车型：敞车、平车、棚车、罐车等，然而在专用货车的家族中，还有一些特殊的车辆，它们有的体格巨大，有的超长、超高，有的还有特殊功能。让我们一起来认识铁路货车中这些特殊的大家伙吧。

一、长大货物车

　　长大货物车用来装运体积庞大而又笨重的货物，或体积虽小而质量大的集重货物，例如，大型机床、发电机定子、汽轮机转子、轧钢设备、大型变压器、化工合成塔及成套设备。由于这些车的载重及自重较一般平车大，所以，车轴数目需要很多才能适应线路允许的轴重要求。当车辆较长时，通过曲线所产生的偏移量很大，故车辆中部的最大宽度受到车辆限界的限制需要缩小。有的车辆还需设置专门的侧移机构，使车辆在曲线上运行时车体能自动向曲线外侧移动，以保证装载在车辆中央部分的货物及可移的车辆底架中心线与曲线中心线相接近，使货物及车辆底架中央部分不超过车辆限界尺寸或超限货物规定的最大限界尺寸。

　　新中国成立初期，为适应当时国民经济发展的需要，从国外购买了一些长大货物车。20 世纪 60 年代，我国自行设计制造了少量长大货物车。改革开放以后特别是近 10 年来，各种新技术、新材料、新结构的引进和应用，使铁路长大货物车的发展进入了一个新阶段，设计制造和改造的长大货物车有近 20 个车型。

　　我国长大车载重吨位已由最初的 50 t 发展到目前的 380 t，在一定程度上满足了大件货物运输要求，并在铁路长大货物车新车研制方面取得了重大进展，已经研制出最大载重达到 450 t 以上的长大货物车。

　　随着我国电力、冶金、化工、重型机械等行业的快速发展，大型发电机定子、变压器、轧钢机机架等超重、超限货物运输日益增多，要求铁路部门积极开发研制能够与之配套的长大货物车来满足运输需求，对我国铁路长大货物车而言，提高其载重及运行速度潜力较大。

按照车体结构，目前，我国现有的长大货物车可分为长大平车、凹底平车、落下孔车、钳夹车和双支承承载平车 5 种类型。

(一) 长大平车

长大平车的形状与平车基本相同，一般采用多轴转向架或多层底架结构，其结构特征是装载货物的底架具有较长的承载平面，其底架结构形式与通用平车基本相同，其差别主要是长大平车的底架长度和地板面中轨面高度都比较大，适于装运高度不高而长度较长的货物，如长钢轨、长型钢、桥式起重机构架、锅筒、锅炉散热管排以及化工反应器等。

长大平车目前主要车型有 D_{70}、$D_{22}G$、$D_{22}A$、$D_{26}A$ 等。

D_{22} 型长大平车载重 120 t，车体仅有车底架及地板，底架全长 25 m，底架通过中梁支承在 4 台 2 轴转向架上（每端的两个 2 轴转向架用纵摇枕连接起来，组成 4 轴转向架），故地板面较一般平车为高，主要用来运输 25 m 长的钢轨、桥梁钢梁、混凝土梁及长大机械设备等高度不大的长大货物，也可以用来运输木材、钢材等。根据运输生产需要，在 D_{22} 型基础上制造了载重 150 t 的 D_{27} 型长大平车，该型车结构与 D_{22} 型长大平车完全相同，仅将 4D 轴转向架换装成 4E 轴转向架。

(二) 凹底平车

凹底平车是承载质量较大的车辆，由于转向架的数量和轴数增多，使底板面相应增高。但由于受机车车辆限界的限制，从而影响装货的净空高度。为了增加净空高度、降低车辆的重心，将车底架及车体的装货部分制成凹形，这就是凹底平车。图 2.6.1 所示为 D_{15} 型凹底平车。

图 2.6.1　D_{15} 型凹底平车

凹底平车的结构特征是转向架或转向架群分布于车辆两端，中部为装载货物的凹底架，用于装运长度、高度适中、宽度较大的货物，如变压器、发电机转子或定子以及其他长大重型机械设备等，具有结构简单、使用方便、运行安全可靠等优点，是长大货物车中适运货物范围最广的车型。我国凹底平车现已形成系列，以 30 ~ 40 t 为级差，可以运输 40 ~ 320 t 的大型货物。D_{32} 型凹底平车是目前我国载重最大的凹底平车，车底架及车体为全钢结构，载重 320 t，采用

4台5轴转向架，车体全长39 m，结构如图2.6.2所示。

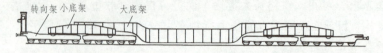

图2.6.2　D$_{32}$型凹底平车结构

属于凹底平车的还有D$_{10}$型载重90 t，D$_{26}$型载重260 t，D$_{18A}$型载重180 t，D$_{12}$型载重120 t等。

（三）落下孔车

凹底平车虽可降低地板面高度，但仍满足不了运输某些高大货物的要求，如直径特别大的发电机转子和汽轮机转子、轧钢机架等。为此将底架中部制成一个较大的矩形空洞，货物装在空洞（落下孔）内，载荷由货物支承梁传给两侧高大的侧梁，以便充分利用机车车辆限界，这种长大货物车称为落下孔车。图2.6.3所示为D$_{k36}$型落下孔车。

图2.6.3　D$_{k36}$型落下孔车

落下孔车车辆主要由侧承梁组成、大小底架组成、转向架、车钩缓冲装置、制动装置及液压装置等组成。如D$_{17}$型落下孔车，载重150 t，采用2台5轴一体构架式转向架，主梁中央开有长10 200 mm、宽2 300 mm的装载货物方孔，因此中梁被裁为两段，载重完全由两侧高大的侧梁承担，图2.6.4所示为D$_{17}$型落下孔车结构。

属于落下孔车的有D$_{16}$型、D$_{17}$型、D$_{18}$型、D$_{19}$、D$_{45}$型等几种类型。载重450 t的D$_{45}$型落下孔车是目前我国载重吨位最大的落下孔车。

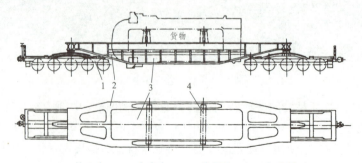

1—转向架；2—车底架；3—落下孔；4—支承梁。

图2.6.4　D$_{17}$型落下孔车结构

（四）钳夹车

当所运输的货物体积特别庞大时，只要其最大横截面不超过最大级超限货物装载限界就可采用钳夹车装运。钳夹车主梁分为左右两段，可视为由两节车辆组成。左右两段钳形梁未装载时，下部用销子将两钳梁上的连接板固定在一起，使两根钳梁成一整体，上部互相顶住；装运时，将两节车辆分开，货物直接或通过货物承载箱（架）夹置在两节车辆中间，此时货物需带有耳环，以便与车辆钳形梁上的车耳通过销子连接成一体。由于装运货物或承载箱（架）和钳形梁一起承受垂直弯曲和纵向作用力，为此，待运的货物或货物承载箱（架）必须具有足够的强度和刚度，以便承受重量。钳夹车主要运送大型变压器、发电机定子和重型轧钢机牌坊等短、粗、重的集重货物。

图 2.6.5 为 D_{20} 型钳夹车示意图，载重 280 t、自重 138 t。其车体为全钢焊接结构，整个车体及货物的重量通过两钳梁的心盘支承在两个小底架上，每个小底架通过其两端的心盘与 5 轴转向架相连。

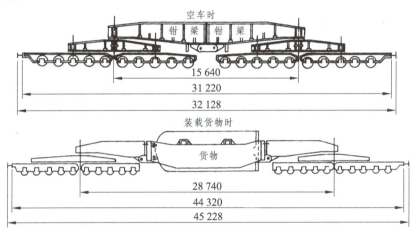

图 2.6.5　D_{20} 型钳夹车示意图

D_{35} 型 32 轴钳夹车，载重 350 t、自重 290 t，总重 640 t。其车体由 4 个小底架、2 个大底架、4 个钳形梁等组成，车体及货物的重量支承在 8 台 4 轴转向架上。D_{35} 型钳夹车与一般车辆不同处在于其具有钳形梁、导向梁、大底架、小底架、发电设备、各种液压设备及控制系统，并布置有操纵室。D_{35} 型钳夹车通过可移动的球面心盘支承在大底架上，每个大底架又通过球面心盘分别支承在两台小底架上，各小底架又支承在 2 台 4 轴转向架上。所以，全车共 8 台 4 轴转向架，32 根车轴，组成了多级支承的传力系统，并通过球面心盘和旁承传递载荷。

（五）双支承承载平车

双支承承载平车主要用于运送长、大、重的筒形长大货物。如 D_{30} 型双支承承载平车是为了整体装运氨合成塔和尿素合成塔等货物而设计的，共生产了两辆，设计载重 370 t，装货物后距轨面最大高度为 5 400 mm。

D_{30} 型双支承承载平车结构如图 2.6.6 所示，由两节凹底平车组成，故又称双联平车。在两节凹底平车的凹形底架中部均设有转动鞍座（转盘）和卡带，当货物跨装在两转动鞍座上时，用卡带紧固，转动鞍座能与凹形底架做相对转动，以利于车辆通过曲线。

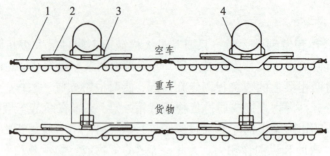

1—转向架；2—车底架；3—转动鞍座；4—卡带。

图 2.6.6　D₃₀ 型双支承承载平车结构

图 2.6.7 所示为 D₃₀ 型双支承承载平车，其除了按双联装运形式装运最大质量 370 t、长度一般为 22 m 以上的货物外，也可以采用单节装运形式，此时装运最大质量为 185 t。采用单节装运形式时，应报国铁集团。

图 2.6.7　D₃₀ 型双支承承载平车

除以上介绍的几种长大货物车外，我国还研制了 D₂₃ 型 16 轴载重 235 t 的长大平板车，D₁₅ 型 8E 轴载重 150 t 的凹底平车，D₁₈ₐ 型 16 轴载重 180 t 凹底平车，D₁₂ 型 8 轴载重 120 t 凹底平车，D₃₀ₐ 型 20 轴载重 300 t 的钳夹车，D₃₅ 型 24E 轴载重 280 t（用钳形梁时）的钳夹车和 D₃₈ 型 32 轴载重 380 t 的钳夹车。长大货物车的研制对我国经济发展和特种货物运输起着很大作用。

我国部分长大货物车的
性能参数表

二、保温车

保温车（又叫冷藏车）是运送鱼、肉、鲜果、蔬菜等易腐货物的专用车辆。这些货物在运送过程中需要保持一定的温度、湿度和通风条件，因此保温车的车体装有隔热材料，车内设有冷却装置、加温装置、测温装置和通风装置等，具有制冷、保温和加温 3 种性能。保温车车体外表涂成银灰色，以利阳光反射，减少辐射热。

我国自制的保温车有冰箱保温车和机械保温车两大类。

冰箱保温车可分为车端冰箱式和车顶冰箱式两种，这两种保温车的区别在于冰箱设置位置和车内空气循环方向不同。机械保温车按结构分，有单节机械保温车和机械保温车组（包括机冷货物车和机冷发电车）。按供电和制冷方式机械保温车又可分为 3 大类：

集中供电、集中制冷的车组：全列车由发电车集中供电，制冷车集中制冷，采用氨作制冷剂，盐水作冷媒。

集中供电、单独制冷的车组：由发电车集中供电，每辆机冷货物车上装有制冷设备单独制冷，采用氟利昂作冷媒，强迫空气循环。

单节机械保温车：每辆车上均装有发电和制冷设备，可以单独发电和制冷，也可使用集中供电的电源。

我国铁路的保温车型号主要有：冰箱式保温车 B_6、B_7、B_{11}、B_{17} 和机械保温车 B_{18}、B_{19}、B_{21}、B_{23} 以及单节式机械冷藏车 B_{10} 等。

采用冷藏方法运输首先要有冷源。现在最常用的是冰盐制冷和制冷机制冷，即有冰箱冷藏车和机械冷藏车。这两种冷藏车都具有以下特点：

（1）设有制冷（和加温）设备，以保持车内货物所要求的温度。

（2）设有空气循环和通风换气设备，以保证车内温度均衡和必要时有可能换气。

（3）设有装货设施和可靠的检温仪表，以保证货物质量和监督车内温度。

（4）车体隔热性能良好，以减少车内与外界的热交换。

（一）冰箱冷藏车

目前，我国使用的冰箱冷藏车中以 B_6 型冰箱冷藏车数量较多。这些冰箱冷藏车是在车顶的冰箱内加冰、加盐（氯化钠），利用冰盐混合物融化、溶解时吸收车内热量，以达到降低车内温度的目的。

由于冰的融化温度为 0 ℃，显然只在冰箱内加冰，绝对得不到 0 ℃ 以下的温度。实验证明，在冰内掺以氯化钠，就可以降低融化温度，当氯化钠的含量为 22.4% 时，溶液的冰点为-21.2 ℃，如果再提高浓度，融化温度反而增加。一般可按 100 kg 冰和 30 kg 氯化钠的比例进行掺和。

B_6 型冰箱冷藏车标记载重 45 t（包括冰 7 t），有效载重 38 t，自重 34 t，车内有效容积 86 m^3。其总体结构如图 2.6.8 所示。

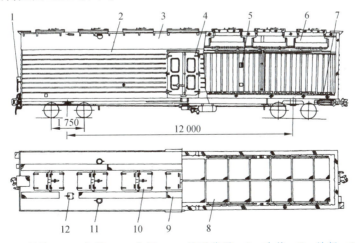

1—手制动机；2—侧墙；3—车顶；4—车门；5—检温装置；6—冰箱；7—地板；8—离水格子；
9—车顶走板；10—冰箱盖；11—排水阀盖；12—通风口盖。

图 2.6.8 B_6 型冰箱冷藏车总体结构

（二）机械冷藏车

由于冰箱冷藏车是用冰盐制冷降温，因此既难以得到更低的温度，又需在运行途中加冰加盐，不仅延长了运送易腐货物的时间，也难以保证运输易腐货物的质量。为了改善易腐货物的运输条件，进一步满足易腐货物运输的要求，铁路运输还必须研制、生产、使用机械冷藏车。

1. 机械冷藏车分类

（1）根据编挂方式，可分为机械冷藏列车、机械冷藏车组和单节机械冷藏车。

（2）根据制冷设备的制冷剂种类，可分为氨制冷设备和氟利昂 12 制冷设备的机械冷藏车。

（3）根据货物车的供电制冷方式，可分为集中供电集中制冷冷藏车、集中供电单独制冷冷藏车、单独发电单独制冷车辆或既可集中供电又可单独发电的单独制冷冷藏车。

2. B_{19} 型机械冷藏车

图 2.6.9 所示为我国自行设计制造的 B_{19} 型机械冷藏车（货物车）结构。B_{19} 型机械冷藏车组由 1 辆发电乘务车和 4 辆货物车组成。

B_{19} 型机械冷藏车车体具有良好的隔热性能。车内中部为较大容积的装货间，地板上放置离水格子，内墙板上有由通风凸筋组成的通风槽。

在车体两端的上部，分别装设一套制冷、加温机组，这两套机组互相独立，可以单独工作，也可以同时工作。每套制冷、加温机组的压缩机、冷凝器和冷凝器通风机（冷却风机）装在车外，蒸发器、电加热器和蒸发器通风机（循环机组）装在货物间内。货物间顶部有贯通货物间全长的通风道，通风道由多块钢板组成，每两块钢板之间和钢板与侧墙之间有一定的空隙，以利于空气流通。

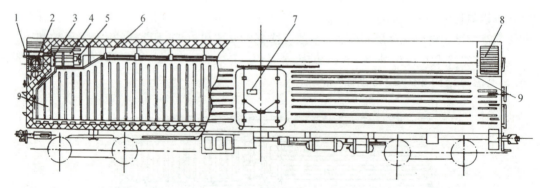

1—进风口；2—压缩机、冷凝器、冷凝器通风机；3—电热器；4—蒸发器；5—蒸发器通风机；
6—通风道；7—排风口；8—压缩机冷凝器机罩；9—货物间。

图 2.6.9　B_{19} 型机械冷藏车结构

当货物间需要降温时，由发电车供电，制冷机组工作，蒸发器蛇形管内的 R-12 液体吸热蒸发。同时蒸发器通风机将新鲜空气从进风口经管道吸入，与蒸发器进行热交换后，空气温度下降成为冷空气，再由蒸发器通风机将冷空气以一定的压力送入通风道，使冷空气沿着通风道的空隙进入货物间，同时也进入侧墙上的通风槽和地板上的离水格子，与货物进行热交换，成为热空气。在蒸发器通风机的作用下，热空气沿货物间端部的隔墙风道又回到蒸发器周围，与蒸发器进行热交换后，再进行循环。这样，蒸发器通风机使冷空气在货物间内不断强迫循环，既能降低车内温度，又能保持车内温度均匀，当货物间达到所需温度时，制冷机组便自动停止工作。

当货物间需要加温时，制冷机组不工作，由发电车供电，电加热器接通电源，电阻丝通电而发热，使电加热器周围的空气温度升高，同样由蒸发器通风机将热空气从货物间顶部通风道送入货物间，使货物间温度升高。货物间较冷的空气经端部隔墙风道又回到电加热器周围，加热后再循环。当货物间达到所需温度时，电加热器、通风机便自动停止工作。

当货物间需要通风换气时，同时打开端墙上的进风口和车门上的排风口，蒸发器通风机将车内污浊空气从车门上的排风口排出，同时将车外的新鲜空气从进风口、进风道吸入，达到通风换气的目的。

B$_{19}$型机械冷藏车组挂货物车 4 辆，每辆载重 40 t，全车组载重 160 t，当外界气温在 -40 ~ +40 ℃ 时，车内温度可以控制在 -18 ~ +14 ℃。

近年来又出现了第三代冷藏车——无冷源冷藏车：车上仅有隔热车体而无任何制冷或加温装置。中国中车股份有限公司（以下简称"中国中车"）武昌车辆厂研制生产了 BSY 型冷板式冷藏车。冷板式冷藏车车内顶部设有长方形箱状容器——冷冻板，内装低晶共融溶液，靠地面上的制冷装置使溶液冻结，通常一次制冷足够一个运程的需要。车上的溶液可以重复使用，无须沿途添加，因而可以节约运输时间。用户使用证明，该车有着极好的经济效益。无冷源冷藏车在一些国家的铁路上得到越来越多的应用。

知识巩固

1. 长大货物车有哪几种？凹底平车为什么要做成下凹形底架？
2. 钳夹车是如何运输货物的？不装运货物时该车如何行走？
3. 冰箱冷藏车、机械冷藏车的车体结构有何特点？车内主要设备有哪些？

知识拓展

我国铁路货运中，散装货物的运量占总量的 77% 左右，而其中绝大部分为煤炭和矿石等。为了加速车辆周转，对于货流量大，且装卸地点较固定的散装货物，采用漏斗车或自翻车可提高装卸效率，获得较好的经济效益。

漏斗车是一种端墙向内侧倾斜或者端面呈大圆弧，车体下部装有漏斗的铁路货车。货物由上面装入，卸货时用人力或风力开启漏斗底门，货物靠自身重力自动卸出。漏斗车有以下几种：铁路用无盖漏斗车、铁路用有盖漏斗车、粮食漏斗车、石渣漏斗车等。漏斗车按其结构可分为有盖漏斗车和无盖漏斗车两类。

1. 铁路用无盖漏斗车

如图 2.6.10 所示，铁路用无盖漏斗车是专为铁路新线铺设或旧线维修铺渣而设计的。车体为全钢电焊结构，侧壁承载。一端为封闭的操纵室，另一端装有储风缸、副风缸、降压气室等，中间为漏斗形车体，底架下面及两转向架中间为平面四连杆底开门结构。车体由侧墙、端墙两部分组成。漏斗装设在底架横梁间，以便于石渣流向轨道内外侧。底架结构型式有两种：一种是原设计的单中梁结构，另一种是齐齐哈尔车辆厂后设计的无中梁结构，分担车辆所承受的纵向力由牵引梁经漏斗两端隔板传到侧梁和侧墙。

图 2.6.10　铁路用无盖漏斗车

传动装置原为两个单向风缸推动一套底门开闭结构，每车 3 套，后改为一个双向风缸推拉两套底门开闭机构。手动机构原为 3 套，后也有改为一套的。中间底门原为 4 扇，后来斜对角减少两扇，使开闭机构简化，另外，对于风制动系统和风管路系统以及底门卸渣位置和流量，均有过适当的改进与调整。

2. 铁路用有盖漏斗车

如图 2.6.11 所示，铁路用有盖漏斗车有两个漏斗，由中梁分割成 4 个卸货口。车内各斜板与水平交角呈 50°，每个卸货口设有 360 mm × 500 mm 齿轮齿条抽板式底门，通过控制底门的开启大小控制物料流量，底门设有锁闭安全装置，车顶有 2 个装料口和 1~2 个收尘口。

图 2.6.11　铁路用有盖漏斗车

1966 年齐齐哈尔车辆厂又为古巴铁路设计制造了一批有盖漏斗车，以装运不结块的粒状食糖。车内漏斗板与水平夹角呈 60°，卸货漏斗为 3 个，由中梁分割成 6 个卸货口。

模块 3　客车车体

我国 25T 型客车是我国主型提速客车，是为满足 160 km/h 速度等级而设计制造的，遵循标准化、系列化、模块化、信息化的原则，车辆的设计制造注重车辆的经济、适用、安全可靠性，本模块主要以 25T 型客车的相关车型为例进行介绍。

知识目标

1. 掌握客车车体结构；
2. 掌握客车给水装置；
3. 掌握客车通风及空气调节装置；
4. 掌握客车集便装置。

能力目标

1. 能够简述客车车体的结构组成；
2. 能够简述客车集便装置的工作原理。

素质目标

1. 使学生了解中国制造、国产品牌，增强民族自豪感；
2. 增强学生的责任意识和爱岗敬业的职业精神。

任务 1　客车车体认知

任务导入

进入新时代，中国铁路以创新为发展的第一动力，在 25G、25T 型客车等传统车型车体上不断创新发展，新型复兴号动力集中型动车组已逐步替代了 25 型客车，而正是 25 型客车成熟的技术为后来的动车组列车提供了宝贵的经验。下面让我们一起来学习 25 型客车车体的结构吧。

一、25 型客车概述

25 型客车自 20 世纪 90 年代起成为我国的第三代主型客车，成熟的技术也为后来的动车组列车提供了宝贵的经验。25 型系列客车包括 25A、25B、25G、25K、25Z、25T 型等。较常见的分别为 25G、25K、25T 型客车，运行速度分别为 120 km/h、140 km/h、160 km/h。

二、25T 型客车

（一）特点介绍

25T 型客车是提速型客车，最高运营速度为 160 km/h，平直道紧急制动距离（初速度 160 km/h 时）不大于 1 400 m，一般编组数 18 辆（包括硬座车、硬卧车、软卧车以及餐车）。列车采用了机车供电技术，实现了机车向客车供电，编组取消了发电车、行李车。车底两侧设裙板以减少运行时的空气阻力，车体板梁柱间处采取减振隔音密封措施，整列车构成 PLC 控制的监控系统，设有集中控制的信息系统。

25T 型客车分为普通型及青藏高原型，车窗上下分别有一条黄色的腰线，如图 3.1.1 所示。早期的普通型 25T 一般使用午夜蓝与白色搭配的涂装，简称白皮车。2016 年以后，25T 普通型车体颜色统一刷橄榄绿色，见图 3.1.2。

（a）青藏高原型　　　　　　　　　　　（b）普通型（改装前）

图 3.1.1　25T 型客车

图 3.1.2　25T 型硬座车（改装后）

（二）配套设施

1. 转向架

转向架采用 CW-200K 或者 SW-220K、PW-220K、AM-96 型转向架，能满足 160 km/h 运

行要求。

2. 车钩缓冲装置

如图 3.1.3 所示，为减小两车连挂纵向冲动，采用密接式车钩以及弹性胶泥缓冲器。部分车辆 1 位端装设密接式车钩，2 位端装设 15 号小间隙车钩。采用密封式折棚风挡，装设车端阻尼装置。

图 3.1.3 25T 型客车车端

3. 制动装置

制动装置采用 104 型或 F8 型集成式电空制动装置、气路控制箱、盘形制动及电子防滑器等先进技术。

4. 客车电气设备

客车电气设备主要包括车辆供电设备、车辆用电设备、车辆安全运行保障设备等。

三、25T 型客车车体结构

（1）车体钢结构为全钢焊接，由底架、侧墙、车顶、端墙组焊而成，在钢骨架的上面，分别焊有侧墙板、端墙板、车顶板，并铺设纵向波纹地板及金属平地板，形成一个上部带圆弧，下部为矩形的封闭壳体，壳体用纵向梁和横向梁、柱加强，这就是薄壁筒型车体结构。

（2）如图 3.1.4 所示，底架由牵引梁、枕梁、缓冲梁、下侧梁组成。牵引梁由两根槽钢以及上下钢板组焊而成。缓冲梁由 6 mm 厚的钢板压制成槽形端面。枕梁、缓冲梁与牵引梁组合在一起。

（3）无中梁结构：两枕梁间未设有贯通的中梁，底架上的纵向力由地板以及底架侧梁承担。

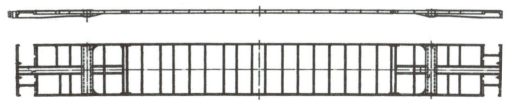

1—缓冲梁；2—牵引梁；3—端梁；4—枕梁；5—侧梁（下边梁）；6—枕外横梁；7—横梁；
8—纵向加强梁；9—纵梁；10—加强板。

图 3.1.4 25T 型客车底架结构

四、25T 型客车类别

25T 型客车有硬座车、硬卧车、软卧车、高级软卧车以及餐车 5 种。

（1）硬座车。如图 3.1.5 所示，硬座车厢 118/112 人（含列车长办公室），为 3+2 座位布局，中间留有过道。

（a）座椅　　　　　　　　　　　　　　　（b）乘务员室

图 3.1.5　25T 型硬座车

（2）硬卧车。如图 3.1.6 所示，定员为 66/60 人（含广播室），硬卧车共有 11/10 个间隔，每间隔左右两边有上中下 3 个铺位。过道在侧边。

（a）过道　　　　　　　　　　　　　　　（b）卧铺

图 3.1.6　25T 型硬卧车

（3）软卧车。如图 3.1.7 所示，定员 36 人。软卧有 9 个包间，每间左右两边各设上下两个铺位，过道在侧边。

（a）外部　　　　　　　　　　　　　　　（b）内部

图 3.1.7　25T 型软卧车

（4）高级软卧车。如图 3.1.8 所示，定员 18 人。共有 9 个包间，每个包间 2 人，包间内带有卫生间、沙发、小桌椅等。

（a）包厢内部　　　　　　　　　　　　　（b）卫生间

图 3.1.8　25T 型高级软卧车

（5）餐车。如图 3.1.9 所示，设有 10 张餐台，可供 40 人同时就餐。

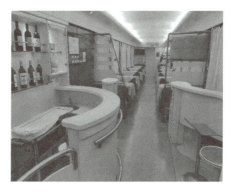

（a）外部　　　　　　　　　　　　　　　（b）内部

图 3.1.9　25T 型餐车

以上车种均设有乘务员室、配电柜、电开水炉、一个洗脸间和两个卫生间，具体外观见图3.1.10所示。

（a）洗脸间　　　　　　　（b）卫生间　　　　　　（c）残疾人卫生间

图3.1.10　车内设备

知识巩固

1. 简述25T型客车有哪几种类型。
2. 简述25T型客车的特点。
3. 简述25T型客车的配套设施有哪些。

知识拓展

25T型客车内部布局（以YZ_{25T}硬卧车为例）：

（1）车厢两端设有通过台和灭火器；1位端设PLC综合配电柜、乘务员室、电开水炉、紧急制动阀、手动制动机、卫生间及小走廊。

（2）中部为乘客的硬卧室和走廊。

（3）2位端设洗脸间、卫生间、小走廊、垃圾箱。

（4）卫生间的集便器为真空集便器，即通过虹吸原理将污物吸入集便箱。残疾人卫生间设在软卧车厢。

（5）车顶设烟火报警器探头、隐藏式空调送风口，采用筒型顶灯照明；在座位间的侧壁设带状电加热器；两端设信息显示屏。

（6）侧门采用带集控功能的电动塞拉门；内端门采用电动触摸式自动门；外端门为手动双开拉门；乘务员室门为防挤手折页门，设观察窗。

（7）车窗分为活动窗和固定窗，为上窗内翻式，结构形式同25K型客车车窗。区别在于活动窗两侧取消了拉杆，增加了弹簧钢丝及外框横梁定位。

任务 2　客车给水装置

任务导入

在早期的铁路客运中，旅程相对较短，旅客对车上供水的要求并不高，但随着铁路运输距离的不断延长以及旅客对旅行舒适度要求的提高，车上供水的需求逐渐凸显，下面就让我们一起来了解客车给水装置吧。

一、客车给水装置概述

铁路客车在运行途中，为了供给旅客洗脸室、厕所、茶炉、餐车及采暖锅炉用水，每辆客车上都安装了存放水的设备，这种设备统称为客车给水装置。根据水箱在车上安装的位置不同，可分为车上水箱和车下水箱两种形式。目前，绝大部分客车都采用车上式水箱供水，因为它不需要外界其他条件，如压缩空气、给水风缸等，能完全依靠水的自重供水。由于其水箱设置在客车顶棚内，配管又非常靠近采暖系统的管路，不要专门为给水装置安装防寒设备，所以它具有结构简单、故障少、检修方便、水箱内是否有水容易确认等特点，但由于水箱间连通管较细和排气慢，所以给水压力小、给水速度较慢。

目前，主型客车及新造客车均大批采用车上式水箱供水，只有部分客车采用车下水箱供水。下面主要以 25 型客车为例，介绍车顶、车底给水装置的构造及作用原理。

二、车辆给水装置的组成

（一）YZ$_{25}$ 型客车车顶水箱给水装置

如图 3.2.1 所示，在车辆 2 位端走廊平顶板上方设一只椭圆形不锈钢水箱，容水量为 1 200 L（或 1 500 L），水箱端部装一水位显示装置，可随时检查水箱的水位。在 2 位端还设 1 只不锈钢圆形温水箱，容水量为 44 L，箱内有加热管，冬季时间箱内的冷水加热成温水供旅客使用。温水箱上部用空气连通管与冷水箱上部连通，下部在冷水箱的连通管路上设有止回阀，以防止温水逆流。

2 位端给水由水箱引出支管分别向两侧厕所、洗脸室、温水箱及水龙头供水；1 位端由水箱引出支管，分别向锅炉室和茶炉室供水。2 位端两侧车下或侧墙上分别有注水口，上水时通过它及注水管将水注入冷水箱。冷水箱上还有兼作排气用的溢水管，溢水管在溢水时能排除水箱内的空气，在供水时防止水箱内产生真空，注满水时多余的水从此管排出车外。

车下两侧设有注水口，用于给车顶水箱注水，当乘务员室控制箱上的水位显示指示满水位或发现溢水管及另一侧注水口溢水时，应立即停止注水。如果在冬季注水口冻堵时，必须将两侧注水口全部捅开后方可注水，否则可能会因为水箱内压力过大引起鼓裂水箱等事故。

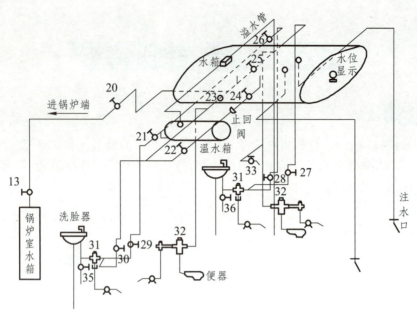

图 3.2.1　YZ$_{25}$ 型客车车顶水箱给水装置

（二）RW$_{25T}$ 型车给水系统

本车给水系统是在 2 位端走廊平顶板上方设置一个不锈钢水箱，容水量为 1 500 L。水箱及平顶板以上各水管路包有防寒材，水箱的水位装置采用 FM-1 型水位显示仪，水位显示仪传感器安装在水箱的底部靠近 2 位端处，显示器安装在位于 1 位端走廊的电气控制柜内，可以直观地通过显示器显示水箱水量。水箱底部还设有集尘盒，集尘盒是水箱的最低水位处，污垢可以在这里积存。集尘盒底部水管与溢水管连通，并设有排污阀，为保持水箱内水质清洁，需要定期打开排污阀排出污垢。水箱的水通过 2 位侧平顶板上方管路送入 2 位端的电开水炉、洗面室、厕所。洗面室内设有温水器，温水器的控制箱设在乘务员室的柜子里，通过观察窗可以看到温水器的工作状况。2 位端由水箱引出支管向厕所供水。水箱底部中心处有一个溢水管，溢水管穿过 2 位侧清洁柜一角的地板将水箱的溢水排出车外。2 位端车下 1、2 位侧分别设有注水口，可在任意一侧向车上水箱注水。

三、全自动电开水器

电茶炉（电开水器）是客车的重要设备，电茶炉出故障将影响铁路客服质量，乃至影响铁路的声誉，因此应在使用维修中给予足够的重视。

目前，25 型客车上运用的是由青岛四方机车车辆股份有限公司生产的 KSL$_{III}$ 型电开水器，其采用沸腾翻水式技术，装有磁化过滤器，可连续向旅客提供清洁卫生的饮用开水，并且便于车辆布置，使用、检修方便，且具有工作可靠等特点。电开水器的整体结构如图 3.2.2 所示，KSL$_{III}$ 型电开水器控制箱如图 3.2.3 所示。

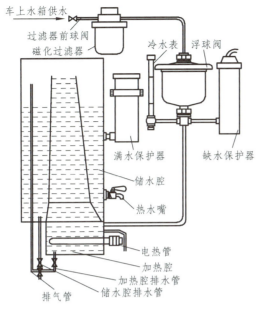

图 3.2.2　KSLII型电开水器结构　　　　图 3.2.3　KSLII型电开水器控制箱

（一）主要部件名称及功能

1. 进水浮球阀

进水浮球阀是电茶炉的关键部件，其好坏将直接影响电茶炉的性能，在正常情况下，进水浮球阀将自动地关闭和开通水路，使沸腾腔的水位保持规定的高度。

2. 缺水保护器

缺水保护器是由干簧管（CMl-3 型）和带磁环的小浮球组成。当电茶炉缺少冷水时，水浮球下落，使磁环与干簧管对齐，从而使干簧管继电器动作，切断电源，停止加热。

3. 满水保护器

满水保护器组成与缺水保护器相同，当储水腔水位至满水水位时，浮球浮起，使干簧管继电器动作，切断电源，停止加热。

4. 过滤器

过滤器是使进入炉体内的水保持清洁，并对水进行磁化。在水源较差的地区使用过滤器时，应经常清除污垢，否则影响进水。

5. 电热管

电热管是采用不锈钢外壳，双层隔离，具有抗老化、寿命长的特点。

（二）工作原理

冷水由车上水箱经磁化过滤器、浮球阀进入加热腔。注水时，浮球阀内和缺水保护器内各自的浮球随水位而上升。当浮球阀内的浮球上升到规定水位时会自动切断注水；缺水保护器内的浮球上升到规定位置时，自动接通电热控制电路。首次注水完毕后，将控制箱上的开关置于

"通"位，绿色指示灯亮，加热开始，此后，随着加热腔内水温上升，体积膨胀，水开始沸腾。沸腾的水翻入储水腔，致使加热腔水位下降，浮球阀内浮球随之下降，水箱内的水自动经磁化过滤器、浮球阀补入加热腔，开始第二次加热、翻水循环。

电开水器常见故障、原因及处理方法

知识巩固

1. YZ$_{25}$型客车在车顶棚内设有哪些水箱？其作用各是什么？
2. 试说明客车给水方式及给水装置的主要组成。
3. 简述电开水器主要部件的名称及功能。

知识拓展

25 型客车车下水箱式给水装置

车下水箱式给水装置的特点是水箱安装在客车底架下部，解决了空调客车布置车上水箱受其结构限制的问题，且降低了车辆的重心。但由于该给水装置的结构要比车顶式给水装置复杂，且因水箱置于车底，但冬季在寒冷地区使用时，必须要加防寒层和取暖设施。因此，我国只有部分 YZ$_{25}$ 型客车采用车下给水装置，如图 3.2.4 所示。

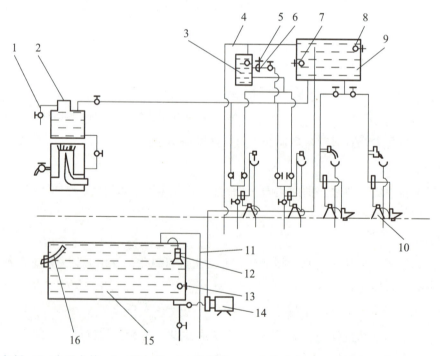

1—排气阀；2—电开水炉；3—温水箱；4—排气管；5—水位开关；6—止回阀；7—低水位开关；8—高水位开关；9—车上水箱；10—脚踏机构；11—溢水管；12—注水口；13—低水位开关；14—电动水泵；15—车下水箱；16—水位显示器。

图 3.2.4　YZ$_{25}$ 型客车车下水箱式给水装置

采用车下水箱给水装置的 25 型空调客车向车上供水的方式有两种：一种方式是利用列车空气制动管送来的压缩空气作动力，将水箱内的水由车下压至车厢内各用水处；另一种方式是用电动水泵自动将车下水箱的水输送至车上小水箱内，再由小水箱向各用水点供水。

CA$_{25T}$ 型车供水系统简介：CA$_{25T}$ 型车有 3 个水箱，其中在 2 位端通过台及走廊平顶板上方设置一个椭圆形不锈钢水箱，容水量为 834 L，在 2 位端走廊顶板上方设置两个圆形不锈钢水箱，容水量为 756 L，全车共计 1590 L，水箱之间有连通管，向洗池、电茶炉、电蒸饭箱供水。水箱及各水管路包有防寒材料，水箱的水位装置采用 FM-1 型水位显示器，水位显示的传感器安装在椭圆水箱的底部，显示器安装在厨房的控制柜内，可显示水箱的水位。2 位端车下两侧分别设有注水口，可任意向车上水箱注水。

任务 3　客车通风及空气调节装置

任务导入

早期铁路客车主要依靠自然通风，通过车窗、车门及车厢连接处的缝隙实现空气的流通，这种通风方式较为简单，但受外界环境影响较大，在炎热的夏天或寒冷的冬天，难以满足旅客对舒适环境的需求。如今随着技术发展，空调已安装在各个车厢，满足了现代旅客对旅行体验的高标准。下面让我们来了解一下客车通风及空气调节装置吧。

客车车内环境的舒适程度直接关系到旅客的旅行生活质量。客室内微风速度、风场的均匀性、室内气流组织状态、高速车车内外压力变化幅度、通风系统噪声等也是至关重要的参数，而这些参数主要取决于客车通风。

客车通风主要包括以下内容：送风形式，送风道及送风口的结构、尺寸，送风道及送风口的阻力与空调机组送风机的合理匹配，车内气流组织状况，高速客车车内外压差自动控制装置及客车通风测试方法、测试装置等。

一、客车自然通风装置

为了使车内经常保持新鲜空气，并调节车内温度，在客车上必须设计通风装置。通风器是借助车外空气流动，在通风器的内外产生压力差和车内外空气之间存在的温度差而形成车内外空气的交换，促使车内空气更新鲜，其原理如图 3.3.1 所示。

（a）

（b）

图 3.3.1　自然通风器原理

运行中的车辆，实际上是处于空气流动中的物体，与气流相接触的各个面上承受着不同的压力。迎风面承受着比大气压力高的压力，称为正压；而背风面则承受着比大气压力低的压力，称为负压；如图 3.3.1（a）所示。车内空气一般为大气压力，若在车顶安装一圆柱形物体，将背风面与车内相通，则车内空气必然沿着背风面负压区流向车外，这就是自然通风器的原理，如图 3.3.1（b）所示。

采用自然通风系统，如图 3.3.2 所示，即在车顶上安装若干个自然通风器，客室、厕所、乘务员室、洗脸室等车顶均装有自然通风器，利用车辆运行或自然风的空气流动将车内污浊的空气抽出车外。主要设备有：自然通风器、电风扇、带格栅的可调风口等。

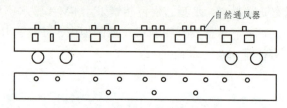

图 3.3.2　采用车顶自然通风图示

冷热空气的对流也是达到自然通风的因素之一。冷空气密度大，热空气密度小，污浊的热气由通风器排出车外，新鲜的冷空气由门窗进入车内，从而形成自然对流。

我国还有少部分 25 型客车采用圆柱式（简称切式）自然通风器，它由变向器、调节器及连接筒等组成，其结构如图 3.3.3 所示。当车辆运行时，在变向器的外部产生局部负压，车内空气经过调节装置的缺口，按箭头所示方向排出车外。变向器可以接受任何方向的风，所以停车时，只要车外有风，即可使变向器周围产生部分真空，引起车内通风作用。如果车内温度高于车外温度，在无风停车的情况下，因其连接筒呈直筒形，仍有通风作用。

调节手把可使通风器处于全开、半开、关闭 3 个位置，以调节通风断面，控制通风量的大小。这种形式主要用于 21 型、部分 22 型车、部分 25B 型车等。

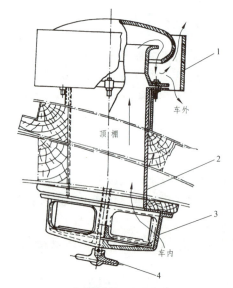

1—变向器；2—内连接筒；
3—调节器；4—调节手把。

图 3.3.3　切式通风器结构

二、客车空气调节装置

列车空气调节系统（简称空调系统）是为了满足旅客在旅行中的舒适性要求而设置的各种空调设备的总称。

（一）客车空调装置组成

客车空调装置通常由通风系统、空气冷却系统、加热系统、加湿系统及电气控制系统 5 大部分组成。

铁路客车单元式空调机组是将压缩机、冷凝器、冷凝风机、气液分离器、干燥过滤器、毛细管（或膨胀阀）、通风机、蒸发器和空气预热器等集中在一个不锈钢箱体内，组成一个完整的单元吊装在车顶上。

　　该型机组的特点是：体积小，质量轻，结构紧凑，机组互换性好和检修方便。同时由于机组安装在车上，还可避免车辆排放废水和脏物对冷凝器的腐蚀，延长机组的使用寿命。空调机组一体化后，制冷设备管路大为缩短，不但节省大量的有色金属，还可减少泄漏。单元式空调机组安装在车顶端部，与其配套的空调电气控制柜安装在车内配电室。空调机组与电气控制柜通过电气连接器（插头：P48K20TY-G，P48K26TY-G；插座：P48J20ZY-G，P48J26ZY-G）连接，由发电车集中供电。空调机组出风口与车内风道之间通过软风道连接，空调机组处理后的空气经车内风道由送风口送入客室内，以达到调节车内空气的目的。

（二）客车空调基本工作原理

1. 制冷剂循环系统

制冷原理示意图

　　蒸发器中的液态制冷剂吸收空气的热量（空气被降温及除湿）并开始蒸发，最终制冷剂与空气之间形成一定的温度差，液态制冷剂亦完全蒸发变为气态，后被压缩机吸入并压缩（压力和温度增加），气态制冷剂通过冷凝器（风冷/水冷）吸收热量，凝结成液体。通过膨胀阀（或毛细管）节流后变成低温低压制冷剂进入蒸发器，完成制冷剂循环过程。

2. 空气循环系统

　　风机负责将空气从回风口吸入，空气经过蒸发器（降温、除湿），加湿器，加热器（升温）后经送风口送到所需空间内，送出的空气与空间内的空气混合后回到回风口。

3. 电器自控系统

　　电器自控系统包括电源部分和自动控制部分。电源部分通过接触器，对压缩机、风扇、加湿器等供应电源。自动控制部分又分为温、湿度控制及故障保护部分；温湿度控制是通过温湿度控制器，将回风的温湿度与设定的温湿度做对比，自动运行压缩机（降温除湿）、加湿器、加热器等元件，实现恒温恒湿的自动控制。

　　① 通风：在通风机的作用下，将经过处理的空气输送分配到客室并形成合理的气流组织，同时排出室内多余的污浊空气，使室内空气参数满足舒适和卫生要求。通风系统主要由通风机组、空气过滤器、送风道、送风口、回风口、废气排风机等组成。

　　② 降温：车内的循环空气及由新风道引入的新鲜空气，由机组的通风机吸入，在蒸发器前混合，通过蒸发器得到冷却，并由机组前端部出风口送入车顶通风道各格栅，向车内吹出冷风。在制冷系统连续工作下使车内温度逐渐降低，并由温度调节器自动调节车内空气温度。

　　③ 制暖：由新风口引入的新鲜空气及车内循环空气，被机组的通风机吸入在电加热器前混合，通过电加热器加热。被加热的空气，由通风机送入车内风道各格栅，向车内送热风，使车内温度上升，并由温度调节器自动调节车内空气温度，保持车内一定的舒适温度。

　　④ 加湿：目前，我国在一般车辆的空调装置中不设加湿系统，仅在某些高级公务车及特殊要求车辆上才设此系统。

　　⑤ 电气控制：它是客车空调系统的控制中心，它按客车空调要求准确地控制着空调系统的正常工作，完成通风、制冷、制暖的手动或自动运行，使室内的空气参数控制在规定的范围

内，并同时具有短路、过电压、欠电、失电压、风机过载、压缩机、制暖保护功能。

（三）客车空调正常运行特点

空调机组运行后，应定期检查工作状况是否正常，如有异常现象应停机处理。单元式空调机组采用全封闭式压缩机，一般不设压力表，无法直接掌握系统的工作压力。因此机组的工作状态，主要根据客室降温、通风情况、电器控制柜的工作状态、仪表和指示灯显示情况等进行分析、判断。

1. 通风工况

各送风口送风均匀，风量适中，送风口及回风口无水滴出。

通风机应无异常振动和噪声。

2. 制冷工况

通风机、冷凝风机、压缩机应按电气联锁关系顺序启动。各台压缩机按时间继电器的调定时间延时启动。启动时，压缩机电机及各风机电机应没有异常振动和摩擦声响，工作后运转应平稳，无特别噪声。

当客室回风温度为 24~32 ℃ 时，空调机组制冷工作电流为：KLD29 机组双机工作时，不低于 20~22 A，单机工作时，不低于 13~15 A；KLD40 机组双机工作时，不低于 29~31 A，单机工作时，不低于 20~22 A。机组工作电流是反映机组工作状况的重要参数。一般启动时，电流增大很多，投入正常运行后，很快降到正常值。若机组电流低于上述值，系统可能有制冷剂泄漏；若偏高太多，则可能有机械或电气方面的故障。

机组运行后，客室各出风口应有冷风吹出，在外温不大于 35 ℃ 时，客室温度能自动控制在调定范围内（一般为 22~28 ℃）。当双机工作时，回风口和送风口的温差应大于 10 ℃。

3. 加热工况

通风机、电预热器能按联锁关系顺序工作。各室出风口应有暖风吹出，室内温度能控制在规定的范围内（一般为 16~19.5 ℃）。当两组预热器工作时，回风口与送风口的温差应为 7~9 ℃。

4. 电气控制柜

柜内各电器元件动作顺序正常，应无焦味、无电磁噪声、无异常温升及打火现象。机组运行后，应检查工作状况是否正常，如有异常现象应停机处理。单元式空调机组采用全封闭式压缩机，一般不设压力表，无法直接掌握系统的工作压力。机组工作状态主要是根据客室降温、通风情况、电器控制柜的工作状态、仪表和指示灯显示情况等进行分析。

三、电热取暖装置

电热取暖装置是一种新型的、比较先进的取暖方式。这种方式是基于电流热效应原理，利用电热器通电后，将电能转变为热能使车内空气温度升高的，因此这种方式热效率高、工作可靠、容易控制和调节发热量，同时使用的取暖装置结构简单，并能按需要分散布置。但这种取暖方式耗电量大，因此电热取暖装置通常用于电气化铁道接触网供电的列车和由发电车集中供电的整列空调列车上。

　　新型空调客车的电热取暖装置是由电热空气预热器和电加热器两部分组成。电热空气预热器安装在车顶空调装置的机械通风系统中，操纵空调控制柜上的开关、按钮，电流流过电热空气预热器的电阻丝而发热时，便对将要进入车内的空气预先进行加热，然后经通风机组的作用，将热空气吹进车内，使车内温度升高。这种方式又称热风取暖，适合于南方地区冬季取暖。

　　在严寒地区，由于车内、外温差很大，客室内的热损失较大，单靠热风取暖是满足不了要求的，还必须采用其他地面式的取暖设备，对客室内热损失进行补偿。电热器分箱式和板式两种，分散安装在客室、走廊、洗脸室、厕所等内侧墙下端，每个电热器内装有两个电热元件，每个电热元件称为一组，即每个电热器内装有两组电热元件。各自形成独立回路，可分两个挡次加热，根据不同的环境温度，可全负荷或半负荷工作。为了使用安全，在电加热器上设有安全外罩，图 3.3.4 所示为 25 型客车内设电热器。

图 3.3.4　25 型客车内设电热器

知识巩固

1. 简述客车通风装置的通风原理。
2. 简述客车空调装置是由哪些部分组成的。
3. 简述客车空调装置的工作原理。

知识拓展

　　目前，25 型客车上采用的空调装置主要是单元式空调装置。

1. 单元式客车空气调节装置

　　单元式空调装置是指每一辆客车安装多套空调机组，每套空调机组常将压缩组、空气冷却机组等组合在一起。图 3.3.5 所示为我国客车空调系统。这种单元式空调机组均采用全封闭式制冷压缩机，能量调节采用停、开压缩机的办法实现，每套机组有两台制冷压缩机，每车共 4 台制冷压缩机，可以实现输气量的 100%、75%、50%、20%、0 共 5 挡调节。

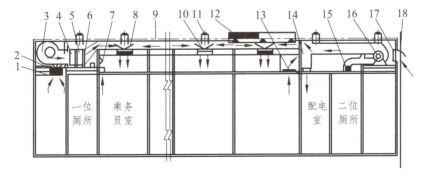

1—强迫通风吸风口；2—强迫通风滤尘器；3—通风机；4—空气温水预热器；5—电预热器；
6—防倒流预热器；7—遥测温度计；8—乘务员室送风口；9—主风道；10—包间送风口；
11—自然通风器；12—空调机组；13—大走廊回风口；14—新、回风混合箱；15—排风扇；
16—空调新风机；17—空调新风过滤网；18—空调新风口。

图 3.3.5　客车空调系统图示

每台压缩机靠时间继电器控制其延时启动,不至于4台压缩机启动电流过大而冲击电网。输气量的调节也就是压缩机的启动,由温度控制器启动其停机温度点,根据车内热负荷的变化可以不开压缩机到全开压缩机来实现输气量的调节。

2. 空调客车通风系统

空调客车通风系统主要由新风风机、通风机、废排风扇、空气过滤网、送风道、回风道和排风道组成。其作用是将车内外的空气进行过滤后,以一定流速把空气均匀分配到客室;车顶机组通风机的作用是吸入车外新鲜空气,与车内再循环空气混合,然后送入客室,送风口与车内送风道的连接采用软风道,可减少振动;客室内采用吊顶,主风道置于吊顶上,沿车体纵向中心线对称布置两排送风口,送风口形式为条缝式或格栅式;车内回风口大多设在 1 位端墙下部,由回风道引至 1 位端平顶板上部;客车上一般不专设排风机,废气依靠车内正压,由厕所或盥洗室排出,也可装置废气排风扇,将室内多余的浊空气排出车外。

机组制冷系统采用机械制冷方法,由压缩机、冷凝器、节流毛细管、蒸发器等几个主要部件用管道连接起来形成一封闭系统。车内循环空气被通风机从回风口吸入与新风混合后进入蒸发器冷却,并由出风口吹出,向车内送出冷风,在制冷系统连续工作下使车内温度逐渐降低,并由温度调节器自动控制车内温度,车内温度可在 22 ~ 30 ℃ 内调节。

冷凝器的冷凝借助于轴流风机,从机组上方吸进室外空气,经过冷凝器后,进行强制性热交换,向机组两侧排出热风,从而完成热量的转换。车内的空气通过蒸发器时,空气中的水分冷凝成水滴,被引到车外而起除湿作用。

任务 4 客车集便装置

任务导入

我国早期铁路客车多数使用直通式厕所,这种厕所便器排便口敞开,直接与轨道相通,粪便直接排到轨道上,对环境造成了很大的污染,危害人的身体健康。随着车速提高,客车厢体内极易形成负压,在高速气流的作用下,会造成大量冷空气及杂物从便器口进入车内,造成厕所废物飞溅,给检车作业及行车安全带来危险。因此,高速客车和部分提速列车上采用了集便器。下面让我们一起来学习客车集便装置的相关知识吧。

一、客车集便装置概述

客车统型真空集便装置采用真空保持式系统,真空保持式集便装置系统的特点是:工作状态下,系统在污物箱中始终保持设定的真空度,便盆冲洗时,按下冲洗按钮,系统即可同时进行冲洗和排空动作,利用污物箱中存在的真空直接将粪便污水抽吸到污物箱内;该系统具有原理结构简单、冲洗动作无迟滞、工作可靠、噪声低等优点。

二、集便装置结构构成

如图 3.4.1 所示,统型集便器装置由蹲/座式便器、气水控制盘、电气控制盘、污物收集系统、冲洗按钮这 5 部分构成。

（a）座式　　　　　　　　　　　　　（b）蹲式

图 3.4.1 　统型集便器外观

（一）蹲式便器

蹲式便器用于直接接收人体排出的粪便污物，并能对便盆中的粪便污物进行冲洗；蹲便器下部设有排泄阀，能实现污物箱与蹲便器的隔离，使污物箱内的臭味不至于上返至车内。

蹲式便器安装在列车的地板上，它包含一个框架、便斗、冲洗喷嘴、排污阀、连接弯管等。

便盆排出口的直径比系统其他部分小，并与一个 90° 弯管直接连接，这样的便盆排出口，能够阻止可能在系统中造成堵塞的物体。蹲便盆由不锈钢板整体冲压而成，内表面曲面造型合理，表面光滑，污物不易在表面附着，有利于将便盆冲洗干净；便盆踏板上设有防滑踏板。

排泄阀组成连接在便盆出口 90° 的弯管之后。排泄阀在关闭位置时，将便盆与系统的污物箱部分隔离开，冲洗循环过程中，排泄阀打开，便盆内的粪便污水通过排泄阀进入污物箱，随后排泄阀关闭。沿蹲便盆的内表面上部一周布置有 4 个冲洗喷嘴，全部以扇形水流冲洗便盆，冲洗水能覆盖便盆内表面主要区域，无明显死角。

（二）座式便器

座式便器用于直接接收人体排出的粪便污物，并能对便盆中的粪便污物进行冲洗；座便器内部设有排泄阀，能实现污物箱与坐便器的隔离，使污物箱内的臭味不至于上返至车内。

座式便器包含座便盖、外罩、一个便斗、支架、冲洗环、冲便阀和排放弯头等。

该坐便器的设计能利用最少水量达到最佳的冲洗效果，水消耗量 0.45 L/次。便盆排出口的直径比系统其他部分小，并与一个 90° 弯管直接连接，这样的便盆排出口，能够阻止可能在系统中造成堵塞的物体。

座便盆由不锈钢板整体冲压而成，内表面曲面造型合理，表面光滑，污物不易在表面附着，有利于将便盆冲洗干净。排泄阀组成连接在便盆出口 90° 的弯管之后。排泄阀在关闭位置时，将便盆与系统的污物箱部分隔离开，冲洗循环过程中，排泄阀打开，便盆内的粪便污水通过排泄阀进入污物箱，随后排泄阀关闭。沿座便盆内壁上部一周布置一个冲洗环，冲洗环的出水能覆盖便盆内表面主要区域，无死角。

（三）气水控制盘

气水控制盘的主要功能：一是水增压功能，用于对冲洗水进行增压，并对冲洗循环过程进行控制；二是产生真空，用于对污物箱产生真空并进行真空度控制；三是汇集电气接线，控制盘上的接线盒用来汇集控制盘及按钮的接线。

（四）电气控制盘

电气控制盘是用来控制系统的循环时间，能够产生并控制集便器的真空度。主要由逻辑控制单元、线束、控制模块安装板组成。

（五）污物箱

污物箱主要实现两个功能：一是可在箱体内产生真空，用于便器的排空；二是在列车运行期间，收集和暂存粪便污水。

铁路客车主要损伤形式

知识巩固

1. 简述客车集便装置的工作原理。
2. 简述客车集便装置是由哪几部分组成的。
3. 简述客车集便装置各组成部分的功能。

知识拓展

统型集便器装置分蹲式集便器和座式集便器两种，图 3.4.2 所示为蹲式集便器结构。以此为例，简单讲解真空集便器的工作原理。

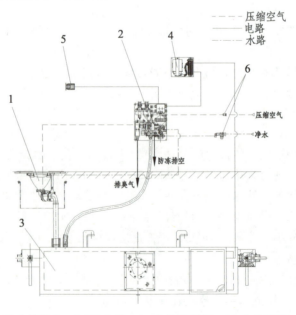

1—蹲便器；2—气水控制盘；3—污物箱；4—电气控制盘；5—冲洗按钮；6—装车配件。

图 3.4.2　蹲式集便器结构

　　当集便器系统待机时，气水控制盘 2 上的喷射器将污物箱 3 内抽至一定的真空度，并使该真空度始终保持在一定范围内，一个真空开关用来控制真空度范围的上下限值（一般设定为 −15～−25 kPa），当污物箱内的真空度降低到 −15 kPa 以下时，喷射器自动开始工作，对污物箱抽真空，直到污物箱内的真空度达到 −25 kPa，喷射器自动停止工作。便器冲洗时，按下冲洗按钮 5，系统进入便器冲洗循环过程，首先气水控制盘 2 上水增压器内的水被压缩空气加压，并对蹲式便器 1 进行冲洗，持续冲洗一段时间（大约 2 s），在冲洗动作将要结束时，蹲便器 1 中的排泄阀打开，蹲式便盆内的粪便污水在污物箱内真空的抽吸作用下，直接被抽至污物箱内，排污结束后，排泄阀关闭，水增压器开始上水，直至水增压器内的液位达到水增压器液位开关控制的水平，则上水结束，系统进入待机状态。

1. 气动冲水式集便器

　　从 1999 年开始，25K 型客车开始使用气动冲水式集便器。该系统主要由不锈钢便器、便碗、控制风缸、过滤器、润滑器、冲便开关、使用阀（气水联动阀）、风管及管接头等零部件组成，如图 3.4.3 所示。它的主要材料为不锈钢和塑料，集便器的不锈钢盘直接预埋到玻璃钢地板上，两者为一整体，其风路与水路为塑料软管连接，以车下制动供风来控制整套系统的动作。

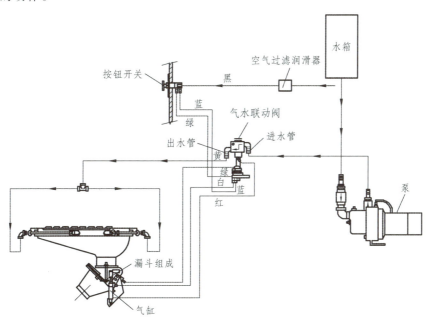

图 3.4.3　气动冲水式集便器结构

2. 真空保持式集便装置

　　在 2004 年以后新造的 25G、25T 型铁路客车上，全部装有进口的真空保持式集便装置。

　　真空保持式集便装置分为车上部分和车下部分，主要由便器组件、真空发生装置、水增压装置、污物箱、电控模块及连接附件等组成。根据客车卫生间的配置，可以采用一套污物箱连接一套便器（蹲或坐）的配置；或一套污物箱连接两套便器（蹲或坐）的配置。真空保持式集便装置污物箱中保持有一定的真空度，便器的污物靠在大气压和污物箱之间形成的压力差排放到污物箱中，装置组成如图 3.4.4 所示。

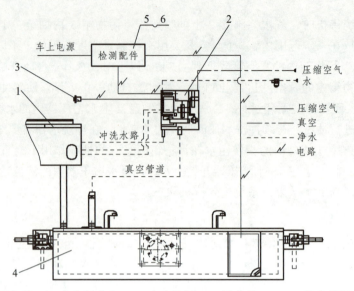

1—便器组件；2—气水组件盘；3—冲洗按钮；4—污物箱；5、6—电气控制系统。

图 3.4.4　TKH-ZKWC 型真空保持式集便装置（蹲式）

模块 4　车钩缓冲装置

车钩缓冲装置是车辆最基本的也是最重要的部件之一，主要用于连接列车中各车辆并且传递和缓和列车在运动中所产生的纵向力和冲击力。本模块主要介绍车钩缓冲装置的组成及作用、客货车车钩的构造、密接式车钩、缓冲装置、钩缓装置常见故障等。

知识目标

1. 掌握车钩缓冲装置的组成及作用；
2. 掌握客车车钩的构造；
3. 掌握货车车钩的构造。

能力目标

1. 能够区分客货车车钩类型；
2. 能够掌握客货车车钩的构造。

素质目标

1. 培养学生刻苦钻研的工匠精神；
2. 树立学生爱岗敬业的职业精神。

任务 1　车钩缓冲装置概述

任务导入

2015 年 3 月 14 日 22 时 57 分，陇海线 K228 次客运列车以 84 km/h 的速度运行时，因机次第 3 位车辆（YW$_{25G}$678633）后端车钩脱落造成列车分离，构成铁路交通一般 C 类事故。此次事故的直接原因是车后端钩尾扁销横穿螺栓被人为拆卸，造成钩尾扁销缺失，运行中钩尾扁销脱落，车钩被拉出，造成列车分离。从上述案例我们得知，车钩如果连接不当，能够造成车辆分离。下面让我们共同来学习一下车钩的基本知识吧。

一、车钩缓冲装置的作用及组成

车钩缓冲装置是铁道车辆的重要组成之一，它的作用是连挂机车车辆并使车辆之间保持一定的距离，传递车辆运行时的牵引力，缓和车辆在行驶过程中产生的冲击力，车钩的连挂状态如图 4.1.1 所示。

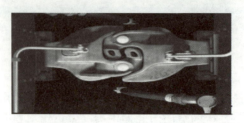

图 4.1.1　车钩的连挂状态

车钩缓冲装置主要由车钩、缓冲器、钩尾框、从板、钩尾销等零部件组成。在钩尾框内依次装有前从板、缓冲器和后从板（有的缓冲器不需要后从板），借助钩尾销把车钩和钩尾框连成一个整体，车钩缓冲装置如图 4.1.2 所示。

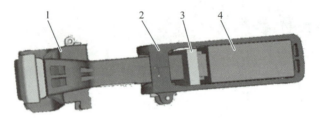

1—车钩；2—钩尾框；3—前从板；4—缓冲器。

图 4.1.2　车钩缓冲装置

二、车钩缓冲装置安装部位

如图 4.1.3 所示，车钩缓冲装置安装在车底中梁或者牵引梁的两端。钩尾框和车钩用托板托住，通过螺栓固定在车体底架以及车体的冲击座上，安装位置如图 4.1.3 所示

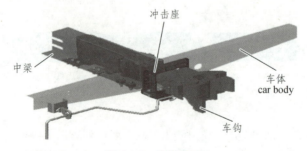

图 4.1.3　安装位置

三、车钩缓冲装置工作原理

如图 4.1.4 所示，车钩当受到牵引拉力时，作用力的传递如下：车钩→钩尾框→后从板→

缓冲器→前从板→前从板座→牵引梁；而受到纵向冲击力时，作用力的传递变为：车钩→前从板→缓冲器→后从板→后从板座→牵引梁。

　　所以，钩缓装置无论受牵引力，还是冲击力，都要经过缓冲器将力传给牵引梁，使车辆间的纵向力得到缓和、消减，改善运行条件，保证车辆及货物不受损坏。作用力的传递过程如图4.1.4 所示。

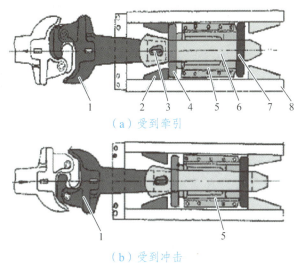

（a）受到牵引

（b）受到冲击

1—车钩；2—前从板座；3—钩尾销；4—前从板；5—缓冲器；6—钩尾框；7—前从板座；8—牵引梁。

图 4.1.4　作用力的传递过程

四、车钩的分类

　　我国现用车钩均为自动车钩。自动车钩是指两车钩受力后可自动实现连挂。按照车钩的开启方式又可分为上作用式和下作用式，如图 4.1.5 所示。钩提杆在车钩上部的为上作用式车钩，相反则为下作用式车钩。因为客车车体端部有通过台和折棚，所以采用下作用式车钩，货车无限制。

钩提杆

（a）上作用式

钩提杆

（b）下作用式

图 4.1.5　车钩开启方式

知识巩固

1. 车钩缓冲装置由哪些部件组成？其作用是什么？
2. 机车牵引车辆、推送车辆时作用力如何传递？
3. 试述我国客货车常用车钩的类型及结构特征。

知识拓展

在 1970 年以前，我国铁路货车主要采用 2 号、3 号车钩及 3 号机车前钩，缓冲器为 2 号环簧缓冲器和 3 号圆簧缓冲器。随着货物列车载重和速度不断提高，围绕如何提高车钩强度问题，在改进 2 号车钩和试制 13 号车钩方面进行了一系列的科研工作，相继研发了低合金高强度铸钢（ZG24SiMnVTi）13 号车钩、C 级铸钢（ZG25MnCrNiMo）13 号车钩。1990 年，为适应大秦线开行万吨专用列车研制了 E 级钢材质生产的 13 号车钩。为了降低列车纵向冲击，改善列车的动力学性能，在 13 号车钩的基础上改进并研制出了 13A 型车钩，主要是对车钩连接轮廓进行了重要改进，缩小了车钩连挂间隙。为了满足大秦线运煤万吨单元列车的特殊要求，2004 年，用 E 级钢生产的 16/17 号联锁式转动和固定车钩用于大秦线 C_{63} 型运煤专用敞车，成为我国第一批安装在专用车辆上的专用车钩，其结构和强度都满足了重载运输需要。

目前铁路货车基本采用 13 号、13A 号、16/17 号联锁式固定车钩，客车采用 15C 型车钩和密接式车钩。随着我国客车速度的不断提高和动车组的广泛使用，密接式车钩缓冲装置已经在动车组及部分 160 km/h 的提速车辆上广泛应用。

车钩简介

任务 2　　货车车钩

任务导入

有一列满载货物的列车在行驶过程中，由于前方区段突发状况，司机不得不采取紧急制动，然而，巨大的惯性使得部分车厢之间的连接承受了巨大的压力，差点导致车厢分离，后经调查分析，没有导致车厢分离，主要因为车钩强度高、连接稳定性好，从而避免了严重的结果，这也多亏了车钩的巧妙设计，下面让我们一起了解车钩的构造及作用吧。

一、13 号车钩

（一）构　造

13 号车钩由钩体及钩头配件组成，如图 4.2.1 所示。

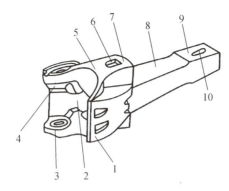

1—钩腕；2—钩腔；3—下钩耳及孔；4—上钩耳及孔；5—钩头；6—上锁销孔；
7—钩肩；8—钩身；9—钩尾；10—钩尾销孔。

图 4.2.1　13 号车钩钩体

1. 钩　体

钩体由钩头、钩身及钩尾 3 部分组成。钩头主要起连挂车辆的作用,钩头与钩舌通过钩舌销相连接,钩舌可绕钩舌销转动,钩头内部装有钩锁铁、钩舌推铁、钩提销(下作用式车钩为钩推销)等零件,当这些零件处在不同位置时,可使车钩具有闭锁、开锁、全开 3 种作用,俗称三态作用;钩身是空心厚壁箱形结构,用以传递牵引力和冲击力;钩尾部分开有钩尾销孔,可借助于钩尾销与钩尾框相连。钩头主要有下列各个部位:

(1)钩腕。当两个车钩互相连挂后,用以容纳和控制对方车钩的钩舌。

(2)钩腔。钩头的内部空腔,用以安装钩头配件。

(3)钩耳。用以安装钩舌,分上钩耳和下钩耳。在上、下钩耳上分别设有圆孔,以便插入钩舌销。

(4)护销突缘。用以保护钩舌销,分上护销突缘和下护销突缘。

(5)牵引突缘。分上牵引突缘和下牵引突缘,也起到保护钩舌销的作用。车钩在闭锁位置时,此牵引突缘与钩舌尾部牵引突缘配合承受牵引力。

(6)上防跳台。在钩腔后壁上。车钩处于闭锁位置时,上锁销、上锁销杆的防跳部卡在其下方,防止钩锁因振动而跳起。

(7)下防跳台。设置在下锁销孔内的前壁上。下作用式车钩处于闭锁位置时,下锁销的防跳部 F 与之卡合,起防跳作用。

(8)二次防跳台。下作用式车钩处于闭锁位置时,除了下锁销的防跳部 F 卡合在下防跳台处外,下锁销的二次防跳部 D 还与二次防跳台相卡合,使其具备二次防跳作用。

(9)下锁销钩转轴。供下作用式车钩放置下锁销钩用。

(10)上锁销孔。为上作用式车钩安装上锁销之用。

(11)下锁销孔。上、下作用式车钩都设有此孔。一方面作为钩锁腿起落的孔,另一方面下作用式车钩的下锁销也安装在此孔内。

(12)钩肩。当车辆发生较大的冲击时,钩肩与冲击座接触,限制车钩向内侧移动,同时将部分冲击力直接传给车底架,避免缓冲器破损。

为了插入钩尾销,在钩尾设有钩尾销孔。通过钩尾销使车钩与钩尾连成一体。

2. 钩头配件

除钩头体本身铸造的各部分外，还有安装在钩头上的有关配件，如图 4.2.2 所示。

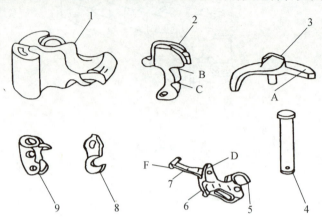

1—钩舌；2—钩锁；3—钩舌推铁；4—钩舌销；5—下锁销钩；6—下锁销体；7—下锁销；8—上锁销杆；9—上锁销；A—锁座；B—后座锁面；C—开锁座锁面；D—二次防跳部；F——次防跳部。

图 4.2.2　13 号车钩钩头配件

各配件的构造和作用如下：

（1）钩舌。装在上、下钩耳之间，插入钩舌销，以钩舌销为回转轴，利用钩舌的开闭进行车辆的摘挂。

（2）钩锁。又称钩锁铁或锁铁。安装在钩腔内钩舌尾部的侧面。主要作用是，在闭锁位置时挡住钩舌尾部，起锁钩作用；在全开位置时推动钩舌推铁，能使钩舌张开。

（3）钩舌推铁。横放在钩腔内，有一突起轴插入钩底部轴孔内，起转动轴的作用。其作用是推动钩舌张开达到全开位置。

（4）钩舌销。安装在钩耳孔和钩舌销孔内，用于连接钩舌和钩头，并起钩舌转动轴的作用。

（5）上锁销、上锁销杆。为上作用式车钩提起钩锁之用。上锁销顶部设有定位突檐，控制上锁销下落位置，同时可避免杂物进入钩腔内。

（6）下锁销、下锁销体、下锁销钩。为下作用式车钩顶起钩锁之用。下锁销上的下锁销轴插入钩锁锁腿的椭圆斜孔内，便与钩锁相连。

（二）三态作用

为顺利实现车钩的连挂和分离，车钩要求具备以下 3 种状态，分别是开锁、闭锁、全开。这就叫车钩三态。下面以 13 号上作用式车钩为例，讲解车钩三态的具体工作原理。

1. 闭锁位置

此位置为车钩的钩舌被锁铁挡住不能向外转开的位置，称之为锁闭位置。两个车辆连接在一起时车钩就处在这种位置，如图 4.2.3 所示。

此位置锁铁位于钩腔最下方，锁铁被钩腔立壁阻挡，钩舌被锁铁卡住不能动作，此为闭锁。为防止运行时，锁铁因车辆的振动而向上跳起，导致钩舌转动而脱钩，车钩在锁销上设有防脱装置，在闭锁位时，锁销会卡住锁铁阻止其上移。

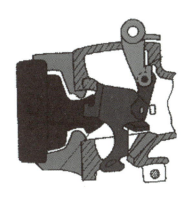

图 4.2.3　闭锁位置

2. 开锁位置

此位置为锁铁被提起，钩舌受到拉力向外转开的位置。两车辆欲分解时，只要其中一个车钩处在开锁位置，就可以把两辆车分开，如图 4.2.4 所示。

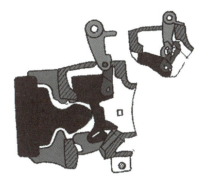

图 4.2.4　开锁位置

当人工拉动钩提杆时，跟钩提杆连接的上锁销就会上移，锁销离开防跳台，防脱作用失效。锁销跟锁铁连接，因此锁铁也会上移，由于锁铁重，锁铁头部向前倾斜，锁铁尾部碰到钩舌推铁使其转动，钩舌推铁转动时，会推动钩舌转动打开，此为开锁。

3. 全开位置

此位置为钩舌已经完全向外转开的位置。两车辆欲连挂时，只要其中一个车钩处于全开位置，就可以把两个车辆连挂在一起，如图 4.2.5 所示。

图 4.2.5　全开位置

在开锁位置上，继续用力拉动钩提杆，就会使钩舌推铁转到最大位置，钩舌推铁的踢足也会推动钩舌转动到极限位置，此时，钩舌张开角度最大，此为全开。

二、16/17 号车钩

20 世纪 80 年代末期，我国开始研制 16/17 型车钩缓冲装置，1990 年开始批量生产和使用。这两款车钩均适用于 70 t 级货车。研发背景是为了大秦铁路（大同—秦皇岛）运煤专线的敞车，可以进行不摘钩连续翻车作业，从而提高运输效率。16 号转动车钩一般装在车辆的 1位端；17 号固定车钩一般装在车辆的 2 位端，彼此相互配套使用，如图 4.2.6 所示。

（a）16 号车钩　　　　　　　　　　　（b）17 号车钩

图 4.2.6　16/17 号车钩实体图

（一）结构组成

16/17 号车钩主要性能与技术参数都相同，零部件也通用，最大限度地保证了零部件的互换性。因 16 号车钩为旋转车钩，通用性不如 17 号车钩，下面以 17 号车钩作介绍，17 号车钩具体结构如图 4.2.7 所示。

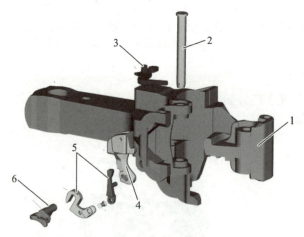

1—钩舌；2—钩舌销；3—钩舌推铁；4—锁铁；5—下锁销；6—下锁销转轴。

图 4.2.7　17 号车钩结构

17 号车钩的配件跟 13 号下作用式车钩一样，钩舌通过钩舌销装配在钩头上；钩舌推铁转动时，踢足可以推动钩舌张开；锁铁跟下锁销连接，锁铁上下动作的时候会推动钩舌推铁以转轴作回转运动；下锁销转轴分别跟钩提杆和下锁销连接，当拉动钩提杆时，下锁销转轴就会带动下锁销、锁铁向上动作。

（二）联锁功能

如图 4.2.8 所示，17 号车钩的钩体头部设有联锁装置，车钩连挂后，两车钩的联锁套口和联锁套头相互配合，自动实现联锁，从而减少车钩之间的相对运动；联锁装置还可以在车钩转动作业中起到附加旋转功能以降低对车钩的损坏。17 号车钩联锁结构如图 4.2.8 所示。

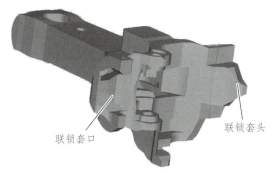

联锁套口　　　　　　联锁套头

图 4.2.8　17 号车钩联锁结构

（三）结构特点

1. 连挂间隙小

17 号车钩的连挂间隙仅为 9.5 mm，比 13 号车钩减小了 52%，改善了列车的纵向动力学性能、延长了车辆及其零件的使用寿命。

2. 车钩强度高，耐磨性好

如图 4.2.9、图 4.2.10 所示，17 号车钩的钩体、钩舌及钩尾框均采用 E 级钢制造，钩尾框更是由铸钢升级为锻钢，增加了结构强度，具有更高的硬度和更好的耐磨性；钩体的下方增设了磨耗板，防止钩体磨耗。16 号、17 号锻钢钩尾框如图 4.2.9、4.2.10 所示。

图 4.2.9　16 号锻钢钩尾框

图 4.2.10　17 号锻钢钩尾框

3. 防分离可靠性高

17 号车钩的下锁销组成有两级防跳功能，能够有效防止车钩在闭锁位置时，锁铁因车辆振动而自动跳起造成脱钩。此外，钩提杆加装了复位弹簧，进一步提高了车钩的防分离可靠性。

4. 曲线通过性能好

钩尾端部采用球面与突肩结合的结构设计，采用竖圆销与钩尾框垂直连接，可以使车钩在运行中经常保持正位，具有自动对中功能和良好的曲线通过性能。钩尾端面如图 4.2.11 所示。

5. 连挂性能好

如图 4.2.12 所示，17 号车钩可与现有铁路机车车辆使用的 13 号及 15 号车钩等正常连挂使用。

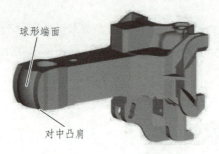

图 4.2.11　钩尾端面

图 4.2.12　不同车钩连挂

三、车钩装置其他配件

（一）钩尾框及钩尾销

钩尾框用钩尾销与钩尾连接，钩尾框内装有缓冲器和前、后从板，是传递牵引力的主要配件。钩尾框用铸造或锻造而成，钩尾销用钢造而成，其结构如图 4.2.13 所示。

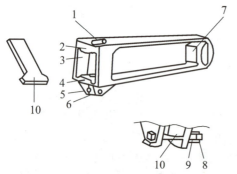

（a）13 号车钩钩尾框及钩尾销

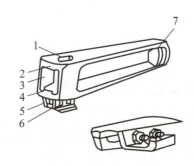

（b）15 号车钩钩尾框

1—钩尾销孔；2—钩尾挡；3—侧板；4—钩尾座；5—钩尾销固定挂耳；6—钩尾销螺栓孔；
7—后端面；8—钩尾销螺栓；9—开口销；10—钩尾销。

图 4.2.13　钩尾框及钩尾销

钩尾销穿插在钩尾框和车钩钩尾的钩尾销孔内，其下端被装于钩尾销固定挂耳上横穿的钩尾销螺栓托住，钩尾销螺栓在螺母外侧必须安装开口销，以免钩尾销螺栓丢失，造成列车分离事故。

（二）从板及从板座

从板安装在钩尾框内，缓冲器前后各一块。前面的为前从板，承受牵引力，后面的为后从板，承受冲击力（MT-3 型等缓冲器只用前从板，后从板由箱体代替）。借助从板与从板座接触使缓冲器实现缓冲作用，结构如图 4.2.14 所示。15 号车钩用的前从板与钩尾接触面为圆弧形，以便扩大接触面,避免从板因受力集中而裂损;另外,可使列车在通过曲线时,车钩摆动自如,减少缓冲器对车钩的反驳力，保证运行平稳。

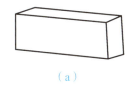
（a）

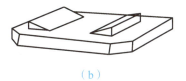
（b）

图 4.2.14　从板

从板座分前从板座和后从板座，铆接于牵引梁内侧面上，用以阻挡从板的移动，从而达到衰减及缓和列车冲击的目的，如图 4.2.15 所示。前从板座（9 个或 10 个铆钉孔）承受并传递列车的牵引力［见图 4.2.15（a）］。后从板座（12 个铆钉孔）承受并传递冲击力［见图 4.2.15（b）］。这种分离式后从板座由于分别铆装在牵引梁两内侧面上，连接刚度不足，在较大的冲击力作用下，易使从板座处的牵引梁产生变形或外胀。为避免上述问题，已将后从板座铸成一体式［见图 4.2.15（c）］。

（a）前从板座

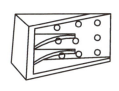
（b）后从板座

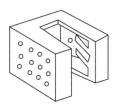
（c）整体后从板座

图 4.2.15　从板座

（三）冲击座及车钩托梁

冲击座位于底架端梁的中部，在冲击座下部装有车钩托梁，除保证车钩缓冲装置正常使用位置外，当车钩受到较大的冲击力时，钩肩与冲击座接触，由于有冲击座，可加强端梁强度并将部分冲击力直接传递给底架，避免缓冲器因冲击力过大而破损。图 4.2.16 所示为货车用冲击座及车钩托梁。

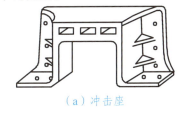
（a）冲击座

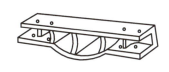
（b）车钩托梁

图 4.2.16　货车用冲击座及车钩托梁

（四）钩尾框托板及挡板

钩尾框托板由钢板压制而成，它是由螺栓组装在牵引梁上，用以托住钩尾框。为了减少磨耗，在钩尾框与钩尾框托板之间装有磨耗板。在牵引梁的上方装有钩尾框挡板，以防止钩尾框翘起，钩头下垂。

知识巩固

1. 简述 13 号车钩的组成部分。
2. 简述 16 号车钩和 17 号车钩的结构特点。
3. 简述车钩三态原理。

知识拓展

我国铁路客车速度小于 120 km/h 的普通车辆采用 C 级低合金铸钢的 15 号车钩；速度小于 160 km/h 的普通客车采用 C 级低合金铸钢的 15 号小间隙车钩，以最大限度地减小纵向冲动。15 号车钩钩头零件的结构简单、三态作用灵活、安全可靠；采用大钩肩，有效地保护了缓冲器；故障少，除磨耗和钩舌裂纹外，很少有其他故障。缺点：钩头较重，加上钩身长，容易产生钩头下垂现象；钩舌上下弯角处易产生裂纹。

15X 小间隙车钩布置在 CR-200J 型电动车组的动力车司机室端，可以实现自动机械连挂及机械分解，主要用于车辆的救援和机械牵引，可用于无动力调车、回送及救援时与机车间机械连挂。

任务 3　密接式车钩

任务导入

在现代铁道交通的舞台上，有一个看似不起眼却起着至关重要作用的关键部件——铁道车辆密接式车钩。它如同一位默默坚守岗位的忠诚卫士，确保着列车的安全运行与高效连接。密接式车钩作为铁道车辆连接技术的重要创新，以其独特的设计和卓越的性能，为铁路运输带来了革命性的变化。它究竟有何神奇之处？让我们一同走近铁道车辆密接式车钩，揭开它的神秘面纱。

一、客车车钩简介

如图 4.3.1 所示，我国铁路客车速度小于 120 km/h 的普通车辆采用 C 级低合金铸钢的 15 号车钩；速度小于 160 km/h 的普通客车采用 C 级低合金铸钢的 15 号小间隙车钩，速度大于 200 km/h 的高速客车，采用密接式车钩，以最大限度地减小纵向冲动。

（a）15 号车钩

（b）密接式车钩

图 4.3.1　客车常用车钩

（一）15 号车钩的特点

15 号车钩钩头零件的结构简单，三态作用灵活、安全可靠；采用大钩肩，有效地保护了缓冲器；故障少，除磨耗和钩舌裂纹外，很少有其他故障。

15 号车钩的缺点也比较明显：钩头较重，加上钩身长，容易产生钩头下垂现象；钩舌上下弯角处易产生裂纹。

（二）15X 小间隙车钩

如图 4.3.2 所示，15X 小间隙车钩布置在 CR-200J 型电动车组的动力车司机室端，可以实现自动机械连挂及机械分解，主要用于车辆的救援和机械牵引，可用于无动力调车、回送及救援时与机车间机械连挂。

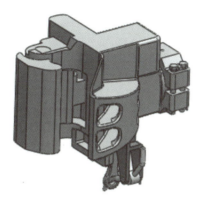

图 4.3.2　15X 小间隙车钩

二、密接式车钩组成

25T 型客车及 CR-200J 型电动车组拖车部分均采用了密接式车钩缓冲装置，如图 4.3.3 所示。车钩型号为 MJGH-25T。密接式钩缓装置由连挂系统、缓冲系统及安装吊挂系统 3 部分组成，如图 4.3.4 所示。密接式车钩可以实现车辆间的自动连挂和分解，缓和及吸收列车运行过程中车辆间的冲击能量。

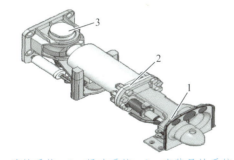

1—连挂系统；2—缓冲系统；3—安装吊挂系统。

图 4.3.3　密接式钩缓装置

图 4.3.4　连挂状态

25T 客车密接式车钩技术参数

客车车钩缓冲装置

（一）车钩安装吊挂系统

如图 4.3.5 所示，车钩安装及吊挂系统对整个钩缓装置提供安装定位和支撑，并包含一个回转机构，保证钩缓装置在各自由度方向上能产生足够的动作量，动作和复位灵活。

图 4.3.5　安装吊挂系统

（二）缓冲系统

采用弹性胶泥缓冲器，其容量大、阻抗小、结构简单、性能稳定，检修周期长达 10 年。

（三）连挂系统

如图 4.3.6 所示，连挂时两凸锥嵌入对方的钩体（凹腔）内，通过钩舌锁闭，实现车钩自动连接和分解。此款密接式钩缓装置连挂系统只完成机械连挂功能。高性能的密接式钩缓装置能够实现客车车辆之间电路和气路的连接。MJGH-25T 密接式车钩缓冲装置如图 4.3.7 所示。

图 4.3.6　连挂系统

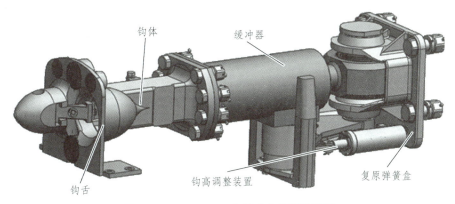

钩体　　缓冲器

钩舌　　钩高调整装置　　复原弹簧盒

图 4.3.7　MJGH-25T 密接式车钩缓冲系统

三、密接式车钩作用原理

（一）连　挂

两钩连挂时，凸锥插进对方相应的凹锥孔中，此时凸锥的内侧面在前进中推压对方的钩舌使其转动，这时解钩风缸的弹簧受压缩，钩舌旋转，当两钩连接面接触后，凸锥的内侧面已不再压迫对方的钩舌，由于弹簧的作用，使钩舌向相反方向旋转恢复到原来的状态，此时处于闭锁位置，完成了两车连挂。车钩连挂过程如图 4.3.8 所示。

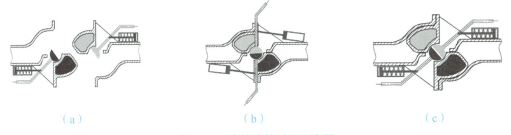

（a）　　　　　　　　　　　（b）　　　　　　　　　　　（c）

图 4.3.8　车钩连挂过程示意图

（二）分　解

两钩分解时，由司机操纵解钩阀，压缩空气由总风管进入本车的解钩风缸，同时经解钩风管连接器将压缩空气送入相连挂的另一辆车的解钩风缸，活塞杆向前推并带动解钩杆，使钩舌转动至开锁位置，此时两钩即可解开。当采用手动解钩时，只要用人力推动解钩杆，使钩舌转动至开锁位置，从而实现两钩的分解。解钩过程如图 4.3.9 所示。

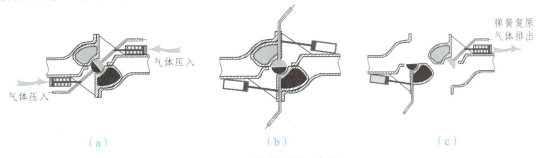

弹簧复原
气体排出

气体压入

气体压入

（a）　　　　　　　　　　　（b）　　　　　　　　　　　（c）

图 4.3.9　解钩过程示意图

四、列车连挂要求

密接式车钩缓冲装置可以实现列车自动连挂。连挂时，要求连挂速度不大于 5 km/h。与普通自动车钩连挂时，必须采用过渡车钩，如图 4.3.10 所示。使用时安装在密接式钩缓装置钩体与普通自动车钩之间，运用比较方便，但只能用于厂内和站线上单车调行使用。

图 4.3.10　密接式车钩与普通自动车钩的连挂

知识巩固

1. 简述密接式车钩缓冲装置的组成部分。
2. 简述密接式车钩的工作原理。
3. 简述列车连挂要求。

知识拓展

1. 柴田密接式车钩

1929 年，柴田卫氏提出了密接式车钩的设计方案，1931 年完成了研制和现车试验，1932 年开始在新造电动车上全面采用之后，陆续在各区段运用，至 1938 年，日本大部分电动车基本都采用了密接式车钩。

柴田密接式车钩通过一个在车钩头内可以旋转的半圆形钩锁实现车钩的密接式连接和锁闭。连挂时，对面车钩的凸锥会推动钩锁旋转，车钩面密贴到位后，钩锁在拉伸弹簧的作用下回复至倾斜位置，卡住连挂车钩的钩头体，实现连挂和锁闭。目前，在我国使用这种车钩的车辆有 CRH2 型动车组、25T 型提速客车和北京地铁列车等。

2. 夏芬伯格密接式自动车钩

夏芬伯格（Scharfenberg）自动车钩引自瑞典丹纳公司 10 号车钩系统，该型车钩是丹纳公司为高速动车组开发的自动车钩。目前，这种车钩主要在动车组车辆上使用。

夏芬伯格密接式车钩缓冲装置主要由钩头、钩体与缓冲器、电气连接器、风管连接器、尾部橡胶弹性轴承、中心调整装置、钩头电加热装置等部件组成，具体结构如图 4.3.11 所示。

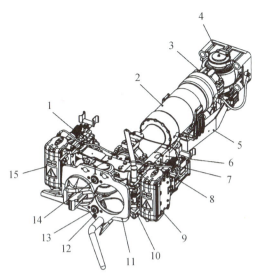

1—右侧电气车钩激活器；2—缓冲器；3—套筒接头；4—枢轴支座；5—支撑对中装置；6—加热接线盒；
7—气动系统；8—左侧电气车钩激活器；9—左侧电气车钩；10—手动解钩装置；11—机械钩头；
12—UC 阀门；13—MRP 阀门；14—BP 阀门；15—右侧电气车钩。

图 4.3.11　夏芬伯格密接式自动车钩

钩头机械连接部分如图 4.3.12 所示，它由壳体、钩舌、中心轴、钩锁连杆、钩锁弹簧、钩舌定位杆及弹簧、定位杆顶块及弹簧、解钩风缸等组成。壳体的前部，一半为凸锥体，一半为凹锥孔，两钩连挂时相邻车钩的凸锥体和凹锥孔互相插入。钩舌固定在中心轴上，钩舌绕中心轴转动时可带动钩锁连杆动作；钩舌呈不规则几何形状，设有供连接时定位和解钩时解钩风缸活塞杆的凸舌、钩锁连杆的定位槽、钩嘴等，是车钩实现动作的关键零件。钩锁连杆在钩锁弹簧拉力作用下使车钩连接可靠。钩舌定位杆上设有两个定位凸缘，使钩舌定位在待挂或解钩状态。定位杆顶块可以在连挂时顶动钩舌定位杆，实现两钩的闭锁。

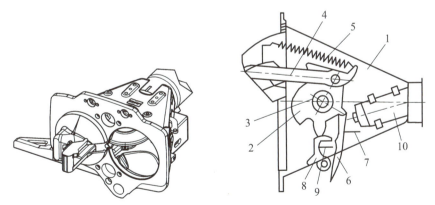

1—壳体；2—钩舌；3—中心轴；4—钩锁连接杆；5—钩锁弹簧；6—钩舌定位杆；
7—钩舌定位杆弹簧；8—定位杆顶块；9—定位杆顶块弹簧；10—解钩风缸。

图 4.3.12　钩头机械部分组成

任务 4　缓冲装置

任务导入

当一列列火车呼啸而过，承载着无数的梦想与希望驶向远方，人们往往聚焦于火车的速度、外观和舒适的车厢环境，却很少有人会知道，安装在车厢之间的缓冲装置犹如一位无声的守护者，在列车的行驶过程中，以其独特的方式保障着行车的安全与平稳。下面让我们一同深入探索铁道车辆缓冲装置，揭开它的神秘面纱吧。

一、概　述

缓冲装置（缓冲器）的作用是用来缓和列车在运行中由于机车牵引力的变化或在起动、制动及调车作业时车辆相互碰撞而引起的纵向冲击和振动。缓冲器有耗散车辆之间冲击和振动能量的功能，从而减轻对车体结构和装载货物的破坏作用，提高列车运行的平稳性。

根据缓冲器的结构特征和工作原理，一般可将缓冲器分为以下几种类型：

弹簧式缓冲器、摩擦式缓冲器、橡胶缓冲器、摩擦橡胶式缓冲器、黏弹性胶泥缓冲器、液压缓冲器及空气缓冲器等。目前应用最广泛的为摩擦式缓冲器和摩擦橡胶式缓冲器。这两种缓冲器具有结构简单、制造方便、成本低的优点。

以前我国铁路车辆上所采用的缓冲器为 1 号环弹簧缓冲器（客车）、2 号环弹簧缓冲器（货车）、MX-1 型橡胶缓冲器和 3 号摩擦式缓冲器等。随着我国列车运行速度的提高和万吨单元列车的开行，对缓冲器容量、性能提出了更高的要求。为此，20 世纪 90 年代我国借鉴美国 Mark-50 型缓冲器技术研制的 MT-2、MT-3 型缓冲器已投入批量生产，满足了我国重载列车和单元列车对缓冲器的要求，近年来弹性胶泥缓冲器也因此得到了发展和运用。

二、MT-2 型缓冲器

MT-2 型缓冲器是为适应我国铁路在大秦线开行 6 000～10 000 t 重载单元列车，在主要干线开行 5 000 t 级重载列车而研制和开发的，目前 MT-2 型缓冲器主要用于载重 80 t 重载单元运煤专用敞车及载重 70 t 通用货车。箱体铸有"MT-2"字样，箱体涂墨绿色漆，如图 4.4.1 所示。

（a）外形图　　　　（b）内部图　　　　（c）实体图

图 4.4.1　MT-2 缓冲器

MT-2 型缓冲器具有性能稳定、阻抗低、容量大、使用寿命长、检修方便等特点，是新一代大容量全钢摩擦式缓冲器。MT-2 型缓冲器由摩擦系统、弹性元件、箱体 3 部分组成。

三、HM 系列缓冲器

HM 系列缓冲器是符合铁路重载运输要求的新型大容量缓冲器。包括 HM-1 型缓冲器和 HM-2 型缓冲器，分别如图 4.4.2 和图 4.4.3 所示。

HM-1 型缓冲器是新型摩擦胶泥组合式缓冲器，摩擦系统采用类似 Mark50、MT 型缓冲器摩擦系统，主要由中心楔块、动板、楔块等组成。因目前圆钢弹簧的材料、工作负荷及组装空间的限制，缓冲器采用螺旋圆簧和弹性胶泥体组合的弹性元件。

HM-2 型缓冲器的摩擦系统采用了两楔块、两压头带一动板等零件组成的新型摩擦机构，弹性体元件采用新型复合弹性体材料制造；两种缓冲器的箱体不直接参与摩擦作用，提高了使用寿命，缓冲器以预压缩状态交货，使用方便。

图 4.4.2　HM-1 型缓冲器

图 4.4.3　HM-2 型缓冲器

HN-1 型缓冲器是符合铁路重载运输要求的新型低阻抗、大容量缓冲器。HN-1 型缓冲器具有良好的动态和静态特性。该缓冲器采用弹性胶泥技术，其外形如图 4.4.4 所示。HN-1 型缓冲器的自由高为 572 mm，为便于安装，对缓冲器进行了预缩短，预缩短后的尺寸为 560 mm。缓冲器装车后，当连挂过程中有 120 kN 左右的冲击力时，垫块释放，缓冲器自动复原并完全压紧在车体的安装空间内。

图 4.4.4　HN-1 型缓冲器

四、弹性胶泥缓冲器

2004 年我国铁路第 5 次大提速的 25T 型车上使用的缓冲器全部是弹性胶泥缓冲器，其中有两种形式：一种是与密接式车钩配套使用的弹性胶泥缓冲器（缓冲系统），另一种是与 15 号小间隙车钩配套使用的 KC15 型弹性胶泥缓冲器。另外，在机车或货车上使用的 QKX100 大容量弹性胶泥缓冲器也得到了长久的发展。

弹性胶泥缓冲器具有容量大、阻抗小，结构简单、性能稳定、检修周期长的优点。由于弹性胶泥具有流体的特性，因此，弹性胶泥缓冲器具有良好的动态和静态特性。在编组场调车时的动态特性使得冲击速度很大，编组作业效率高，可以加速货车周转；在紧急制动时的动态特性使列车的紧急制动力大幅降低；在列车运行工况下的静态特性使机车车辆间的车钩力和机车车辆的纵向加速度很小，具有较高的舒适性。

弹性胶泥缓冲器中起缓冲作用的关键部件是弹性胶泥芯子。缓冲器通过胶泥芯子的往复运动吸收能量，运动过程中弹性胶泥的分子之间产生内摩擦、弹性胶泥通过阻尼孔产生摩擦而耗散能量。弹性胶泥芯子的结构如图 4.4.5 所示。当活塞杆受到外力作用而压缩时，活塞杆向左运动，使活塞杆左侧弹性胶泥压力上升，弹性胶泥通过阻尼孔向右流动，使缓冲器能承受压力。当外力撤销后，压缩胶泥膨胀，使活塞杆自动恢复原位。

KC15 型弹性胶泥缓冲器在我国铁路客车上已经广为应用，25B 型车上有少量应用，25T 型车上与 15 号小间隙车钩配套使用的缓冲器全部是 KC15 型弹性胶泥缓冲器，如图 4.4.6 所示。

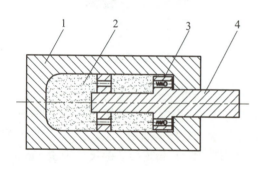

1—圆筒；2—弹性胶泥；3—单向阀；
4—活塞杆。

图 4.4.5　弹性胶泥芯子结构

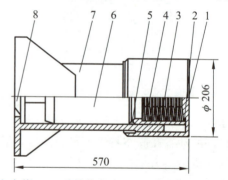

1—大套筒；2—弹性挡圈；3—碟形弹簧；4—套筒；
5—半环；6—弹性胶泥芯子；7—箱体；8—插入件。

图 4.4.6　KC15 型弹性胶泥缓冲器

知识巩固

1. 简述常见缓冲器的类型。
2. 简述缓冲器的工作原理。
3. 简述缓冲器的作用。

知识拓展

1. 1 号缓冲器

1 号缓冲器的结构如图 4.4.7 所示，缓冲器由弹簧盒、弹簧盒盖、弹簧座、圆弹簧、环弹簧及底板等组成。弹簧盒分为上、下两半，用螺栓连接成一体。

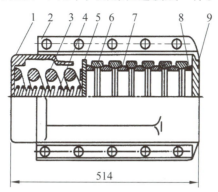

1—弹簧盒盖；2—弹簧盒；3—外圆弹簧；4—内圆弹簧；5—弹簧座；
6—外环弹簧；7—内环弹簧；8—半环弹簧；9—底板。

图 4.4.7　1 号缓冲器结构

2. 2 号缓冲器

2 号缓冲器的构造如图 4.4.8 所示，缓冲器由弹簧盒、弹簧盒盖、弹簧盒底板、大外环弹簧、小外环弹簧、内环弹簧、开口内环弹簧等组成。

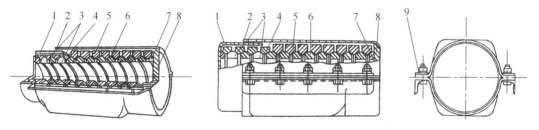

1—弹簧盒盖；2—弹簧盒；3—开口内环弹簧；4—小外环弹簧；5—大外环弹簧；
6—内环弹簧；7—半环弹簧；8—底板；9—角铁、螺栓。

图 4.4.8　2 号缓冲器结构

3. 3 号缓冲器

3 号缓冲器也是一种摩擦式缓冲器。缓冲器由箱体、两个导板（即摩擦楔块）、两组瓦片簧（每组 8 片）、一块矩形弹簧压板以及内、外螺旋弹簧等 6 种零件组成，如图 4.4.9 所示。

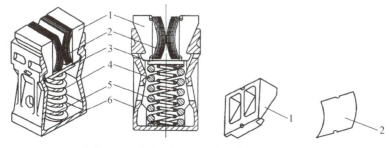

1—导板；2—瓦片簧；3—弹簧压板；4—外圆弹簧；5—内圆弹簧；6—箱体。

图 4.4.9　3 号缓冲器结构

任务 5 | **钩缓装置常见故障及处理方法**

任务导入

车钩缓冲装置是车辆最基本的也是最重要的部件之一，它是用来连接列车中各车辆并且传递和缓和列车在运动中所产生的纵向力和冲击力，是铁路列车运行过程中易发故障的部件之一。那么，车钩缓冲装置都有哪些常见的故障呢，下面，让我们一起去探索吧。

一、钩体故障

钩体的故障主要有钩体裂纹、钩体变形和钩体磨耗等。钩体裂纹一般多发生在钩头上下牵引突缘根部、钩耳、钩身棱角、钩尾销孔、钩头与钩身连接处前后等部位；钩体的变形主要表现为钩身弯曲、钩耳变形和钩腕外胀，其原因多是由于运行及调车作业中过大的冲击造成的，钩身弯曲过大时容易造成钩舌及钩耳裂纹，钩腕外胀严重时，将导致车钩的自动分离；钩体磨耗是钩体与相配合零件相对摩擦的结果，磨耗部位多发生在钩耳孔及钩身下方，钩尾侧面、端面、钩锁腔侧壁及钩锁腔内防跳台处也是容易发生磨耗的位置，车钩磨耗不仅削弱了强度，还会影响车钩的作用。

二、钩舌故障

钩舌的主要故障有裂纹和磨耗两种。裂纹多发生在钩舌内侧面的上下弯角处、钩舌销孔、牵引突缘及冲击突肩等处；磨耗的主要部位是钩舌的内侧面，其次是钩舌尾部侧面（与钩锁接触面）及钩舌销孔。

三、钩锁腔内部零件的故障

钩锁的主要故障是磨耗，磨耗的部位大多数在钩锁与钩舌尾部的接触处；钩舌推铁的主要故障是变形和磨耗，变形的原因是本身的刚度较小；钩锁销的主要故障是防跳台处的磨耗，磨耗严重时，会使车钩失去防跳作用。

四、主要配件的故障

车钩缓冲装置主要配件的故障包括：钩尾框的磨耗和裂纹；从板、钩尾销、钩舌销横裂纹；车钩摆块、摆块吊裂纹和磨耗；钩尾销裂纹或磨耗等。

五、车钩三态故障及处理

1. 闭锁位置作用不良或自动开锁

闭锁位置作用不良或自动开锁是指在闭锁时钩锁不能自动充分落下，其原因是钩舌尾部与钩锁接触面焊修后不平整，造成作用不灵活，应打磨或更换钩舌或钩锁。在运行中因振动易使钩锁自动跳起，造成开锁使列车分离，其原因是下锁销上防跳止端磨耗而失去防跳作用。下锁销安装反位，也失去防跳作用。

2. 开锁位置作用不良

开锁位置作用不良是指钩锁提起后，当放下车钩提杆时，又自动落下，其原因是钩锁腿弯曲，开锁坐锁面磨耗或钩锁腔开锁坐锁面磨耗，致使钩锁无法坐在相应位置，产生自动落锁。

3. 全开位置作用不良

全开位置作用不良是指当钩舌推铁有弯曲变形，两端磨耗过甚时，易造成钩舌达不到全开位置。

📘 知识巩固

1. 简述钩体故障及处理方法。
2. 简述钩锁腔内部零件的故障。
3. 简述车钩三态故障及处理。

📘 知识拓展

1. 《铁路技术管理规程》（以下简称《技规》）有关规定

为了保证列车运行安全，《技规》规定，编入列车中的车辆应达到运用状态，车钩缓冲装置应符合下列质量要求：

（1）车钩、尾框、从板座、缓冲器无裂损。

（2）车钩中心水平线至钢轨顶面高度要符合表 4.5.1 中的规定。

表 4.5.1　车钩中心线高度表

车　种	高度/mm
客车、货车	890
空货车	835
客　车	830
重货车	815

2. 其他标准

（1）在钩头左侧突出部，应涂刷或铸有车钩类型标记。

（2）在车钩钩舌中心，沿钩舌外侧及钩头两侧，应按规定涂刷车钩中心线标记，以便测量车钩的高度。

（3）车钩中心线在空车状态时距钢轨顶面的标准高度：客车为 880^{+10}_{-5} mm ，货车为 (880 ± 10) mm 。

（4）货车上作用式钩锁销链松动余量为 30 ~ 45 mm。

模块 5 转向架

转向架（又称走行部）是铁路车辆轮轨接触的关键部件，车辆转向架的性能直接影响列车的运行品质，转向架设在车底架下部，运行中的车体坐落在转向架上，车体与转向架之间可以相对转动，使车辆便于通过曲线，车辆运行品质得以改善。由于转向架是车辆的一个独立部件，不仅装拆方便、便于检修，也满足了铁路车辆安全运行的需要。

本模块主要介绍客货车转向架概述、轮对、轴箱装置、客货车转向架具体型号等。

知识目标

1. 掌握轮对的作用及组成；
2. 掌握轴箱装置的作用及组成；
3. 掌握货车转向架的基本组成及作用；
4. 掌握客车转向架的基本组成及作用。

能力目标

1. 能够简述客车转向架常见故障；
2. 能够简述货车转向架常见故障。

素质目标

1. 培养学生吃苦耐劳的工匠精神；
2. 树立学生规范作业的职业精神。

任务 1 转向架概述

任务导入

客货车的转向架，也叫走行部，安装在车体底架下，是保持车体运行和回转的一种走行装置，更是铁道车辆安全运行的重要组成部分，转向架技术也是铁道车辆的核心技术。接下来让我们一起来学习转向架的组成和分类吧。

一、转向架的组成

转向架位置如图 5.1.1 所示，由于车辆的用途、运行条件、制造和检修能力及历史传统等因素的不同，使得转向架的类型非常多，结构各异，但它们又都具有转向架的共同特点，其基本作用和基本组成部分相同，一般转向架的组成可以分为以下几个部分（见图 5.1.2）。

图 5.1.1　转向架位置

（一）轮对轴箱装置

轮对沿着钢轨滚动，除传递车辆重量外，还传递轮轨之间的各种作用力，其中包括牵引力和制动力。轴箱与轴承装置是联系构架（或侧架）和轮对的活动关节，使轮对由滚动转化为车体沿钢轨的平动。

（二）弹性悬挂装置

为减少线路不平顺和轮对运动对车体的各种动态影响（如垂向振动、横向振动等），转向架在轮对与构架（侧架）之间或构架（侧架）与车体（摇枕）之间，设有弹性悬挂装置。前者称为轴箱悬挂装置（又称第一系悬挂），后者称为中央（摇枕）悬挂装置（又称第二系悬挂）。目前，我国大多数货车转向架只设有中央悬挂装置，客车转向架既设有中央悬挂装置，又设有轴箱悬挂装置。弹性悬挂装置包括弹簧装置、减振装置和定位装置等。

（三）构架（侧架）、摇枕

构架（侧架）、摇枕是转向架的基础，它把转向架各零部件组成一个整体。所以，它不仅仅承受、传递各作用力及载荷，而且它的结构、形状和尺寸大小都应满足各零部件的结构、形状及组装的要求（如应满足制动装置、弹簧减振装置、轴箱定位装置等安装的要求）。

（四）基础制动装置

为使运行中的车辆能在规定的距离范围内停车，必须安装制动装置，其作用是传递和放大制动缸的制动力，使闸瓦与轮对之间产生的转向架的内摩擦力转换为轮轨之间的外摩擦力（即制动力），从而使车辆承受前进方向的阻力，产生制动效果。

（五）转向架支承车体的装置

转向架支承车体的方式（又可称为转向架的承载方式）不同，使得转向架与车体相连接部分的结构及形式也各有所异，但都应满足两个基本要求：安全可靠地支承车体，承载并传递各作用力（如垂向力、振动力等）；为使车辆顺利通过曲线，车体与转向架之间应能绕稳定的旋转中心相对转动。

图 5.1.2　转向架组成（货车 K2 型转向架）

二、转向架的分类

由于车辆的用途不同、运行条件的差异、制造维修方法的制约和经济效益等具体因素的影响，对转向架的性能、结构、参数和采用的材料及工艺等要求就有差别，因而出现了多种形式的转向架。

我国目前使用的客车转向架有 20 余种，货车转向架有 30 余种，各种转向架的主要区别在于：转向架的轴数和类型，弹簧悬挂系统的结构和参数，垂向载荷的传递方式，轮对支承方式，轴箱定位方式，制动装置的类型与安装，以及构架、侧架结构等方面。

（一）按照支承车体的方式分类

转向架承载车体，可以分为心盘集中承载、非心盘（全旁承）承载、心盘部分承载 3 种，如图 5.1.3 所示。要求转向架能够牢固支撑车体，并传递各作用力，使车辆顺利通过曲线。

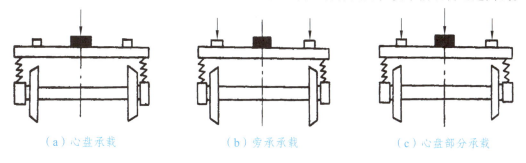

（a）心盘承载　　　　　　（b）旁承承载　　　　　　（c）心盘部分承载

图 5.1.3　车体载荷承载方式

（二）按转向架的轴数、类型分类

转向架按照轴数可以分为二轴转向架、三轴转向架和多轴转向架。大多数客、货车采用二轴转向架，一些大吨位货车采用三轴转向架甚至多轴转向架，如图 5.1.4、5.1.5 所示。

（a）客用

（b）货用

图 5.1.4　二轴转向架

图 5.1.5　货用多轴转向架

转向架按照车轴类型可以分为 D 轴或 E 轴转向架。客车转向架常用车轴 RD_{3A}、RD_{3P}；货车转向架常用车轴 RD_{2B}、RE_{2B}。

（三）按照轴箱定位方式分类

轴箱定位方式是指构架与轮对的连接方式，构架与轮对之间存在连接机构，这种机构能够约束轮对与构架之间相对运动，由于轴箱相对于轮对在左右前后方向的间隙很小，故约束轮对相对运动的轮对定位通常也称为轴箱定位方式。轴箱定位装置有多种结构形式，常见的有以下几种（见图 5.1.6）。

1. 固定式定位[见图 5.1.6（a）]

轴箱与转向架侧架铸成一体，或是轴箱与侧架用螺栓及其他紧固件连接成为一个整体，使得轴箱与侧架之间不能产生任何相对运动。

2. 导框式定位[见图 5.1.6（b）]

轴箱上有导框槽，构架（或侧架）上有导框。构架（侧架）的导框插入轴箱的导框槽内，这种结构可以容许轴箱与构架（侧架）之间在铅垂方向有较大的相对位移，但在前后、左右方向仅能在容许的间隙范围之内，有相对小的位移。

3. 干摩擦导柱式定位[见图 5.1.6（c）]

安装在构架上的导柱及坐落在轴箱弹簧托盘上的支持环均装配有磨耗套，导柱插入支持环，发生上下运动时，两磨耗套之间是干摩擦，它的定位作用是由于轴箱橡胶垫产生不同方向的剪切变形，实现弹性定位作用。

4. 油导筒式定位[见图 5.1.6（d）]

把安装在构架上的轴箱导柱和坐落在轴箱弹簧托盘上的导筒分别做成活塞和油缸形式，导柱插入导筒。导柱在导筒内上下移动时，油液可以进出导柱的内腔，产生减振作用。它的定位作用是，当构架与轴箱之间产生水平方向的相对运动时，利用导柱与导筒传递纵向力和横向力，再通过轴箱橡胶垫传递给轴箱体，使橡胶垫产生不同方向的剪切变形，实现弹性定位作用。

5. 板式定位[见图 5.1.6（e）]

用特种弹簧钢材制成的薄形定位拉板，一端与轴箱连接，另一端通过橡胶节点与构架连接。利用拉板在纵、横方向的不同刚度来约束构架与轴箱的相对运动，以实现弹性定位。拉板上下弯曲变形刚度小，对轴箱与构架上下方向的相对位移约束很小。

6. 拉杆式定位[见图 5.1.6（f）]

拉杆两端分别与构架和轴箱销连接，拉杆可以容许轴箱与构架在上下方向有较大的相对位移。拉杆中的橡胶垫、套分别限制轴箱与构架之间的横向与纵向的相对位移，实现弹性定位。

7. 转臂式定位[见图 5.1.6（g）]

转臂式定位又称弹性铰定位，定位转臂一端与圆筒形的轴箱体固接，另一端以橡胶弹性节点与焊在构架上的安装座相连接。橡胶弹性节点虽容许轴箱相对构架有较大的上下方向位移，但其内部的橡胶件使轴箱纵向与横向位移的定位刚度有所不同，以适应纵、横两个方向的不同弹性定位刚度的要求。

8. 橡胶弹簧定位[见图 5.1.6（h）]

构架与轴箱之间设有橡胶弹簧，这种橡胶弹簧上下方向的刚度比较小，轴箱相对构架在上下方向有比较大的位移，而其纵、横方向具有适宜的刚度以实现良好的弹性定位。

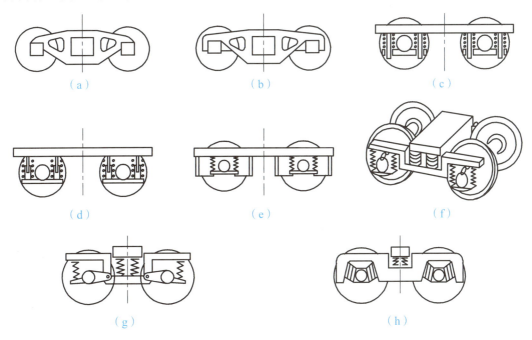

（a）　　　　　　　　（b）　　　　　　　　（c）

（d）　　　　　　　　（e）　　　　　　　　（f）

（g）　　　　　　　　（h）

图 5.1.6　轴箱定位方式

虽然轴箱定位方式种类较多，但从目前来看，货车转向架常用导框式，客车转向架常用干摩擦导柱式以及转臂式，高速客车转向架还采用橡胶堆式，具体外形如图 5.1.7 所示。

（a）转臂式　　　　　　　　（b）干摩擦导柱式　　　　　　　　（c）导框式

图 5.1.7　常见轴箱定位方式

知识巩固

1. 简述转向架的组成部分，并阐述各部分的作用。
2. 转向架轴箱定位方式的作用是什么，主要有哪几种？

知识拓展

转向架的作用：

（1）车辆上采用转向架是为增加车辆的载重、长度与容积，提高列车运行速度，以满足铁路运输发展的需要。

（2）保证在正常运行条件下，车体都能可靠地坐落在转向架上，通过轴承装置使车轮沿钢轨的滚动转化为车体沿线路运行的平动。

（3）支撑车体，承受并传递从车体至车轮之间或从轮轨至车体之间的各种载荷及作用力，并使轴重均匀分配。

（4）保证车辆安全运行，能灵活地沿直线线路运行及顺利地通过曲线。

（5）转向架的结构要便于弹簧减振装置的安装，使之具有良好的减振特性，以缓和车辆和线路之间的相互作用，减小振动和冲击，减小动应力，提高车辆运行平稳性和安全性。

（6）充分利用轮轨之间的黏着，传递牵引力和制动力，放大制动缸所产生的制动力，使车辆具有良好的制动效果，以保证在规定的距离之内停车。

（7）转向架是车辆的一个独立部件，在转向架与车体之间应尽可能减少联接件。

任务 2　轮　对

任务导入

轮对是转向架中重要的部件之一，又是影响车辆运行安全性的关键部件之一。轮对不但承担车辆全部重量，而且它同时承受着运行中的车体、钢轨两方面传递来的各种静、动作用力，受力非常复杂，研究轮轨关系对于列车安全高速运行意义重大。因此，对车辆轮对的要求是：

应有足够的强度，以保证在容许的最高速度和最大载荷下安全运行；应在强度足够和保证一定使用寿命的前提下，使其质量最小，并具有一定弹性，以减小轮轨之间的相互作用力；应具备阻力小和耐磨性好的优点；应能适应车辆直线运行，同时又能顺利通过曲线，还应具备必要的抵抗脱轨的安全性。接下来让我们一起来学习车轴和车轮的基本知识吧。

一、轮对组成

轮对是转向架的重要组成部分。如图 5.2.1 所示，它是由一根车轴和两个车轮，通过过盈配合，经冷压装组合在一起，它承受着车辆的全部载荷，并传递给钢轨，引导车辆沿钢轨安全运行。

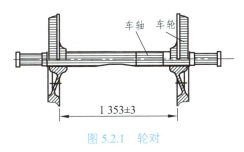

图 5.2.1　轮对

轮对技术要求。对用于标准轨距为 1 435 mm 的轮对，两车轮内侧之间的距离称为轮对内侧距离。它的值应该是 1 353 mm，测量时应在每间隔 120°测量 1 次，共测量 3 次，最大值和最小值的差值不应超过 1mm。

二、车　轴

铁路车辆所用车轴有实心轴和空心轴两种，由于车轴各部位受力状态不同及装配的需要，各段直径也不一样，如图 5.2.2 所示。按照车轴使用的轴承类型不同，又可分为滑动轴承车轴（滑动车轴）和滚动轴承车轴（滚动车轴）两种。目前，我国铁道车辆的所有客车和大部分货车均采用滚动车轴，只有少部分货车仍采用滑动车轴。

（a）滑动车轴

（b）滚动车轴

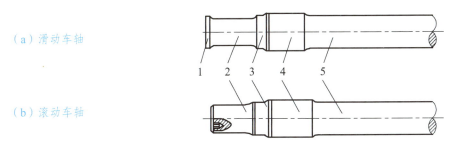

1—轴领；2—轴颈；3—防尘板座；4—轮座；5—轴身。

图 5.2.2　车轴

如图 5.2.3 所示，车轴各部位的名称及作用如下：

（1）轴领：滑动车轴端部的短圆柱突起部分，其作用是限制轴瓦的轴向外移。滚动车轴不设轴领。

（2）轴颈：用以安装滑动轴承的轴瓦或压装滚动轴承，承受并传递垂直载荷。

（3）防尘板座：在轴颈内侧，用来安装防尘板或防尘挡圈，同时用以限制轴瓦向内移动。

（4）轮座：压装、固定车轮的部分，为了保证轮轴之间有足够的压紧力，轮座直径比车轮孔径要大 0.10~0.35 mm，轮座是车轴受力最大、直径最大的部分。

（5）轴身：车轴两轮座之间的部分。

图 5.2.3　客用车轴实体

三、车　轮

车轮是车辆直接与钢轨接触的部分，它将车辆的载荷传给钢轨，并在钢轨上滚动，使车辆运行。

我国车辆目前全部使用钢质整体车轮，如图 5.2.4 所示。车轮各部分名称及功用如下：

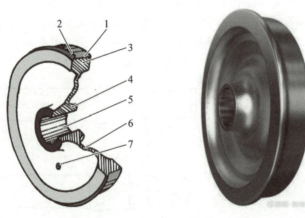

1—轮缘；2—踏面；3—轮辋；4—辐板；5—轮毂；6—轮毂孔；7—辐板孔。

图 5.2.4　车轮

（1）轮缘：车轮踏面内侧的径向圆周凸起部分，为保持车轮在轨道上运行不致脱轨而设。

（2）踏面：车轮与轨面相接触的外圆周面，其与轨面在一定摩擦力作用下完成滚动运行。

（3）轮辋：车轮具有完整踏面的径向厚度部分。

（4）辐板：轮辋与轮毂的板状连接部分。

（5）轮毂：车轮紧固车轴的部分，为车轮整个结构的主干与支承。

（6）轮毂孔：安装车轴的孔。

（7）辐板孔：辐板上的两个圆孔，为便于加工、吊运轮对而设（但新装备客货车辆的"提速轮"没有辐板孔，以克服车轮质量分布不均衡对提速的不利影响）。

为了使车轮能在钢轨上高速平稳地运行，并顺利地通过曲线和道岔，对轮缘及踏面外形尺寸有严格规定，其几何形状如图 5.2.5（a）所示。在踏面上距内侧面 70 mm 处的一点称为基点，基点处的圆称为滚动圆，滚动圆的直径即为车轮直径。我国货车标准车轮直径为 840 mm，客车标准车轮直径为 915 mm。锥形踏面已沿用多年，在长期使用过程中，发现其外形与钢轨头部断面形状不匹配，造成运用初期轮缘、踏面及钢轨磨耗快、车轮使用寿命短等问题。针对这些问题，有关部门对踏面外形和钢轨头部断面形状进行了大量的研究和试验，设计制造了磨耗型踏面，并于 1984 年开始，逐步在全路车辆上推广使用。

磨耗型踏面的几何形状如图 5.2.5（b）所示，与锥形踏面相比，其主要不同之处在于该踏面由 3 段弧线（R100 mm，R500 mm 及 R220 mm）圆滑连接成的一条曲线和斜度为 1∶8 的一段直线所组成的几何图形，并具有非线性的等效斜度特性。

采用磨耗型踏面后，踏面与钢轨头部几何外形具有最佳匹配关系，从而显著减少了轮缘磨耗（减少 30% ~ 70%），延长车轮与钢轨的使用寿命；减少踏面圆周磨耗（约减少 20%），降低轮轨接触应力，有利于提高轴重，发展重载列车；而且磨耗型踏面等效斜度较大（在滚动圆附近为 0.15，而锥形踏面为 0.05），且斜度值为非线性变化，更有利于车辆顺利通过曲线，降低列车在曲线上的运行阻力。

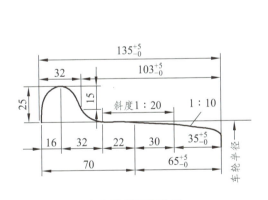

（a）锥形踏面外形

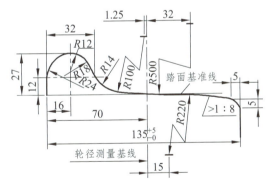

（b）磨耗型踏面外形

图 5.2.5　车轮踏面、轮缘外形

知识巩固

1. 车轴可分为哪几种？说明车轴各部位的名称及作用。

2. 车轮各部位的名称及其作用是什么？

3. 车轮踏面设有几个斜度？为什么要设斜度？

知识拓展

1. 车轴材质

车轴大多数为圆截面实心车轴，按照化学成分可以分为碳素钢车轴和合金钢车轴，高速列车多采用合金钢车轴，货车和普通客车采用碳素钢车轴，车轴钢为优质碳素钢（40 或 50 钢）锻造而成。

2. 车轮材质

车轮按照材质分为碾钢轮和铸钢轮两种，按其辐板形状可分为直形辐板轮和 S 形辐板轮。

车轮要有足够的强度和耐磨性，还要具备良好的韧性和抗热裂性。车轮碳含量低，硬度不足，碳含量过高又会增加热裂敏感性。碾钢轮是用圆锭和圆坯经过热处理和机加工等流程制造的，例如 HDSA、HESA 型车轮，均取消了辐板孔，辐板均为 S 形，轮辋厚度 50 mm。采用的材质主要为 CL60 钢、CL65 钢、CL70 钢。

铸钢车轮是用钢水直接浇注制成，新型铸钢轮生产工艺采用电弧炉炼钢、石墨铸型、雨淋式浇口浇铸工艺。优点是尺寸精度高、成本低、安全性好。常用车轮型号为 HDZD、HEZD 等。采用的材质主要有 ZL-C 钢、ZL-B 钢。

车轮按照用途可以分为客用和货用车轮。货车车轮直径为 840 mm，普速客车为 915 mm。

任务 3　轴箱装置

任务导入

轴箱装置是转向架的重要组成部分，轴箱装置内部包含轴承，轴承与轮对结合在一起，能够将轮对滚动的能量转化为轴承内部旋转的能量。轴承在工作时由于温度升高，会出现甩油的情况，因此，轴承需要密封（也就是轴箱），同时还能防止沙尘、雨水等异物进入轴承及轴颈等部位，保证车辆安全运行。轴箱还能起到连接轴承与构架的作用，将车体的垂向载荷传递给轮对。接下来让我们一起来学习轴箱的基本知识吧。

一、轴箱装置的作用

轴箱将轮对与侧架（构架）连接在一起，传递各种载荷，使轮对的滚动转化为车体的水平移动；保证良好的密封性和润滑性能，防止异物侵入轴承，还能减少磨耗，降低运行阻力；客车上的轴承都需要外设轴箱实现密封，而货车上的轴承则在两端增设密封装置，故不设有轴箱。因此铁道车辆用轴承可分为有轴箱和无轴箱两种形式。有轴箱轴承的主要用于客车转向架，无轴箱轴承主要用于货车转向架。

二、车辆用轴承简介

（一）轴承组成和作用

早期的车辆会用到滑动轴承，后更换为滚动轴承。如图 5.3.1 所示，滚动轴承分为 4 个部分，各部分功能如下：

1. 组　成

（1）内圈：过盈配合在轴颈上，跟随车轴转动。内圈内径是轴承的重要指标。

（2）外圈：用于支撑零件，内侧作为滚动体滚道。

（3）滚子（滚动体）：在内圈外侧和外圈内侧滚道上作滚动接触。

（4）保持架：用于将滚动体分开，保证滚动体自由转动。

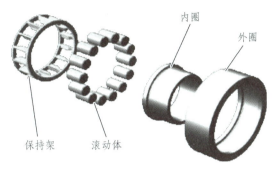

图 5.3.1　滚动轴承组成

2. 作　用

轴承的作用是使轮对和侧架（或构架）连接在一起，将车辆的重量传给轮对；同时将轮对的动能转化为轴承内部滚子和保持架的运动和摩擦，实现车体的相对静止状态，内部润滑脂是防止轴承在高速运行时发生热轴，以保证车辆安全运行。

（二）客货车轴承特点

客车轮对选用圆柱滚子轴承，如图 5.3.2（a）所示，其结构特点是外圈两侧带有挡边。内圈只有一侧有固定挡边（或为一个独立的平挡圈）。客车轴承是将轴承加热后套在车轴轴颈上。

货车轮对选用圆锥滚子轴承，如图 5.3.2（b）所示，轴承两端装有两套密封装置，所以不用轴箱。两个轴承共用一个外圈，两内圈之间增加一个中隔圈（与轴颈过盈配合），用来调整轴承轴向游隙。货车轴承是通过轴承压装机将轴承压装在轴颈上。

（a）圆柱滚子轴承　　　　　　　　　　（b）圆锥滚子轴承

图 5.3.2　客货车用轴承

三、滚动轴承轴箱形式

轴承在运行时需要用轴箱装置进行密封，防止异物侵入，影响轴承运行性能。客货车用轴箱结构如图 5.3.3 所示。

（a）客用　　　　　　　　　　　　　　　　（b）货用

图 5.3.3　客货车用轴箱装置结构

（一）客车用轴箱

客车用轴箱按密封形式分为橡胶迷宫式和金属迷宫式两种。橡胶迷宫式的基本组成有轴箱体、前盖和后盖，轴箱附件有保护车轴轴端的压板及螺栓，还有防止螺栓松动的防松片、施封锁等。金属迷宫式轴箱和橡胶迷宫式轴箱的区别为金属迷宫式轴箱没有后盖，轴箱体直接与防尘挡圈通过迷宫配合，实现密封。客车用轴箱类型如图 5.3.4 所示，轴箱附件如图 5.3.5 所示。

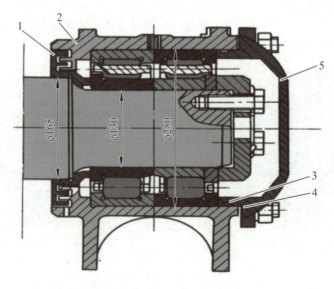

1—车轴；2—防尘挡圈；3、4—内圈；5—轴箱体。

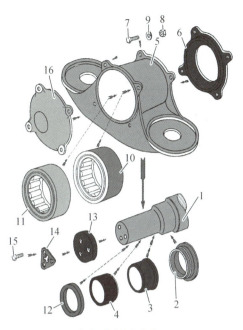

（a）橡胶迷宫式　　　　　　　　　　　　（b）金属迷宫式

1—防尘挡圈；2—轴箱体；3、4—密封圈；5—压板；6—后盖；7—螺栓；8—螺母；9—垫圈；
10、11—外圈；12—内圈的活动挡圈；13—压板；14—防松片；15—螺钉；16—前盖。

图 5.3.4　客车用轴箱类型 b

（a）前盖　　　　　　　　　　　　　　（b）施封锁

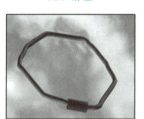

（c）防松片　　　　　　　　　　　　　（d）标志板

图 5.3.5　轴箱附件

（二）货车用轴箱

　　货车轮对因为轴承自带密封装置，故采用无轴箱式。货车用轴箱装置的组成如图 5.3.6 所示。所用到的附件有保护轴端的前盖、刻有轮轴基本信息的标志板，以及防止螺栓松动脱出的防松片和施封锁。最后这些附件均通过螺栓连接紧固。

1—轮对；2—后档；3—密封装置；4—内圈；5—保持架和滚子；6—外圈和中圈；
7—前盖；8—防松片；9—螺栓；10—实施封锁。

图 5.3.6　货车用轮对轴箱装置（无轴箱）

如图 5.3.7 所示，标志板安装在前盖的上边，上面刻打轮对和轴承安装及检修信息。

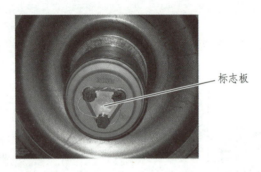

图 5.3.7　标志板位置

知识巩固

1. 滑动轴承轴箱油润装置由哪些零部件组成？它们的作用是什么？
2. 货车无轴箱滚动轴承油润装置由哪些零部件组成？它们的作用是什么？

知识拓展

轴承的标记（以货车 353131B 型为例）：轴承标记如图 5.3.8 所示，它可以分为制造标记和检修标记。

1. 制造标记

制造标记包括轴承型号、轴承制造单位代号和轴承制造年月，刻打在内圈大端面上和外圈外径凹槽中，制造标记为永久性标记。

图 5.3.8 中 353130B 代表轴承的类型；SKF 代表的是生产厂家名称（瑞典斯凯孚）；0605 代表的是厂家制造年月；000012 代表生产顺序号；002 代表材料生产批次。

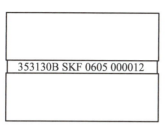

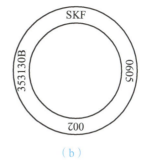

（a）外圈凹槽标记　　　　　　　　　　（b）

图 5.3.8　轴承制造标记

2. 检修标记

轴承标记分为大修标记和一般检修标记。标记内容有检修的符号、检修单位代号（三位数）、检修年月及轴承编号等。内圈检修标记刻打在内圈大端面上。外圈检修标记分别刻打在外圈外侧凹槽中和外圈内侧面上。

任务 4　货车转向架

任务导入

自 1958 年，我国自主设计制造出转 8 系列转向架，包括转 8A、转 8AG、转 8B 等转向架，具有结构简单、制造成本低、修理方便等优点。随着铁路提速和重载运输的发展，转 8 型系列转向架逐渐被淘汰。自 1996 年以来，相关车辆公司先后引进国外先进技术，例如侧架交叉支撑技术、侧架摆动式技术、整体焊接构架技术、副构架自导向技术等，并结合我国国情，先后开发了用于 60 t 级货车的 21 t 轴重的转 K1、转 K2、转 K3、转 K4 型转向架，用于 70 t 级通用货车和 80 t 级专用货车的 25 t 轴重的转 K5、转 K6 型和转 K7 型转向架，以及速度为 160 km/h 的快速货车转向架等。现在让我们来一起学习转向架的技术特点吧。

一、转 8 系列货车转向架

1958 年齐齐哈尔车辆厂参照苏联哈宁型转向架设计制造转 8 型转向架，该转向架采用了导框式铸钢侧架和导框式轴箱以及下心盘、下旁承、摇枕挡和摇枕铸钢一体的铸钢摇枕，枕簧为 7 组双圈圆簧，有较大的弹簧静挠度；装有摩擦力与载荷成比例的楔形摩擦减振器，吊挂式制动梁。转 8 型转向架结构简单，但因固定轴距小，侧架三角孔小，不便于闸瓦的检查和更换，而且弹簧承台面太大，铸造困难，车钩高度和旁承间隙不便调整等原因，已于 1964 年停止生产。

（一）转 8A 型转向架

1964 年，齐齐哈尔车辆厂和铁道科学研究院等有关单位根据生产、运用、检修和科研方面所反映的意见，对转 8 型转向架进行了改进设计。改进后的转向架定名为转 8A 型（见图 5.4.1）。其结构简单，自重轻，强度较大，运行性能较好，成为我国 50～60 t 货车使用的主型转向架。该转向架构造速度 100 km/h，抗菱刚度低，重车运行速度约 80 km/h、空车运行速度为 60～70 km/h 时即可产生蛇行运动，枕簧空车静挠度偏小，减振装置的减振性能不稳定，当斜楔和与其配合的磨耗板磨耗到接近段修限度时，减振装置便丧失了减振作用，与车体之间的回转阻力矩较小，导致车体的低速摇头运动不能得到有效抑制，使车辆的动力学性能变差，无法满足提速要求。2001 年 8 月停止生产转 8A 型转向架时，各型货车上总共装用近 50 万台（当时货车总数 55 万台）。

图 5.4.1　转 8A 型转向架

（二）转 8AG 型转向架

转 8AG 型转向架（见图 5.4.2）是在转 8A 基础上加装交叉支撑装置、含油尼龙心盘磨耗盘、双作用弹性旁承、两级刚度弹簧，为适应两级刚度弹簧，将摇枕弹簧定位圆脐适当加高，为适应交叉支撑装置，采用了新结构下拉杆，其他零部件与转 8A 相同。交叉支撑装置大大提高了转向架的抗菱刚度和抗剪刚度，双作用弹性旁承约束车体侧滚运动，提高了转向架与车体间的回转阻力矩，两级刚度弹簧提高了转向架空车弹簧的静挠度，使空车磨耗到段修限度时转向架还能够保证有一定的相对摩擦因数，解决了减振系统失效问题。转 8AG 型转向架共计改造约 2 万台，改造后可满足商业运营速度 90 km/h 要求。

图 5.4.2　转 8AG 型转向架

（三）转 8G 型转向架

转 8G 型转向架是在转 8AG 型转向架的基础上重新优化设计了 B 级钢材质的新结构侧架。交叉支撑装置、含油尼龙心盘磨耗盘、双作用弹性旁承、两级刚度弹簧、下拉杆与转 8AG 型转向架相同，其余主要零部件与转 8A 型转向架相同。转 8G 型转向架装车约 2.3 万台，现已停止生产。

转 8B 是转 8G 型转向架的衍生产品，开始时并没有转 8B 这一型号，转 8AG 和转 8G 经过运用后发现并不能达到速度 100 km/h 的要求且存在其他质量问题，后来对其进行完善改造，完善后的转 8B 和转 8AB 型转向架运营速度达到 120 km/h。经完善改造后的车辆车型编码后加注字母"T"。

二、21 t 轴重提速货车转向架

（一）转 K1 型转向架

如图 5.4.3 所示，转 K1 型转向架是齐齐哈尔车辆厂经过 9 年的试验改进工作自行研制开发的，在两侧架之间安装了四连杆机构，属三大件式转向架。1994 年装于 C64 型敞车并进行了 2 年的运用考验，实践证明车辆运行平稳，轮缘磨耗轻微。线路动力学试验表明，该转向架各项动力学性能指标满足相关要求，能够适应提速货车 120 km/h 的运用要求。

两侧架间安装弹性四连杆机构，连杆从摇枕腹部穿过，4 个节点用橡胶锥套与支撑座锥柱连接，四连杆机构提高了转向架的抗菱、抗剪刚度，提高了转向架的运行平稳性和稳定性，改善了曲线通过性能；在侧架导框顶面与承载鞍顶面之间安装八字形橡胶垫，实现轮对的弹性定位，该设计结构可以吸收部分轮轨间动作用力产生的向车体传递的振动能量，减小轮轨冲击对车辆运行平稳性的影响，减轻钢轨和车轮轮缘的磨耗。

减振装置为斜楔式变摩擦减振装置，中央悬挂系统采用两级刚度弹簧，上下心盘之间安装心盘磨耗盘；采用双作用弹性旁承。该型转向架在澳大利亚铁路上运行的最高速度为 115 km/h，用户评价装用运行平稳，噪声小，轮缘磨耗轻微，检修成本低。

图 5.4.3 转 K1 型转向架

（二）转 K2 型转向架

齐齐哈尔车辆厂 1998 年引进美国标准车辆转向架公司（SCT）侧架交叉支撑技术（Barber S-2-HD 转向架）开发研制而成转 K2 型（见图 5.4.4），该转向架属于铸钢三大件式转向架，在转向架两侧架之间安装了弹性下交叉支撑机构，交叉杆从摇枕下面穿过，4 个端点用轴向橡胶垫与侧架连接，交叉支撑机构提高了转向架的抗菱刚度和抗剪刚度，提高了转向架的运行平稳性和稳定性，改善了曲线通过性能。

侧架、摇枕采用 B 级钢材质铸造；减振装置一种采用分离式斜楔、摇枕上焊装楔形插板，另一种采用整体式斜楔、摇枕上焊装平板形磨耗板；基础制动装置为锻造中拉杆结构；中央悬挂系统采用两级刚度弹簧，上下心盘之间安装心盘磨耗盘，采用双作用弹性旁承。

1998 年 11 月，对装用转 K2 型转向架的 P65 型行包快运棚车和 C64JC 型加长通用敞车进行了动力学性能试验，最高试验速度达 138 km/h，其各项动力学指标均满足相关要求，能适应提速货车 120 km/h 的运行要求。1999 年以来的运用实践证明，斜楔、磨耗板、车轮轮缘、摇枕斜楔挡和侧架导框处的磨耗明显减轻，交叉支撑装置技术状态良好，没有进行分解检查，减少了检修工作量，动力学性能稳定，经受住了提速和各种不利运用条件、运行环境的考验，保证了铁路行包快运的安全。

2004 年 2 月，铁道部运输局装备部决定在货车厂修时用转 K2 型转向架更换转 8A 型转向架，计划在 3 年内全部完成。目前，转 K2 型转向架已经成为我国铁路 60 t 级主型货车的转向架。

图 5.4.4　K2 型转向架及爆炸图

（三）转 K3 型转向架

如图 5.4.5 所示，转 K3 型转向架是 1999 年株洲车辆工厂吸取欧洲 Y25 型转向架的优点并结合我国的具体情况设计开发的构架式转向架。采用了整体构架、轴箱一系悬挂、轮对纵横向弹性定位、常接触弹性旁承等技术，整体构架由两个侧梁、一个横梁用 16MnQ 板材组焊为一体；采用单侧斜楔减振装置，斜楔的摩擦面上加装高分子合成材料的磨耗板，在与斜楔相对的导框座中安装了纵向定位弹簧，导框座、斜楔座为 B 级钢铸件；基础制动装置装用单侧吊挂式制动梁，高摩合成闸瓦；装用球面心盘；具有抗菱刚度大，簧下质量轻，较高的临界速度和低的轮轨动作用力等特点。

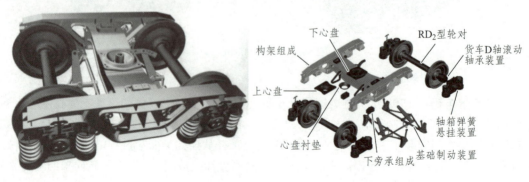

图 5.4.5　转 K3 型转向架

（四）转 K4 型转向架

如图 5.4.6 所示，转 K4 型转向架是 2001 年株洲车辆工厂引进美国摆式转向架技术，研制开发的铸钢三大件式货车转向架。其悬挂系统由二系的摇枕弹簧和一系的摆动机构组成，这种设计使得垂向和横向都具有两级刚度特性，大大增加了车辆的横向柔性，降低了轮轨间的磨耗，提高了车辆的运行品质。此外，转 K4 型转向架采用了独特的弹簧托板和摇动座结构，这种设计提高了转向架的抗菱刚度，同时左右侧架通过其顶部导框摇动座分别支承在前后两承载鞍上，成为横向可同步摆动的吊杆，进一步提高了车辆的横向动力学性能。

由于摆动式转向架摇枕挡位置下移，侧滚中心降低，对侧滚振动控制加强，有效地减小了爬轨和脱轨的可能性，尤其是对高重心的货车，大大提高了其脱轨安全性。

除此之外，转 K4 采用带变摩擦减振装置的中央枕簧悬挂系统；两侧架之间加装侧架弹性下交叉支撑装置；采用 JC 型双作用常接触弹性旁承、双列圆锥滚子轴承、轻型新结构 HEZB 型铸钢车轮或 HESA 型碾钢车轮、中拉杆式单侧闸瓦基础制动装置、L-A 或 L-B 型组合式制动梁、新型高摩合成闸瓦等。

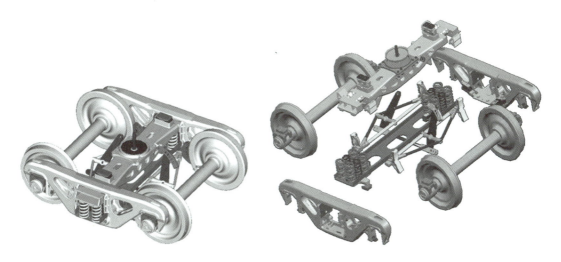

图 5.4.6　转 K4 型转向架

三、25 t 轴重重载货车转向架

（一）转 K5 型转向架

株洲车辆厂以合资形式引进美国摆动式转向架技术，在成功开发了转 K4 型（摆动式）转向架的基础上，又将美国 25 t 轴重摆动式转向架技术应用于我国的 25t 轴重转向架上，设计出了适应中国铁路的 2E 轴摆动式转 K5 型转向架。

如图 5.4.7 所示，转 K5 型转向架的结构类似于铸钢三大件式转向架，但采用了独特的弹簧托板、摇动座等类似于客车转向架的摇动台摆式机构，具有横向两级刚度特性，大大增加了车辆的横向柔性，具有更好的横向性能及其他优点。

图 5.4.7 转 K5 型转向架

（二）转 K6 型转向架

如图 5.4.8 所示，转 K6 型转向架是 2003 年齐齐哈尔车辆厂在转 K2 型的基础上设计开发的采用侧架弹性下交叉支撑装置的铸钢三大件式货车转向架。一系悬挂采用轴箱弹性剪切垫；二系悬挂采用带变摩擦减振装置的中央枕簧悬挂系统；两侧架之间加装侧架弹性下交叉支撑装置；采用 JC 型双作用常接触弹性旁承、双列圆锥滚子轴承、轻型新结构 HEZB 型铸钢车轮或 HESA 型碾钢车轮、中拉杆式单侧闸瓦基础制动装置、L-A 或 L-B 型组合式制动梁、新型高摩合成闸瓦等。

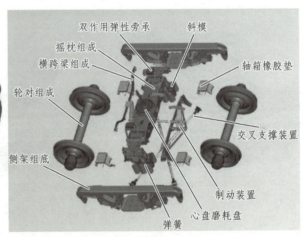

图 5.4.8　转 K6 型转向架

（三）转 K7 型转向架

为了满足大秦线开行 2 万 t 运煤专列的运输需求，适应铁路跨越式发展，眉山车辆厂根据 2004 年铁道部科技研究开发计划，引进了南非的外侧径向臂径向转向架技术并进行了 25 t 轴重副构架转向架的研制，以改善车辆动力学性能和运行品质，后将 25 t 轴重副构架转向架定型为转 K7 型转向架。

转 K7 型转向架主要用于大秦线 80 t 级运煤敞车 C80C、C80CA 与出口车上，也可用于其他 70 t 级铁路货车，并能满足货车 120 km/h 的运行要求。

如图 5.4.9 所示，转 K7 转向架的侧架结构有别于转 K5、转 K6 转向架，在外侧导框部分设计了橡胶堆外支承面，内侧设计了橡胶堆内支承面；转 K7 型转向架采用橡胶堆轴箱定位，橡胶堆由金属和橡胶硫化而成，顶板与底板上各有两个定位销，定位销直径均为 30 mm。橡胶堆外形为矩形结构，在组装时导电铜线应在转向架内侧；轮对径向装置由左右两个 U 形副构架通过两个连接杆相连而成，副构架与承载鞍整体铸造在一起（见图 5.4.10），从而形成自导向机构。解决了蛇行稳定性和曲线通过性能的矛盾，大幅减少了轮轨磨损，也有利于降低牵引能耗和减少环境污染，增大了转向架的抗菱刚度，提高了蛇行运动的临界速度；其余部件例如摇枕、中央悬挂装置以及基础制动装置跟转 K5/K6 型转向架差别不大。

图 5.4.9　转 K7 型转向架

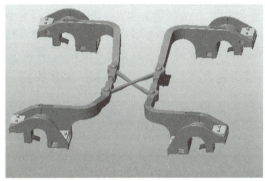

图 5.4.10　U 形副构架

知识巩固

1. 我国货车转向架分为几种类型？特点是什么
2. 我国转 K5 型转向架的结构特点是什么？
3. 请简单阐述货车转 K4 型转向架和转 K6 型转向架在结构上的区别。

知识拓展

新中国成立初期，我国使用的转向架大都是拱板式转向架，拱板转向架质量轻、制造成本低，但其结构形式落后、强度低、零部件多、螺栓多、检修不便，且大都使用年限较长，零部件损坏多、事故多，不能适应铁路运输的要求。如设计制造载重 30 t 车用的转 1 型转向架（B轴）和载重 50 t 车用的转 3 型转向架（D 轴），参照同类转向架设计制造载重 50 t 车用转 4 型转向架（D 轴）和载重 60 t 车用转 5 型转向架（E 轴）等。因当时铸造能力不足，还生产了一批拱板式转向架，包括载重 30 t 车转 15 型转向架（B 轴）、载重 40 t 的转 16 型转向架（C 轴）和载重 50 t 的转 17 型转向架（D 轴）。

为了提高运行性能、增加载重、方便制造和检修，有关部门参照进口的转 7 型转向架设计了我国转 6 型转向架，由于它不能通过机械化驼峰，1965 年修改设计了新转 6 型转向架，转 6 型转向架采用铸钢摇枕和铸钢侧架，圆弧形摇枕挡，导框式轴向定位，枕簧由 4 组双圈圆簧和 1 组合簧组成；采用吊挂式弓形制动梁。该型制动梁结构简单、制造和检修方便，运行效能较老的无减振器的转向架要好。但由于其弹簧静挠度小、叠板弹簧的摩擦性能不稳定，不能适应高速运行的要求，运用中轴瓦端磨也比较严重，1966 年停止生产。

任务5 客车转向架

任务导入

我国客车主型转向架包含 209 型系列、206 型系列、CW 型系列和 SW 型系列等。目前客车转向架有 3 种速度等级：第一种是 25T 型车装用，运行速度 160 km/h 的转向架，分别是 CW-200K、SW-220K、PW-220K（BSP25T 型车少量会装用国产化 60 的 AM-96 型转向架）；第二种是 25K、25Z 型车适用的，运行速度 140k m/h 的转向架，分别有 209PK、209HS、206PK、SW-160；第三种是 25G 型车装用，运行速度 120 km/h，分别有 209P、206P 等（209T、206G 为踏面制动，上线率较少）。接下来让我们一起学习各型客车转向架的结构特点吧。

一、209 系列转向架

209 系列有 209T（T 指踏面制动）、209P（P 指盘型制动）、209PK（K 指空气弹簧）以及 209HS（High speed）。

（一）209P 型转向架

如图 5.5.1 所示，209P 型转向架是中国国内干线铁路 120 km/h 速度等级客车用主型转向架之一，主要用于 25B、25G 型客车及部分特种车型。

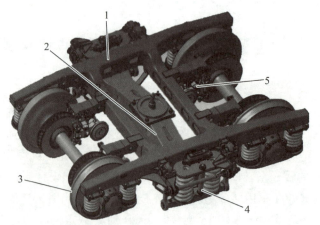

1—构架；2—摇枕；3—轮对轴箱装置；4—弹性悬挂装置；5—基础制动装置。

图 5.5.1 209P 型转向架结构

1. 构 架

如图 5.5.2 所示，209P 型转向架的构架为铸钢一体式 H 形构架。构架由两根侧梁，两根横梁组成。构架各梁断面采用封闭的箱形。在侧梁底面上共铸有 8 个弹簧导柱座，用于安装轴箱弹簧导柱。在构架侧梁外侧铸有摇枕吊座托架，托架上焊有铸钢摇枕吊座，209P 构架跟 209T 类似，区别就是取消了横梁的 4 个悬臂小端梁。

在构架侧梁中部外侧装有横向缓冲器，横向缓冲器和摇枕每侧间隙为（25±2）mm，两侧间隙之和不大于 50 mm，采用横向缓冲器可缓和车辆通过曲线时的横向摆动。

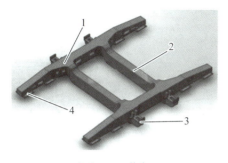
（a）209P 构架

（b）209T 构架

1—侧梁；2—横梁；3—摇枕吊座托架；4—弹簧支柱座；5—横向缓冲器座；6—弹簧导柱。

图 5.5.2　209 构架

2. 轮对轴箱弹簧装置

如图 5.5.3 所示，209P 型转向架的轮对采用 RD_{3A} 型滚动轴承轮对，装用的轴承为单列短圆柱滚动轴承，轴箱弹簧采用单卷圆柱螺旋弹簧，轴箱定位装置采用了干摩擦导柱式，轴箱装置采用金属迷宫式结构。

图 5.5.3　209P 型转向架轮轴

3. 中央悬挂装置

如图 5.5.4 所示，209P 型转向架采用了有摇枕、有摇动台的中央悬挂装置，摇枕采用变截面的空心铸钢等强度梁，其两端向上翘起，从侧梁下部穿过，摇枕上方装有下心盘以及下旁承。下旁承安装在摇枕两端部，位于构架侧梁外侧，属于外侧旁承式（类型），便于检修，也可以减小车辆的侧滚振动。

每侧的摇枕弹簧采用双卷螺旋圆簧，内外弹簧旋向相反（防止卡簧）。中部装有油压减振器，用来提高乘客的乘坐舒适度。

摇枕弹簧坐落在弹簧托梁上。弹簧托梁位于摇枕的下部，两端设有油压减振器安装座。弹簧托梁的下部是摇枕吊轴，它与弹簧托梁之间用螺栓连接。摇枕吊轴的两端安装有摇枕吊，摇枕吊安装在构架的摇枕吊座上，摇枕吊通过摇枕吊销及两块支承板垂直悬挂在摇枕吊座上。这样摇枕、摇枕弹簧、弹簧托梁、摇枕吊、摇枕吊轴连同车体，在侧向力作用下，相对于构架可以横向摆动，类似钟摆，转向架中的这一部分就叫作摇动台装置，其横向特性较好。

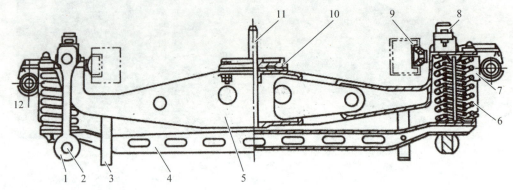

1—摇枕吊；2—摇枕吊轴；3—安全吊；4—弹簧托梁；5—摇枕；6—摇枕弹簧；7—油压减振器；
8—下旁承；9—横向缓冲器；10—心盘；11—中心销；12—纵向牵引拉杆。

图 5.5.4　209P 型转向架摇动台结构

纵向牵引拉杆用来连接构架和摇枕，在构架侧梁外侧和摇枕两端斜对称焊有牵引拉杆座。牵引拉杆可以传递纵向力，减轻摇动台的纵向振动，改善其振动性能。如图 5.5.5 所示，牵引拉杆两端有橡胶垫，形成弹性节点，具有无磨耗、无须润滑、维修简便、减少噪声等特点。牵引拉杆的组装应在整车找平后进行。

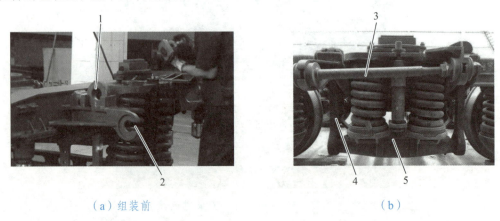

（a）组装前　　　　　　　　　　　　　　（b）

1、4—摇枕吊；2—纵向牵引拉杆座；3—纵向牵引拉杆；4—摇枕吊；5—摇枕吊轴。

图 5.5.5　209P 型转向架纵向牵引拉杆安装

4. 基础制动装置

209P 型转向架的基础制动装置为盘形制动单元。每一个制动盘有一个盘形制动单元，由膜板式制动缸（自带单向闸片间隙主动调整器）、闸片、托吊装置等组成，以 3 点挂悬式挂悬在构架横梁上的制动缸吊座上。膜板式制动缸结构如图 5.5.6 所示。制动盘安装在车轴的制动盘座上，由盘毂和摩擦环组成，可以分为两个半环，通过螺栓和定位销套连接在一起，方便检修。

图 5.5.6　膜板式制动缸

5. 轴温报警器

客车转向架在轴箱处都装有温度传感器，通过配线与乘务员室的报警仪相连，随时监视运行中的轴承温度，一旦温度过高就会报警。

（二）209PK 型转向架

209PK 型转向架是 209T 的改进型转向架，为了适应双层客车重心高、载客量大的要求，在二系悬挂中采用了空气弹簧，代替原来的钢弹簧，在摇枕与空气弹簧托梁之间增设了抗侧滚扭杆装置，摇枕与构架侧梁之间安装了横向油压减振器。基础制动装置采用了盘形制动单元和单侧踏面制动的复合制动系统，并采用了制动力控制、重车自动调整等新技术。209PK 型转向架不仅能满足双层客车的结构特点和运行要求，而且也能适用于普通客车。

（三）209HS 型转向架

如图 5.5.7 所示，209HS（HS 指 High Speed）型转向架是在 209PK 型转向架的基础上研制的，构造速度为 160 km/h，主要有以下特点：采用无磨耗的橡胶堆轴箱定位方式，摇动台吊杆端部由销孔结构改为无磨耗弹性吊杆结构；转向架承载车体的方式为全旁承支重；在轴箱处加装垂向油压减振器；加装电子防滑器等。

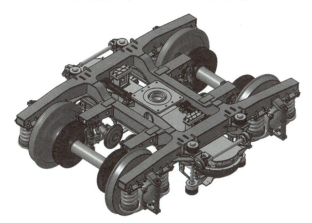

图 5.5.7　209HS 型转向架　　　　　　　　　209 系列转向架参数对比

（四）PW-220 型转向架

PW-220 型转向架如图 5.5.8 所示，PW 表示南京浦镇车辆厂生产（Puzhen Works），跟 209 系列都是同一个厂家，是在 209HS 型转向架的基础上引进法国技术研发的，主要用于 25T 型客车上，采用无摇枕、无摇动台、无旁承的"三无"结构，结构简单、维修方便。

它的结构特点如下：

① 构架为 U 形焊接结构。

② 轮对轴箱定位方式为无磨耗的橡胶节点转臂式定位结构。

③ 二系悬挂采用无摇枕的全空气弹簧支重方式，为了改善二系减振性能，提高乘坐舒适度，采用了两个垂向油压减振器、一个横向减振器、两个抗蛇行减振器以及两个横向缓冲器。

④ 牵引装置由车体中心销、"Z"形双牵引拉杆组成。牵引力依次通过中心销传递至牵引体至牵引拉杆；中心销通过螺栓安装于车体底架的枕梁中心。

⑤ 装用抗侧滚扭杆改善车辆的侧滚振动性能。

⑥ 基础制动装置包括手制动单元、盘型制动单元和制动管路，每根车轴设两套盘型制动单元，整车一位角设手制动装置。

图 5.5.8　PW-220K 转向架

二、206 系列转向架

206 系列转向架是铸钢结构的 D 轴转向架，它的结构特点是构架的侧梁中部下凹呈 U 形，如图 5.5.9 所示。摇枕在构架上部，主型有 206G（踏面制动）、206P（盘型制动）、206PK（盘型制动加空气弹簧）以及 206WP（盘型制动，无空气弹簧）。

图 5.5.9　U 形构架

（一）206P 型转向架

206P 型转向架与 209P 型转向架结构类似，最大的特点就是 206P 型转向架摇枕在上，构架在下。如图 5.5.10 所示，摇动台结构采用双摇枕吊结构，弹簧承台为两段式，从摇枕下部两端伸出与摇枕吊轴组装为一体。

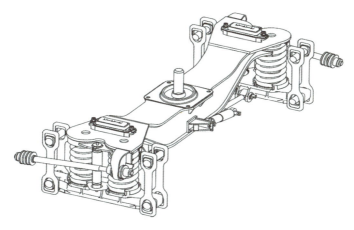

图 5.5.10　206P 型转向架中央悬挂装置

盘型制动单元跟 209P 型转向架类似，挂悬在构架横梁的制动吊座上。并在二位轴端增设防滑传感器。如图 5.5.11 所示，闸片分左右件，背后铸有钢背。新造闸片厚度为 28 mm，允许磨耗至 5 mm 时，左右件同时更换。

（a）盘型制动单元　　　　　　　　　　　　　　（b）闸片

图 5.5.11　206P 型转向架基础制动装置

（二）206WP 和 206KP 型转向架

206WP（见图 5.5.12）和 206KP（见图 5.5.13）型转向架都是在 206P 型转向架基础上研发的高速客车转向架，构造速度 160 km/h。二者均为无摇动台结构，转臂式定位、全旁承支重、弹性中心销轴牵引，并有横向缓冲器及横向减振器。区别就是 206KP 型转向架采用空气弹簧系统，并配有抗侧滚扭杆。而 206WP 型转向架采用 206P 型转向架的二系中央悬挂，即一组圆弹簧加

206 系列转向架参数对比

垂向减振器。

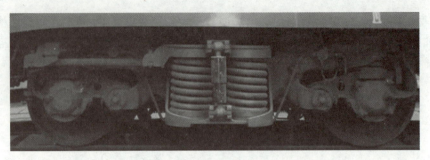

图 5.5.12 206WP 型转向架

图 5.5.13　206KP 型转向架

三、SW 系列转向架

（一）SW-160 型转向架

SW 代表四方车辆厂（Sifang Works），与 206 系列转向架一样都是原青岛四方车辆厂生产的。SW-160 型转向架是我国 25K 型快速客车的主型转向架，如图 5.5.14 所示。

图 5.5.14　SW-160 型转向架

这款转向架是在 206KP 型转向架的基础上优化了设计，跟 206KP 型转向架最大的区别就是将转向架轴距由 2 400 mm 增大至 2 560 mm，同时，在构架侧梁的外侧增设空气弹簧支撑梁，将两空气弹簧横向间距由 1 956 mm 增至 2 300 mm，以实现外侧悬挂，不仅有利于提高运行稳定性和抗侧滚性能，也有利于取消抗侧滚扭杆装置，简化转向架结构。

（二）SW-220K 型转向架

BSP（合资公司，B—鲍尔铁路，S—青岛四方，P—加拿大庞巴迪）制造的 25T 型青藏客车均使用由庞巴迪公司制造的 AM96 型转向架，国产化版本使用 SW-220K 型转向架。如图5.5.15 所示，SW-220K 型转向架也是我国 25T 客车主型转向架之一，其结构简单、车辆落成方便、运行性能好、易于维护。AM96 型转向架结构如图 5.5.16 所示。

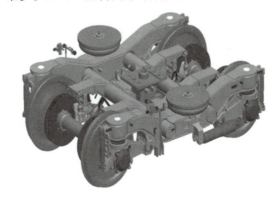

图 5.5.15　SW-220K 型转向架

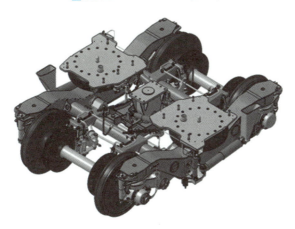

图 5.5.16　AM96 型转向架

SW-220K 型转向架结构与 SW-160 转向架基本相同，其改进如下：取消了摇枕及摇动台结构；取消抗侧滚扭杆；采用单转臂无磨耗的弹性轴箱定位方式，优化了一系、二系悬挂系数；牵引装置采用单拉杆结构，也适用于速度 200 km/h 的高速列车。

四、CW 系列（中车长春轨道车辆有限公司）

CW 系列转向架是引进英国的技术设计生产的，有 CW-1、CW-2、CW-200K 等类型。CW-1 型转向架中央悬挂系统为螺旋圆簧；CW-2 型转向架是我国 25K 型客车主型转向架之一。其中央悬挂系统采用空气弹簧，轴箱定位方式仍为转臂式定位，轴箱弹簧和油压减振器都在轴箱一侧安置。转臂的一端通过轴箱节点的弹性定位套与构架上的定位座相连，另一端与装在轴箱弹簧外侧的垂向减振器相连，能够有效地控制垂向振动和转向架的点头振动。

我国第一台无摇枕转向架就是 CW-200 型（见图 5.5.17）。在此基础上还开发了 CW-200K、CW-300 等无摇枕转向架。

图 5.5.17　CW-200 型转向架

（一）CW-200 型转向架

CW-200 型转向架采用无摇枕、无摇动台、无旁承的"三无"结构，其结构特点如下：

① 构架为 H 形焊接结构，由两根侧梁和两根横梁组成。侧梁为中间下凹的鱼腹形，由 4 块钢板组焊成箱形封闭结构，侧梁内部有密封隔板使侧梁内腔成为空气弹簧的附加空气室。

② CW-200 型转向架采用无磨耗转臂式定位装置。根据动力学计算和试验研究，CW-200 型转向架在直线上运行时具有较高的临界速度，而在曲线运行时具有良好的导向性能，从而减少轮轨间的侧向力，减轻轮缘磨耗。轮对采用四方车辆研究所设计研制的 200 km/h 高速轻型轮对，其车轮采用磨耗型踏面，具有较好的塑性、韧性和安全性。CW-200 型转向架轴承选用 BC2-0103 轻型双列圆柱滚子轴承，该轴承为整体自密封式，正常运行条件下，在 80 万 km 里程或者 2.5 年内不需重新加润滑油。

③ CW-200 型转向架取消了传统的摇枕、摇动台和旁承等零部件，这样既减轻了转向架的质量，同时大大简化了转向架的结构，便于检修。车体通过 4 个由日本进口的高柔性空气弹簧直接支承在转向架构架侧梁上，车体和转向架间对称地装有两个横向减振器和横向缓冲器，以改善车辆横向振动性能。

④ CW-200 型转向架基础制动采用盘形制动和电子防滑器，每轴设有 3 个制动盘。

（二）CW-200K 型

CW-200K 型转向架是在 CW-200 型转向架基础上改制而成的，其主要参数均按照 160 km/h 的要求重新进行了优化。其主要由构架组成、轴箱定位装置、中央悬挂装置、盘形制动装置及轴温报警装置部分组成。

客车转向架

该转向架主要变化是将基础制动盘改为二盘；取消了传统结构的悬吊件，由大变位空气弹簧直接支承车体；轴箱定位采用可分离式轴箱转臂定位方式；牵引方式为单牵引拉杆等。因此，CW-200K 型转向架基本结构为无摇枕、无摇动台、无旁承形式，结构简单，容易检修，如图 5.5.18、图 5.5.19 所示。

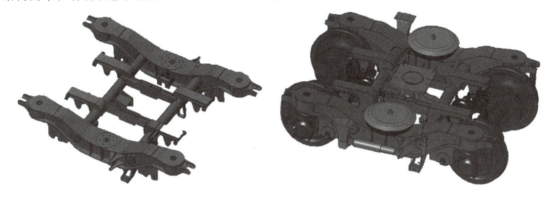

图 5.5.18　CW-200K 型转向架 H 形构架　　　　图 5.5.19　CW-200K 型转向架结构

知识巩固

1. 举例说明客车转向架与货车转向架结构在特点上的区别。
2. 简述 209P 型转向架的结构特点。
3. 简述 206KP 型转向架和 SW-160 型转向架的区别。

知识拓展

我国客车转向架发展历史：自 1958 年起，四方机车车辆厂开始研制我国 C 轴客车转向架，构造速度为 120 km/h。1959 年开始批量生产，1972 年定型。先后生产出 5 种 202 型转向架，适用于 22 型和 23 型的 YZ22、YZ23、YW22、RW22、RW23 等客车。截至 1986 年年底生产了 2 万余辆份，至 1988 年 9 月起全部停止生产，并改用 D 轴 206 型、209 型转向架。206 型转向架是我国主型 D 轴客车转向架，设计构造速度 160 km/h。该型转向架是四方厂在 1971—1972 年间为中、蒙、苏国际联运客车而设计制造的 D 轴准轨（207 型为宽轨）转向架。

1986 年，四方机车车辆厂还研制了无摇动台的 206W 型转向架。1989 年，四方机车车辆厂根据 50 辆国际旅游列车的要求，设计制造了 206G 型转向架。20 世纪 90 年代初铁道部开始研制 3 列广深线准高速列车时，四方机车车辆厂又成功研制了速度 160 km/h 的 206KP 和 206WP 型准高速转向架，最高试验速度达到 187 km/h（实验线），在 1994 年 9—10 月间在广深线准高速客车动力学性能试验中，最高试验速度达到 174 km/h，创下了当时我国铁路客车正线最高试验速度的纪录。这两种型号主要应用于 25Z 等准高速客车以及随后用于大提速的 25K 型各种快速客车上。

1997 年，四方机车车辆厂在 206KP、206WP 型转向架基础上，为 25K 型快速客车及高档快速客车研制开发了 SW-160 型转向架，由于 SW-160 型转向架具有比 206WP、206KP 型转向架更佳的运行性能，所以从 1998 年起在 25K 型快速客车和高档客车上得到了快速推广应用。

2004 年，为满足铁路干线第 5 次提速的需要，四方机车车辆厂研究开发了持续运行速度 160 km/h 的 SW-220K 型转向架，装用于 25T 型提速客车和 BSP25T 型提速客车上。

209 系列转向架是南京浦镇车辆厂从 1972 年开始在原 205 型转向架基础上逐步改进、完善而形成的，设计构造速度 160 km/h。在 1975 年分别试制出 208、209 型通用型客车转向架，最高试验速度分别达到了 130 km/h 和 153 km/h。1978 年，开始研制 25.5 m 轻型客车，对 209 型转向架的轴箱定位结构进行了改进，并采用牵引拉杆，创下了当时正线最高试验速度 160 km/h 的纪录。在此基础上对该转向架的轴箱定位导柱结构、摇枕横向缓冲器、摇枕吊销等结构做了进一步改进和完善，成为 209T 和 209P 型转向架。

随后，浦镇厂开始研制新型 25.5 m 双层空调旅客列车，在 209P 型转向架基础上研发了 209PK 型转向架。该转向架采用了空气弹簧悬挂、盘形制动、空重车调整阀、抗侧滚稳定器等新结构、新技术。1993 年，浦镇厂研制成功用于准高速双层客车的 209HS 型转向架。

20 世纪 80 年代中期，铁道部决定引进英国铁路客车技术，长春客车车辆厂与英国 BRE 公司合作，与英国联合设计，并于 1989 年由英国制造了 3 辆客车样车，装用了在英国速度为 200 km/h 的 BT-10 型转向架基础上设计的 T10-1 型转向架，这就是 CW-2 系列转向架的原型。

在 1994—1996 年间，除了广深线准高速铁路外，CW-2 型转向架还装用于北京铁路局的京秦线 40 辆 25Z 型准高速客车，在这期间长客厂还与韩国合作，联合设计，由韩国制造了 30 辆不锈钢车体，装用由长客厂设计制造的速度 200 km/h 的 CW-1A、CW-2A 型转向架，2 辆装用 CW-2A 型转向架的中韩合造的不锈钢客车在参与 SS8 型电力机车在环行段进行的试验中最高试验速度达到 212.6 km/h。1998 年，长春客车车辆厂设计制造了速度 200 km/h 的 CW-2G 型转向架，最高试验速度达到 240 km/h。

模块 6 制动装置

对于运动着的铁路列车，我们欲使其减速或停车，就要根据需要施加于列车一定大小的、并与其运动方向相反的外力，以使其实现减速或停车作用，即施行制动作用；列车在运行途中加速或起动加速前要解除掉制动作用，即施行缓解作用。

本模块主要介绍制动装置的基础知识，包括客车空气制动机的组成、货车空气制动机的组成，以及客货车基础制动装置的作用及组成。

知识目标

1. 掌握客车空气制动机的组成；
2. 掌握货车空气制动机的组成；
3. 掌握客货车基础制动装置的作用及组成。

能力目标

1. 能够区分客货车空气制动机；
2. 能够区分客货车基础制动装置。

素质目标

1. 培养学生一丝不苟的工匠精神；
2. 树立学生规范作业的职业精神。

任务 1 制动装置概述

任务导入

车辆制动装置属于铁道车辆重要组成部分之一，车辆制动技术的先进性能够保证列车在安全距离内停车，确保行车安全；同时，车辆制动技术还制约着牵引技术的发展，也就是说，列车牵引的速度要考虑到列车制动技术的水平，由此可见，列车制动技术是实现我国货运重载、客运高速发展的关键条件之一。接下来请大家先来了解一些与制动机相关的基本概念吧。

一、制动的几个基本概念

（一）制动

人为地给物体施加一个外力，使其减速或停车或保持其静止状态，这个过程就叫制动。施加的力就叫制动力，跟列车的牵引力平行且相反。

（二）缓解

解除制动的过程称为缓解。即列车开始走行或者加速前，要解除制动作用。

（三）制动装置

列车上能够实现制动作用和缓解作用的装置称为列车制动装置，列车制动装置包括"机车制动装置"和"车辆制动装置"（对动力分散配置的高速列车来说，可分为"动车制动装置"和"拖车制动装置"）。也就是说，在铁路列车中，不管是具有牵引动力装置的机车（或动车），还是被牵引的货车、客车（或拖车），都各自具有自己的制动装置。机车（或动车中的头车）制动装置除了像车辆一样具有使它自己制动和缓解的设备外，还具有操纵全列车（包括机车或头车自身及其他各车）制动作用的设备。车辆制动装置由制动机、基础制动装置和手制动机3部分组成。

（四）列车自动制动机

当列车自行分离（脱钩）后，列车前、后两部分均能自动地产生制动作用而停车的制动机被称为自动制动机；自动制动机还能在意外情况下，使其他乘务人员在本辆车操作紧急制动阀使列车紧急停车。

（五）制动距离

从机车的自动制动阀置于制动位起，到列车停车，列车所走过的距离称为制动距离。制动距离越短，列车的安全系数就越大。

（六）制动波和制动波速

列车制动作用的产生一般是由机车制动机产生制动作用起，沿列车纵向由前及后车辆制动机逐一产生制动作用。我们称制动作用沿列车长度方向的传播为"制动波"。制动波的传播速度，称为"制动波速"。

制动波速是综合评定制动机性能的重要指标之一。制动波速越高，则列车制动作用传播越快，列车前后部制动作用同时性越好，既可缩短制动距离，确保列车运行安全，又可有效地缓和列车的纵向冲击作用。

二、制动机的种类

按制动原动力和操纵控制方法的不同，机车车辆制动机可分为人力制动机、空气制动机、真空制动机、电空制动机和电（磁）制动机。

（一）人力制动机

以人力作为动力来源，用人力来操纵实现制动和缓解作用的制动机为人力制动机。人力制动机多为手制动机，人力制动机结构简单，不受动力的限制，任何时候都可使用，但制动力小。目前只作为辅助制动装置，一般仅用于原地制动或在调车作业中使用。

（二）空气制动机

空气制动机的特点是以压力空气（它与大气的压差，即压力空气的相对压强）作为原动力，以改变空气压强来操纵控制的制动机。它的制动力大、操纵控制灵敏便利。

铁路上习惯于把压力空气简称为"风"或"气"，把空气制动机简称为"风闸"。以此类推，风缸、风泵、风管、风压、风表等名称均由此而来。

自动空气制动机目前是世界上广泛采用的制动机。它的特点是"排风（减压）制动，充气（增压）缓解"。即向制动管输送压缩空气时，总风缸的压缩空气经制动主管、支管送入车辆上设置的副风缸"储存"起来，同时可使制动状态的制动机缓解下来。制动时，以制动主管内的压缩空气减小为信号，通过车辆上的分配阀（或控制阀），将储存于副风缸内的压缩空气送入制动缸产生制动作用。

（三）真空制动机

以大气压力作为动力来源，用对空气抽真空的程度（真空度）来操纵制动和缓解的制动机叫真空制动机。真空制动机，其压力最高只能达到一个大气压，制动力小，气密性要求高，要增大制动力只能通过扩大制动缸的直径或者提高制动倍率来实现。这样，不仅增加了车辆自重，调整制动缸活塞行程的工作量将大量增加，而且列车编组长度也受到限制。我国只在部分出口援外车辆上安装这种制动机。

（四）电空制动机

电空制动机是以压力空气作为原动力，利用电控系统电信号通过电磁阀来操纵的制动机。机车上有电控制动系统设备，每一辆车的空气制动装置配套有电控电磁阀箱。机车上的司乘人员分别操纵电控制动系统设备的制动或缓解等作用的按钮，电信号同时控制每一辆车电控电磁阀箱相应的电磁阀动作，实现其制动装置产生相应的作用。为防止电控系统发生故障，列车失去制动控制，现今的电空制动机仍保留着压力空气操纵装置，以备在电控系统发生故障时，能自动地转为压力空气操纵。这种制动机的主要优点是全列车能迅速发生制动和缓解作用，列车前后部制动机动作一致性较好，列车纵向冲动小，制动距离短，适用于高速、重载列车。

（五）电磁制动机

操纵控制和原动力都用电的制动机称为电磁制动机，简称电制动机。例如，轨道电磁制动、涡流制动等，其操纵控制和原动力都用电，所以，采用这两种制动方式的制动机都属于电磁制动机的范畴。

三、列车制动方式

（一）闸瓦制动（闸瓦摩擦式制动）

闸瓦制动方式如图 6.1.1 所示，在闸瓦压力作用下，闸瓦压紧滚动的车轮踏面，与车轮踏面产生摩擦，将列车的动能转化为摩擦热能消散于大气，从而达到列车减速或停车的目的。

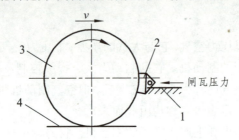

1—转向架侧架；2—闸瓦；3—车轮；4—钢轨。

图 6.1.1　闸瓦摩擦式制动

（二）盘形制动

盘形制动（摩擦式圆盘制动）是在车轴上或在车轮辐板侧面装上制动盘，一般为铸铁圆盘，用制动夹钳使合成材料制成的两个闸片紧压在制动盘侧面，通过摩擦产生制动力，把列车动能转变成热能，消散于大气，如图 6.1.2 所示。此制动方式和闸瓦制动相比，可以大大减轻车轮踏面的热负荷和机械磨耗，而且制动平稳，制动噪声小。

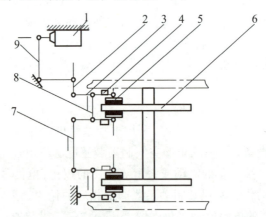

1—制动缸；2—拉环；3—水平杠杆；4—缓解弹簧；5—制动块；6—制动盘；
7—中间拉杆；8—水平杠杆拉杆；9—转臂。

图 6.1.2　盘形制动

（三）轨道电磁制动

轨道电磁制动作用原理如图 6.1.3 所示。

轨道电磁制动机安装在转向架两轮对之间的轨道上方，靠装在转向架上的升降风缸将电磁铁提起，使之与轨面保持一定距离。制动时将电磁铁放下至轨面，并接通激磁电流，使电磁铁以一定的吸力吸附在轨面上，产生摩擦力而起制动作用。此种制动机一般与空气制动机一起使用在高速旅客列车上。

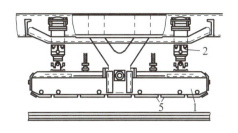
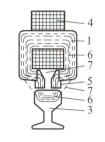
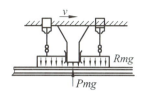

（a）电磁铁脱离轨面　　　　（b）电磁铁压在轨面上　　　　（c）制动时电磁铁与
　　　　　　　　　　　　　　　　　　　　　　　　　　　　　　轨面产生摩擦力

1—电磁铁；2—升降风缸；3—钢轨；4—激磁线圈；5—磨耗板；6—工作磁通；7—漏磁通。

图 6.1.3　轨道电磁制动作用原理

（四）轨道涡流制动

轨道涡流制动又称线性涡流制动或涡流式轨道电磁制动。它与上述磁轨制动（摩擦式轨道电磁制动）很相似，也是把电磁铁悬挂在转向架侧架下面同侧的两个车轮之间。不同的是，轨道涡流制动的电磁铁在制动时只放下至距离轨面几毫米处而不与钢轨接触，它是利用电磁铁和钢轨的相对运动使钢轨感应出涡流，产生电磁吸力作为制动力，并把列车动能变为热能消散于大气。

轨道涡流制动既不通过轮轨黏着（不受其限制），也没有磨耗问题。但是，它消耗电能太多，约为磁轨制动的 10 倍，电磁铁发热也很厉害，所以，它也只是作为高速列车紧急制动时的一种辅助制动方式。

（五）旋转涡流制动

旋转涡流制动（涡流式圆盘制动）是在牵引电动机轴上装金属盘，制动时金属盘在电磁铁形成的磁场中旋转，盘的表面被感应出涡流，产生电磁吸力，并发热消散于大气，从而产生制动作用。与盘形制动（摩擦式圆盘制动）相比，旋转涡流制动（涡流式圆盘制动）的圆盘虽然没有装在轮对上，但同样要通过轮轨黏着才能产生制动力，也要受黏着限制。而且，与轨道涡流制动相似，旋转涡流制动消耗的电能也多。

（六）电阻制动

电阻制动用于电力机车、用电力传动的内燃机车、动车车辆。它是在制动时将原来驱动轮对的自励牵引电动机改变为他励发电机，由轮对带动它发电，并将电流通往专门设置的电阻器，采用强迫通风，使电阻发生的热量消散于大气，从而产生制动作用。其优点是效率高，不会发生长时间抱死车轮的现象，高速时制动力大，但低速时它的效率就降低，并且一般列车带电动机的比例不大，故受到一定限制，平常均与空气制动机同时配合使用。

（七）再生制动

与电阻制动相似，再生制动也是将牵引电动机变为发电机。不同的是，它将电能反馈回电网，而不是变成热能消散掉。显然，再生制动比电阻制动在经济上合算，但是技术上比较复杂，而且它只能用于由电网供电的电力机车和电动车组，反馈回电网的电能要马上由正在牵引运行的电力机车利用。

（八）液力制动

液力制动广泛应用于液力传动内燃机车。它是在液力传动装置内安装液力制动器（液力偶合器），制动时向它充入液体，车轮带动它旋转时，液体和液体之间、液体与偶合器之间摩擦生热，再经由散热器消散于大气，从而产生制动作用。

知识巩固

1. 什么叫制动？制动装置的作用是什么？
2. 根据动力来源及操作方法，制动机主要有哪几种？
3. 简述制动距离的定义。

知识拓展

倒汽制动：只有蒸汽机车才有倒汽制动。蒸汽机车在正常牵引运行时，司机将回动手把置于前进位，拉动调整阀（汽门）手把打开调整阀。锅炉的过热蒸汽便从调整阀，经汽室冷口进入汽缸。进入汽缸的蒸汽，推动汽缸活塞及活塞杆，再经摇连杆力的传递作用，使动轮得到向前滚动的转矩，机车便向前运行。大闸这时处于运转位，机车车辆均处于缓解状态。如列车运行前方突然出现险情，需要立即停车，这时，司机常先将大闸摆至紧急制动位，同时推动调整阀手把，关闭调整阀，立即将回动手把由前进位向后拉，移至后退位，再拉动调整阀手把打开调整阀（汽门）。锅炉的过热蒸汽又经调整阀、汽室汽口，再进入汽缸。但这时因回动手把已调至后退位，汽阀控制前后汽口的位置，正好和在前进位时相反。蒸汽进入汽缸，推动汽缸活塞及鞲鞴活塞杆，再经摇连杆力的传递作用，使动轮得到和前进位时方向相反的转矩，它欲使动轮向后滚动。动轮这个欲向后滚动的转矩，在这里起到了制动作用。当列车制动停车后，司机必须立即推动调整阀手把关闭调整阀。

任务 2　列车自动空气制动机

任务导入

列车制动装置包括机车制动装置和车辆制动装置两部分，机车和车辆的制动装置是一个有机的整体，相互配合，才能完成列车在运行途中的各种作用，比如制动、缓解、减速等。列车正常运行时全列车的制动和缓解都要由机车制动阀集中操纵。接下来让我们来了解一下整个列车自动制动机的组成和工作原理吧。

一、列车自动空气制动机的主要组成部分

列车自动空气制动机的主要部件如图 6.2.1 所示。

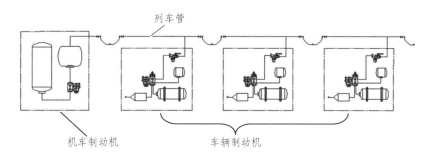

图 6.2.1　列车制动装置示意图

（一）装设在机车上的部件

（1）空气压缩机，又称风泵，用以产生压缩空气，供制动系统及其他风动装置使用。在空气制动机中，习惯上称压缩空气为风或气。

（2）总风缸，机车储存压缩空气的容器，总风缸内空气压力为 750 ~ 900 kPa。

（3）电空制动控制器，又称大闸，是 DK-1 型电空制动机的操纵部件，当司机操纵电空制动器时，通过控制相关电路的闭合与开断，即产生电信号，来控制全列车制动系统进行制动、缓解与保压。如图 6.2.2 所示，其手柄共 6 个作用位置，分别是：

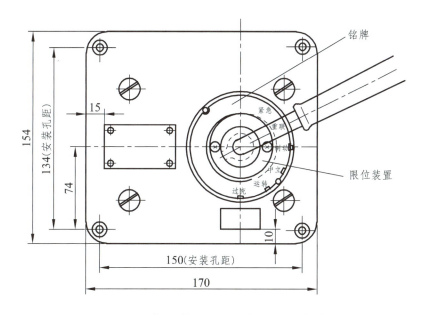

图 6.2.2　电空制动控制器（即大闸）的手柄位置

第一位为过充位，用于列车初充气和制动后的再充气，使列车制动管迅速充气，全部车辆快速缓解，但机车保压。手柄在此位置时，总风缸的风经中继阀向列车管快速充气，使列车管得到比规定压力高 30 ~ 40 kPa 的过充压力。

第二位为运转位，全列车在缓解状态，是列车正常运行时或制动后缓解时所放的位置，此位置总风缸的风经中继阀向列车管充气，机车分配阀的作用管排气，使全列车制动。

第三位为中立位，用于制动前准备及列车制动后保压。

第四位为制动位，用于正常停车或调速。在此位置均衡风缸控制列车管减压，使全列车制动。

第五位为重联位，是重联机车、无动力回送机车以及本务机车非操纵端的电空制动控制器所在的位置。在此位置时，应取出大闸手柄，不控制列车制动系统。

第六位为紧急制动位，用于紧急情况下使列车在最短距离内停车。此位置列车管气体经电动放风阀和紧急阀大量排气，使全列车迅速产生紧急制动作用。

在DK-1型自动机上还有一个操纵阀即空气制动阀（也叫小闸），用于"电空位"（正常运行）下，单独控制机车的制动、缓解和保压；"空气位"（故障运行）下控制全列车的制动、缓解和保压。

（二）装设在车辆上的部件

（1）副风缸。副风缸是每辆车辆储存压缩空气的容器。缓解时，总风缸经调压后的压缩空气通过三通阀（或分配阀、控制阀）进入副风缸储存；制动时副风缸内的压缩空气又经三通阀（或分配阀、控制阀）直接进入制动缸。

（2）三通阀（或分配阀、控制阀）。三通阀（或分配阀或控制阀）是车辆空气制动装置的主要部件（在机车上也有分配阀）。它和制动管连通，根据制动管空气压力的变化情况，产生相应的作用位置，从而在控制向副风缸充入压力空气的同时把制动缸内压力空气排向大气，实现制动机缓解作用或者将副风缸内压力空气充入制动缸而产生制动机的制动或保压作用，为空气制动机中最主要且复杂的部件。

（3）制动管。制动管是贯通全列车的空气导管，包括制动主管、制动支管和制动软管。通过它向列车中各车辆的制动装置输送压力空气，并通过自动制动阀控制管内压力空气的压力变化来操纵列车各车辆制动机产生相应的作用。

（4）制动缸。制动缸是将压缩空气的压力转变为制动动力的部件。利用压缩空气推动制动缸活塞，压缩缓解弹簧，再通过基础制动装置的作用将制动缸活塞杆的推力传递到制动梁，使闸瓦压紧车轮，产生摩擦力而起制动作用。

在机车车辆上，除了上述部件外，还设有制动软管、制动支管及折角塞门等，以便机车车辆连挂后，传送压缩空气。

二、列车自动空气制动机的基本作用原理

列车自动空气制动机的基本特点是列车管"充风缓解、放风制动"。下面以货车GK型车辆空气制动机为例介绍其基本原理。

客货车制动机的命名方式多以阀的名称来命名，例如说GK型制动机用的就是GK型制动阀。制动机是由很多配件组成的，除了制动阀之外，还有很多的配件，比如说制动缸、副风缸、管路等附件组成。GK型制动机是在过去的K型制动机基础上改造的，基本上解决了大型货车的制动问题。在103型制动机出现之前，在大型货物列车运输中，GK型制动机的比重仍占绝大多数。

三通阀是GK型空气制动机中的主要部件，它控制制动机的缓解、制动和保压等。所谓三通是指三通阀与制动管、副风缸和制动缸相通。三通阀内有一个气密性良好的主活塞和带孔道

的滑阀及截止阀。主活塞外侧通制动管，内侧通副风缸。当制动管内压缩空气的压力发生增或减变化时，主活塞两侧形成压力差（制动管与副风缸的空气压力差），当该压力差能克服主活塞组件的移动阻力后，推动主活塞带动截止阀、滑阀移动，形成不同的作用位置，实现以下各种作用。

（一）充气缓解作用（见图6.2.3）

当操纵自动制动阀使总风缸的压缩空气向制动管充气时，三通阀内主活塞外侧压力增高，当大于内侧压力和移动阻力时，制动管压缩空气推动主活塞、截止阀、滑阀向内移动，开放了充气沟 i，制动管来的压缩空气经充气沟 i 进入副风缸储存起来（其压力最后可达到与制动管规定压力相等），准备制动时使用。同时，滑阀移动后将制动缸与三通阀的排气口连通，若制动缸内有压缩空气，则经排气口 EX 排入大气。这就实现了制动机充气缓解作用。

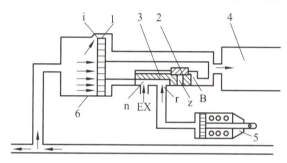

1—主活塞及主活塞杆；2—截止阀；3—滑阀；4—副风缸；5—制动缸；6—三通阀；i—充气沟；
B—间隙；z—滑阀制动孔；r—滑阀座制动缸孔；n—滑阀缓解联络槽；EX—排气口。

图 6.2.3   充气缓解位作用原理图

（二）减压制动作用（见图6.2.4）

当操纵自动制动阀使制动管内压缩空气排入大气时，三通阀主活塞外侧压力下降，主活塞被副风缸压力推动，连同截止阀、滑阀向外移动，移动到滑阀与滑阀座上的孔路将副风缸和制动缸连通时，副风缸内压缩空气经滑阀上的制动孔 z 与滑阀座上制动缸孔 r 进入制动缸，实现了制动机的制动作用。

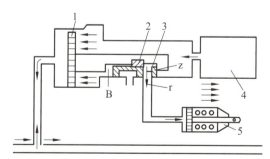

1—主活塞及主活塞杆；2—截止阀；3—滑阀；4—副风缸；5—制动缸；
B—间隙；z—滑阀制动孔；r—滑阀座制动缸孔。

图 6.2.4   三通阀制动位作用原理图

（三）制动保压作用

如图 6.2.5 所示，制动后，当制动管停止向外排气，由于三通阀仍处于制动位置，所以副风缸内压缩空气通过滑阀与滑阀座上的孔路继续充入制动缸，副风缸（滑阀室）的压力继续下降，当降到稍低于制动管压力时，主活塞带动截止阀向内移动一定距离（滑阀未动），截止阀将滑阀上的副风缸与制动缸通路遮断（滑阀制动孔 z 被截止阀盖住），停止了副风缸向制动缸充气，制动缸内压力不再上升，也不再减少，即形成制动保压作用。

列车制动机的主要特点是：制动管呈增压状态时，通过三通阀（或控制阀、分配阀）的作用，使制动机起充风缓解作用；制动管呈减压状态时，通过三通阀（或控制阀、分配阀）的作用，使制动机起制动作用，即"充风（增压）缓解，排风（降压）制动"。

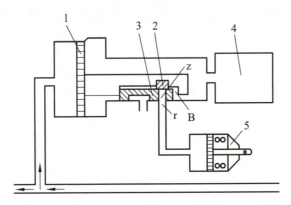

1—主活塞及主活塞杆；2—截止阀；3—滑阀；4—副风缸；5—制动缸；B—间隙；
z—滑阀制动孔；r—滑阀座制动缸孔。

图 6.2.5　三通阀保压位作用原理图

若列车在运行中，发生了列车脱钩分离事故，由于制动软管被拉断，制动管的风压急剧降低，通过三通阀（或控制阀、分配阀）的作用，使分离后的全部车辆（包括机车），能迅速地、"自动"地产生制动而停车，从而保证了安全行车。

🚄 知识巩固

1. 简述列车空气制动机的工作原理。
2. 简述自动式空气制动机和直通式空气制动机的区别。

🚄 知识拓展

制动机应具备的条件：为了使列车按需要及时平稳地停车并方便地调整列车运行速度，保证运行安全，列车制动装置应具备下列条件：

（1）具有足够的制动力，发生紧急情况时能确保列车在规定的制动距离内安全停车。

（2）制动与缓解作用灵敏、准确，制动力大小能按需要进行调节。制动波速要快，具有在长大列车中能使前后部车辆制动机作用一致的性能，避免发生过大的纵向冲击。

（3）制动机应具有一定的稳定性，防止在列车运行中因制动管轻微漏泄等原因引起自然制动。

（4）采用的三通阀（分配阀或控制阀），能适应各种不同直径的制动缸；漏泄时有自动补风作用；制动力均匀一致；在长大下坡道运行时，具有制动力不衰减的性能。

（5）有可靠的紧急制动作用性能，并且除了机车司机操纵外，必要时还可由其他乘务人员利用设于旅客列车每辆客车上的紧急制动阀进行紧急排风以操纵全列车紧急停车，确保行车安全。

（6）列车在运行途中发生车钩分离事故时，全列车应能自动、迅速地产生紧急制动作用，在短距离内停车。

（7）在不致擦伤车轮的前提下，充分利用车轮与钢轨间的黏着力实现制动作用；货车制动机应具有空重车调整装置；高速旅客列车制动机还应安装防滑装置，以发挥制动机的最大效能。

（8）各种制动机应能在一列车中混编，其动作、效果协调一致。

（9）基础制动装置各部件应有足够的强度，结构合理，各连接部分灵活耐磨，具有较高的制动效能；闸瓦耐磨耐热，其摩擦系数应与轮轨黏着系数相适应。

（10）构造简单，便于制造和检修；尽量采用膜板结构等新技术、新材料，减少研磨件，尽可能采用标准件、通用件。

车辆制动概述

（11）能适应于我国南、北方夏季和冬季大温差的气候条件，制动机在 ±50 ℃ 均能产生正常作用。

任务 3　货车空气制动机

任务导入

新中国成立后，我国铁路机车车辆制动机工业得到很大发展，不仅能够制造具有自主知识产权的客、货车制动机，而且还建立了制动科研队伍，开展了机车车辆制动机研制工作。我国货物列车先后使用过 GK 型和 103 型空气制动机，目前我国货车主型制动机是 120 型空气制动机，接下来让我们来共同学习 120 型空气制动机的结构组成吧。

一、120 型空气制动机

120 型空气制动机是在 103 型空气制动机的基础上，吸收国外先进制动机技术，并结合我国实际情况研制而成，因采用 120 型空气控制阀（简称 120 阀）而得名。其总体结构如图 6.3.1 所示，它由 120 阀、副风缸、加速缓解风缸、制动缸、球心截断塞门和集尘器联合体、空重车调整装置、制动主管、制动支管、球心折角塞门及制动软管等组成。

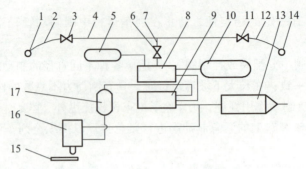

1—制动软管及连接器；2—制动软管；3—折角塞门；4—制动管；5—加速缓解风缸；
6—截断塞门和远心集尘器组合装置；7—制动支管；8—120 型控制阀；9—比例阀；
10—副风缸；11—折角塞门；12—制动软管；13—制动缸；14—制动软管连接器；
15—摇枕接触板；16—空重车阀；17—降压气室。

图 6.3.1　120 型空气制动机组成简图

120 型空气制动机的主要部件如下：

（一）制动管

制动管是车辆上贯通压缩空气的通路，贯通车辆车底架全长管路的为制动主管，在制动主管中部，用丁字形接头分接出一根管路连通控制阀，称为制动支管。

（二）制动软管

制动软管的作用是连接相邻各车辆的制动主管，能在列车通过曲线或车辆互相伸缩时，保证压缩空气的畅通。它的一端装有接头可与制动主管连接，另一端装有软管连接器，如图 6.3.2 所示（带卡子的软管属于旧型软管）。

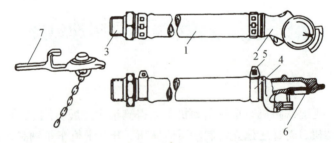

1—制动软管；2—软管连接器；3—软管接头；4—卡子；5—螺栓和螺母；
6—垫圈；7—防尘堵。

图 6.3.2　制动软管

（三）折角塞门

折角塞门安装在制动主管的两端，用以开通或关闭主管与软管之间的压缩空气通路，以便车辆的摘挂。目前，折角塞门有锥芯式和球芯式两种，现大多数货车采用球芯式折角塞门，如图 6.3.3 所示。折角塞门上装有手把，扳动手把时，应先向上抬起使其离开止卡，然后才能向左或向右转动 90°。手把与主管平行时为开通位置；手把与主管垂直时为关闭位置。

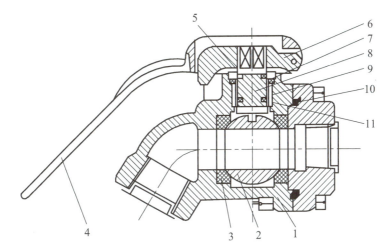

1—塞门体；2—球芯塞门芯；3—密封垫圈；4—手把；5、7、9、10—O 形密封圈；
6—套口；8—塞门芯轴；11—塞门芯轴套。

图 6.3.3　球芯式折角塞门

（四）截断塞门

截断塞门装设在制动支管上远心集尘器的前方。正常情况下，手把与支管平行（即开通位）；当车辆制动机发生故障或因装载货物的需要停止该车辆制动作用时，可将手把扳动到与支管垂直（即关闭位置）。目前，在新造车上安装的均为球芯式截断塞门和远心集尘器联合体，其结构如图 6.3.4 所示。

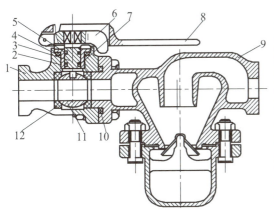

（a）结构示意图　　　　　　　　　　　　（b）客用组合式集成器

1—塞门体；2—塞门芯轴套；3—塞门芯轴；4、5、7、10—密封圈；6—套口；
8—手把；9—远心集尘器；11—塞门芯；12—密封垫圈。

图 6.3.4　球芯组合式截断塞门

（五）远心集尘器

远心集尘器安装在制动支管上，截断塞门与控制阀之间，用以收集由制动管压缩空气中带来的尘埃、水分、锈垢等不洁物质，以清洁的空气送入控制阀，保证控制阀的正常作用，其结构如图 6.3.5 所示。

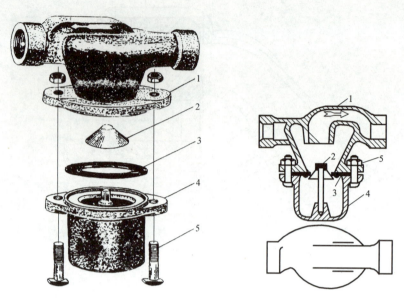

1—离尘器体；2—止尘伞；3—橡胶垫；4—集尘盒；5—T 形螺栓。

图 6.3.5　远心集尘器

（六）120 型控制阀

控制阀是车辆空气制动机的核心部件。其结构和工作原理在本任务中有专门叙述。

（七）副风缸

副风缸吊挂在车底架下部，为圆筒形，是储存压缩空气的容器。制动时，借控制阀的作用将压缩空气送入制动缸，发挥制动作用。副风缸的下部一般装设排水堵，以便排除凝结水。

（八）制动缸

制动缸吊挂在车底架下部。目前主要使用密封式制动缸，其内部有活塞、皮碗、活塞杆及缓解弹簧等。货车制动缸活塞杆一般为空心圆钢管，一端露在制动缸前盖的外部，空心管内插有推杆，推杆的另一端与基础制动装置的制动缸前杠杆相连。制动时，活塞杆被推出，活塞杆再推动推杆，带动基础制动装置起制动作用；缓解时，活塞杆缩回制动缸内，推杆便失去推力，车辆缓解。

（九）加速缓解风缸

加速缓解风缸与主阀内的加速缓解阀配合使用。其作用是：当某一车辆制动机产生缓解作用时，把准备排入大气的制动缸气体引向加速缓解阀处，使加速缓解阀产生动作后再从主阀排气口排出。由于加速缓解阀产生了动作，从而使加速缓解风缸的风通过加速缓解阀进入制动管，这样，制动管除了来自机车供风系统的压缩空气外，还有来自加速缓解风缸的风，这就是制动管的"局部增压"作用。由于制动管的"局部增压"作用，使长大货物列车后部车辆制动管充风速度加快，也就是缓解速度加快，从而减小了前后车辆缓解不一致所造成的纵向冲击和振动。

（十）空重车调整装置

货车载质量提高以后，其空车时的质量与重车时的质量相差很大，因此，制动时所需要的闸瓦压力、制动力是不一样的。若闸瓦压力仅与空车质量相适应，则重车时有可能因闸瓦压力不足而发生行车事故，若闸瓦压力仅与重车质量相适应，在空车时，闸瓦压力又过大，会把车轮抱死，造成车轮踏面擦伤，引起热轴等危及运行安全的故障。因此，货车车辆上安装了空重车自动调整装置。

二、120 型控制阀简介

120 型控制阀由中间体、主阀、半自动缓解阀和紧急阀 3 部分组成，其结构如图 6.3.6 所示。

图 6.3.6　120 型控制阀结构

（一）中间体

中间体用螺栓吊挂在车底架上，它有 4 个垂直面，其中两个相邻的垂直面为主阀与紧急阀的安装座，另两个垂直面为管子连接座（管座）。中间体作为安装座，它使制动主管、副风缸、加速缓解风缸及制动缸分别与主阀、紧急阀内的各对应压缩空气通路相连通。

（二）主　阀

主阀安装在中间体上，是控制阀最主要的部分，它控制着制动机的充风、缓解、常用制动、紧急制动等作用。主阀由作用部、减速部、局减阀、加速缓解阀和紧急二段阀 5 部分组成。

（三）紧急阀

紧急阀也安装在中间体上，装于主阀安装面相邻的垂直面上。其作用是在紧急制动时，将制动管的风直接排向大气，使制动管产生强烈的局部减压作用，大大提高了制动管的减压速度，从而保证全列车起紧急制动作用。

（四）半自动缓解阀

半自动缓解阀是为了方便调车作业、节省人力和减少压缩空气的消耗，120 型空气控制阀中增设的部件，通过人工操纵，将某一车辆的制动缸压缩空气排入大气，达到单独缓解该车辆的目的。

半自动缓解阀由手柄部和活塞部两部分组成，半自动缓解阀的手柄从手柄部的下端露出，在手柄上设有向车底架两侧延伸的缓解阀拉条，以便工作人员操纵。根据运输生产需要，它有缓解、排风两个作用。

1. 缓解作用

当某一车辆要保留副风缸和加速缓解风缸的风，排出制动缸的风而单独缓解时，拉动任意一侧的缓解阀；拉缓解阀拉条时，便可带动缓解阀手柄向一侧倾斜，使副风缸、加速缓解风缸的少量或部分压缩空气从缓解阀手柄座处的间隙排向大气，缓解阀内部零件动作，从而使制动缸的风从缓解阀活塞下部的排风口（在手柄附近）或主阀排风口（在主阀下部）排向大气，则车辆缓解。此时，副风缸、加速缓解风缸仍保留一定的压缩空气，从而减少压缩空气的消耗，使全列车再充气时间大大缩短。此时的操作方法必须是：拉动缓解阀拉条 3～5 s 后，听到缓解阀活塞部下端排气口或主阀下部排气口有压缩空气排出的声音时，就可松开手，不必一直拉着，制动缸的风就会很快地自动地排尽，而且缓解阀最后会自动恢复到初始位（不工作位），因此称这种缓解阀为"半自动缓解阀"。

2. 排风作用

当某一车辆不仅要排出制动缸的风，而且还要排出整辆车制动系统的压缩空气时，用力拉缓解阀拉条（拉足），并且一直拉着不松手，则副风缸、加速缓解风缸的风，从缓解阀手柄座处的间隙排向大气，此时，主阀的主活塞在充气缓解位，制动缸的风从主阀的排气口排向大气。若此时制动管有风，则通过主阀的充气通路充入副风缸，与副风缸的风一道从缓解阀手柄座处的间隙排向大气。直到整个制动系统的风排完后，才松开缓解阀拉条。

120 型空气控制阀具有充风缓解位、减速充气缓解位、常用制动位、常用制动保压位和紧急制动位等 5 个作用位，当 120 型空气控制阀内的各零件处于上述各作用位时，能使空气制动机产生充风缓解、常用制动、制动保压和紧急制动等作用。

三、120 型控制阀的作用原理

120 型控制阀采用两种压力控制机构直接作用式，这种设计满足了自动制动机的要求，并能与三通阀、分配阀混编使用。并在混编时对旧型制动机能有促进作用。其作用原理如图 6.3.7（a）、（b）、（c）所示。

（一）充气缓解作用

制动管增压，制动管压缩空气进入作用部主活塞 1 上部，推动截止阀 3、滑阀 2 下移，到达充气缓解位，制动管压缩空气经截止阀和滑阀上的充气通路向副风缸充气。同时，滑阀室经滑阀座和滑阀上的节流孔与加速缓解风缸连通，滑阀上的缓解孔槽连通了制动缸与加速活塞 5 外侧室经缩孔 Ⅱ（或限孔）排向大气的气路。由于缩孔 Ⅱ（或限孔）较小，制动缸压缩空气来不及排出而使加速活塞外侧压力上升，推动加速活塞内移，即使加速缓解阀 6 被推离阀座，加速缓解风缸的压缩空气（在制动位未使用压缩空气仍为定压）经加速缓解阀口充入制动管，加快了制动管的充气增压，从而使后部车辆制动机充气缓解作用加快实现，即提高了充气缓解波速。

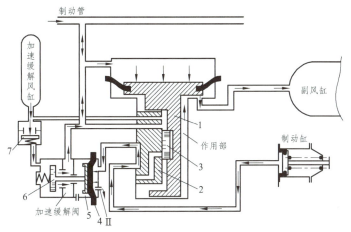

（a）充气缓解作用原理

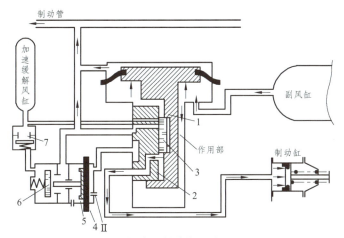

（b）减压制动作用原理

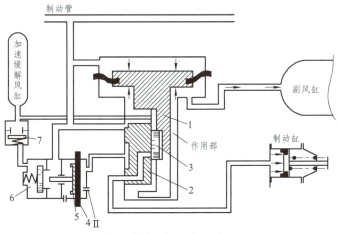

（c）制动后保压作用原理

1—主活塞；2—滑阀；3—截止阀；4—加速活塞模板；5—加速活塞；6—加速缓解阀（夹心阀）；
7—止回阀；Ⅱ—制动缸缓解排气缩孔（或限孔）。

图 6.3.7 120 型空气控制阀原理

制动缸压缩空气最终全部经加速活塞外侧室再经缩孔Ⅱ（或限孔）排向大气，实现缓解作用。

当加速缓解风缸与制动管压力平衡后，制动管经作用部充气通路向副风缸、加速缓解风缸充气，直至均达定压。副风缸充气至定压，为下次制动储备压缩空气源，加速缓解风缸充至定压，为下次制动后加速缓解储备压缩空气源。

（二）减压制动作用

制动管减压，副风缸压缩空气推动主活塞1带动截止阀3、滑阀2上移，到达制动位，副风缸压缩空气经滑阀、滑阀座上的制动通路进入制动缸，产生制动作用。

制动位加速缓解风缸压缩空气未参与制动作用，其压力仍保持在充气缓解作用结束时的制动管定压。

（三）制动保压作用

常用制动减压，当制动管减压量未达到最大有效减压量之前，将自动制动阀手把移到保压位，停止制动管减压，由于作用部仍处在制动位，副风缸继续向制动缸充气，副风缸压力继续下降，当副风缸压力接近制动管压力时，在主活塞1自重及稳定弹簧弹力作用下，主活塞1带动截止阀下移（滑阀2不动）至活塞杆上肩接触滑阀为止。这样，截止阀3遮盖住了滑阀背面的向制动缸充气的孔路，停止了副风缸向制动缸的充气，副风缸压力停止下降，制动缸压力停止上升，即实现了制动保压作用。

知识巩固

1. 120型空气制动机由哪些部件组成？各部件的作用是什么？
2. 试说明120型控制阀的作用原理。

知识拓展

120型空气制动机的主要特点：

（1）采用两压力机构阀可与现有制动机混编。

（2）由于密封技术提高，减小了副风缸的容积，缩短了充气时间，采用密封式制动缸，制动缸规格减少，解决了系统漏泄引起的制动力衰减问题。

（3）采用闸瓦间隙调整器，避免制动力衰减。

（4）新型空重车自动调整装置的出现，减少了车轮过热和闸瓦过度磨耗。

（5）提高了制动缓解波速。

（6）由于有加速缓解阀和加速缓解风缸，所以具有加速缓解功能。

（7）具有压力保持功能，实现自动补风，避免漏泄引起的制动力衰减，使全列车制动力分配均匀，避免循环制动引起的制动力衰减，实现一把闸下坡等。

任务 4　　客车空气制动机

任务导入

随着列车运行速度的不断提高，空气制动机也在不断发展。我国铁路客车先后设计出 GL 型制动机、104 型空气制动机以及 F8 型电空制动机，为满足铁路大提速的需求，104 型空气制动机也增设了电空制动部分，称为 104 型电空制动机。104 型和 F8 型制动机均为我国客车主型的电空制动机。现在让我们共同学习客车制动机的基础知识吧。

一、104 型空气制动机简介

（一）104 型空气制动机的结构

104 型空气制动机由 104 型分配阀、压力风缸、副风缸、闸瓦自动间隙调制器、截断塞门、远心集尘器、制动管、折角塞门及制动软管、缓解阀等组成，如图 6.4.1 所示。此外，在制动主管的一端连接一根支管，此支管穿过地板伸至车厢内部，上端安装风表和紧急制动阀。

铁路客货车制动机发展概述

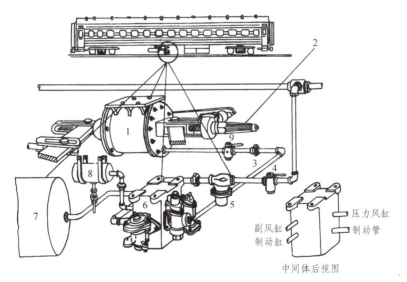

1—制动缸；2—闸瓦间隙调整器；3—制动缸管；4—截断塞门；5—远心集尘器；
6—104 型分配阀；7—副风缸；8—压力风缸；9—制动缸排气塞门。

图 6.4.1　104 型空气制动机

104 型分配阀由中间体、主阀和紧急阀 3 部分组成。中间体用螺栓吊装在车辆底架上，只在厂修和必须更换时才卸下。主阀和紧急阀分别安装在中间体两个相邻的垂直面上，检修时可分别卸下。104 型分配阀主阀外观如图 6.4.2 所示。

图 6.4.2　104 型分配阀主阀实物图

（二）104 型分配阀的工作原理

104 型分配阀采用两种压力控制的间接作用方式，其作用原理如图 6.4.3（a）、（b）、（c）所示。

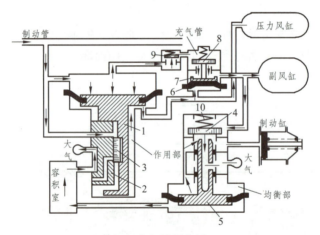

（a）充气缓解作用

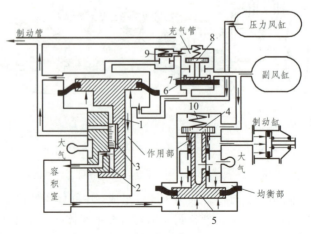

（b）减压制动作用

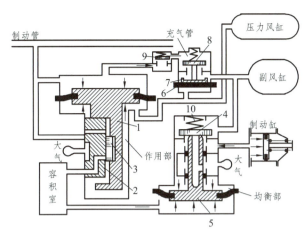

（c）制动保压作用

1—主活塞；2—滑阀；3—截止阀；4—作用阀；5—作用活塞；6—充气模板；
7—充气活塞；8—充气阀；9—充气止回阀；10—作用阀弹簧。

图 6.4.3   104 型分配阀作用原理

1. 充气缓解作用

制动管增压时，制动管压缩空气进入作用部主活塞上部，推动主活塞 1 带动截止阀 3、滑阀 2 下移，到达充气缓解位。制动管压缩空气经滑阀 2 的充气孔向压力风缸充气。同时进入充气模板下部，推动充气模板 6 和充气活塞上移，充气活塞上的顶杆推开充气阀 8，使制动管压缩空气经充气部向副风缸充气。同时，容积室经滑阀通路与大气相通，容积室压力下降后，作用活塞 5 被制动缸压力推向下移，制动缸压缩空气经作用活塞杆上的通路排入大气，使制动机缓解。副风缸的充气速度由压力风缸的充气速度通过充气部来控制，容积室的排气缓解通过均衡部来控制实现制动缸的缓解作用。

2. 减压制动作用

制动管减压时，压力风缸中的压缩空气推动主活塞 1 带动截止阀 3、滑阀 2 上移，到达制动位。压力风缸压缩空气经滑阀的制动孔和滑阀座上的容积室孔进入容积室，容积室压缩空气进入作用活塞下部，推动作用活塞 5 上移，作用活塞杆推开作用阀 4，使副风缸压缩空气进入制动缸，产生制动作用。容积室增压制动通过均衡部来控制实现制动缸的增压制动作用。

3. 制动保压作用

常用制动减压，当制动管减压量未达到最大有效减压量之前，转保压位，停止制动管减压，由于作用部仍处在制动位，压力风缸继续向容积室充气，但滑阀室（通压力风缸）压力与制动管压力接近平衡时，在主活塞 1 自重及稳定弹簧弹力作用下，主活塞 1 带动截止阀 3 下移（滑阀 2 不动）至活塞杆上肩接触滑阀为止。这样，截止阀 3 切断了压力风缸向容积室充气的通路，作用活塞下部就形成了保压，而副风缸继续向制动缸充气，反映在作用活塞上部的制动缸压力与作用活塞下部的容积室压力接近平衡时，作用阀弹簧 10 下压作用阀，推动作用活塞杆下移，使作用阀与作用阀座及作用活塞杆顶端密贴，关闭了副风缸向制动缸充气的通路，制动缸实现了制动保压作用。制动缸的制动保压作用由容积室的制动保压作用通过均衡部来控制实现。

4. 紧急制动作用

紧急制动时，104分配阀的主阀和紧急阀同时动作，完成各自的作用，主阀除紧急增压阀外，各部件都发生常用制动作用，即从一阶段局减，二阶段局减到常用制动，只不过速度比常用制动更快，主阀的紧急增压阀只是在紧急制动时动作，让制动缸获得比常用制动更大的制动力。

（1）制动管紧急增压，主阀的紧急增压阀作用，工作风缸（也叫压力风缸）经增压阀下部向容积室（容积室是中间体的一部分）充气，副风缸也开始经增压阀向容积室充气，实现了容积室增压（容积室增压后制动缸就能增压，增大制动力），则均衡部控制制动缸实现了紧急制动增压作用。此时，工作风缸、副风缸、容积室、制动缸4个容器相互沟通，压力最终达到相互平衡，制动缸压力较常用制动时最大压力增加10%～15%。

（2）制动管紧急减压，紧急阀的紧急活塞下移，促使打开排风阀（排风阀的功能是使制动管的风排向大气）排风，加速制动管的减压，提高制动波速，缩短制动时间。在列车紧急制动时，严禁司机移动自阀（大闸）和单阀（小闸）的位置，确保紧急制动停车后才能充气缓解，防止列车产生剧烈的纵向动力作用和断钩等事故的发生。

（三）客车制动机上的其他设备

客车制动机上除装有制动软管、折角塞门、截断塞门、远心集尘器和各种风缸外，还装有压力表和紧急制动阀等。

1. 压力表

在每辆客车内部都装有压力表（简称"风表"，如图6.4.4所示），装在从制动主管引出的直立支管上。风表内设有刻度盘和指针，以便乘务人员观察制动管风压的大小。列车出发前，列车管的风压必须达到规定的值，超过或不足时应做相应处理。

2. 紧急制动阀

如图6.4.5所示，紧急制动阀又称"车长阀"，安装在客车车厢内，用红线绳铅封，一般和风表装设在一起。紧急制动阀排风口须与墙板平行，在其附近的墙上须涂打或安装"危险请勿动"警示牌。它的用途是当列车在运行中遇有危及行车安全等紧急情况时，由运转车长或有关乘务人员拉动此阀，使列车产生紧急制动作用，迅速停车，以保证行车安全。

图6.4.4 车上风表

图6.4.5 紧急制动阀

二、F8型电空制动机简介

为了适应铁路客车提速的需要，104型制动机及F8型制动机均增加了电控装置，在提高列车制动波速、减少列车冲动及缩短制动距离等方面均收到了良好的效果。因F8型电空制动机广泛应用在新造客车上，现以F8型电空制动机为例介绍电空制动机基本功能。

（一）F8型电空制动机的组成

如图6.4.6所示，F8型电空制动机包括空气制动和电空制动两部分，是在不改变原F8型分配阀结构、性能的基础上，增设了电空制动部分。因F8型分配阀是直接作用的三压力机构，本身就具有阶段缓解功能，所以在加电控时，只用了3个电磁阀（缓解电磁阀、常用制动电磁阀和紧急电磁阀）就可以实现电控制动时的常用制动（包括阶段制动）、紧急制动及缓解（包括阶段缓解）作用。电空制动采用五线制，即常用制动线、缓解线、保压线（在与104电空混编时用）、紧急制动线、零线。

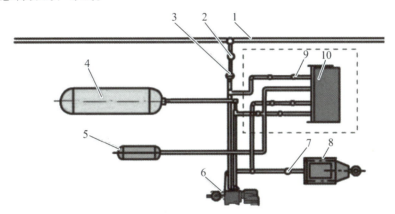

1—制动管；2—截断塞门；3—集尘器；4—副风缸；5—压力风缸；6—F8分配阀；
7—缓解塞门；8—制动缸；9—截断塞门；10—电控阀箱。

图6.4.6　F8型电空制动机

（二）F8型电空制动机的特点

1. 原理上的特点

采用自动式电空制动方式，即通过机车制动阀和电磁阀的共同作用，控制列车管的充、排气，再通过分配阀作用，达到制动、缓解的目的。这样，既可以保证与装有空气制动机的车辆混编运行，又可以保证与装有电空制动的车辆组成专列运行。在电空制动失效的情况下，保证列车仍具有制动能力，确保列车安全运行。无论是空气制动或电空制动时，其基本制动、缓解等作用，均受列车管压力变化的控制，这是其主要特点。

2. 结构上的特点

拆卸更换较方便、作用可靠，橡胶件可保证一个段修期内正常使用。

3. 性能上的特点

（1）减少制动时列车纵向冲动。

列车制动时，前后部车辆可达到同步作用，不受空气制动波速传递时间的影响，因此，大大地减少了制动时的列车纵向冲动，特别是紧急制动时的列车纵向冲击较空气制动减少了27%以上，列车纵向冲击加速度值减少到与常用制动时相同的水平，对改善列车平稳性发挥了重要作用。对于扩编旅客列车（20～25辆编组），减少列车冲动的效果尤为明显。

（2）缩短制动距离。

紧急制动时有效的附加放风作用可明显减少列车冲动并缩短制动距离。在160 km/h的制动初速下，紧急制动距离在1 400 m以内，较空气制动可缩短5%～10%。

（3）改善列车缓解性能。

F8阀采用二-三压力机构作用原理，即主阀是三压力机构（列车管、工作风缸、制动缸三压力平衡），辅助阀是二压力机构（列车管和辅助室压力平衡）。由于主阀是三压力机构，所以具有良好的阶段缓解作用，辅助阀设计成二压力作用机构，并且具有加速缓解作用。主阀和辅助阀的相互配合，使该分配阀既具有三压力分配阀的阶段制动、阶段缓解、自动补风等特点，又具有二压力分配阀的轻易缓解的特点，进一步改善了列车缓解性能。

（三）F8 电空制动单元

传统的F8型电空制动机将空气制动部分与电空制动部分分开设计，虽然方便了故障判断和处理，但也使车下的制动管路复杂化，增加了发生故障的概率，因此，新型F8电空制动系统采用集成化设计，将空气分配阀和电空作用部分集成在一块电路板上，使整个系统成为一个完整的独立单元。如图6.4.7所示，F8型集成化电空制动单元采用自动式电空制动作用方式。发生制动作用时，由机车制动机操纵和控制所连挂的客车，F8型集成化电空制动单元来完成初充气、充气缓解、常用制动、制动调速、阶段制动、阶段缓解、制动保压、缓解保压、紧急制动等作用。在电空制动作用发生故障时，列车仍然具有纯空气制动作用能力，确保列车的运行安全。

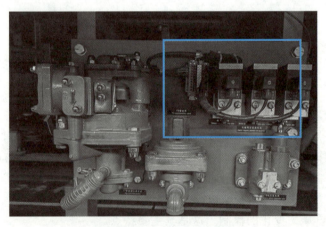

图 6.4.7　F8 型电空制动阀

知识巩固

1. 简述104型空气制动机的结构组成和各部分的作用。
2. 简述F8型电空制动机的结构特点。

知识拓展

紧急制动阀使用的有关规定

《技规》规定，在列车运行中，发现下列危及行车和人身安全情形时，运转车长（包括旅客列车乘务员）应使用紧急制动阀停车。

（1）车辆燃轴或重要部件损坏。

（2）列车发生火灾。

（3）有人从列车上坠落或线路内有人死伤（快速旅客列车不危及本列车运行安全时除外）。

（4）能判明司机不顾停车信号，列车继续运行。

（5）列车无任何信号指示，进入不应进入的地段或车站。

（6）其他危及行车和人身安全必须紧急停车时。

使用紧急制动阀时，为使列车尽快停车，不必先行破封（即不必先将铅封印线拉断），应立即将手柄扳到全开位，不得中途停顿和关闭，若遇弹簧手把（即旧型紧急制动阀的握柄）时，在列车完全停车以前不得松手，以防列车中的车辆制动、缓解不一致，造成断钩或不能使列车紧急停车。

任务 5　基础制动装置及人力制动机

任务导入

车辆制动系统是指装用在铁道车辆上的制动装置，一般分为 3 个部分：空气制动机、人力制动机和基础制动装置等。在前期的课程任务中，我们已经学习了车辆空气制动机部分，现在让我们一起来了解一下基础制动装置以及人力制动机的具体作用和结构特点吧。

一、基础制动装置

（一）货车基础制动装置

1. 货车基础制动装置的组成

货车基础制动装置设在车底架下部以及转向架上，由制动缸活塞杆至闸瓦间的一系列杠杆、拉杆、制动梁以及闸瓦间隙自动调整器等组成。通过基础制动装置的作用，把制动缸活塞杆的推力或人力制动机的人力（制动原力）增大若干倍数后平均地传给每块闸瓦，使之压紧车轮而产生制动作用。

货车一般采用单侧闸瓦式基础制动装置，即车轮仅一侧有一块闸瓦。

2. 货车基础制动装置的作用原理

货车基础制动装置如图 6.5.1 所示，现以一位转向架为例，说明其作用原理。

当使用手制动机并旋转手轮时手制动轴 8 随之转动，手制动链卷在轴上，并拉动手制动拉杆 4，手制动拉杆带动制动缸前杠杆 3，通过制动缸前杠杆再分别拉动一位上拉杆 12 及连接拉杆 13，由一位上拉杆 12 拉动一位制动杠杆 11。一位制动杠杆一方面将二位制动梁 6 拉向车轮；另一方面又推动其下端的一位下拉杆 10，使固定杠杆 9 上的一位制动梁两端的闸瓦压紧车轮。

由于连接杠杆 13 的移动，使制动缸后杠杆 15 牵动二位上拉杆，再通过二位转向架上的制动杠杆、下拉杆及固定杆的作用，使第三、四位制动梁两端的闸瓦压向车轮。

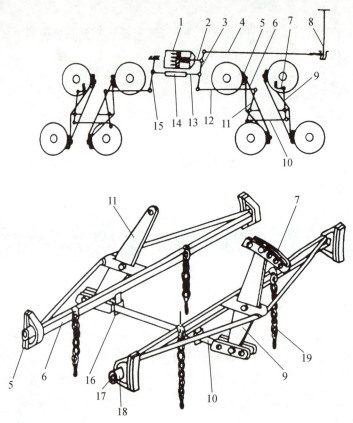

1—制动缸；2—活塞杆；3—制动缸前杠杆；4—手制动拉杆；5—闸瓦；6—制动梁；7—固定杠杆支点；8—手制动轴；9—固定杠杆；10—下拉杆；11—制动杠杆；12—上拉杆；13—连接拉杆；14—闸瓦间隙制动调整器；15—制动缸后杠杆；16—安全吊；17—滚子轴；18—滚动套；19—安全链。

图 6.5.1　货车基础制动装置

当使用空气制动机时，压缩空气进入制动缸后，使活塞杆推动推杆，推杆再推动制动缸前杠杆的一端，以后的动作与人力制动机传递动作完全相同。

（二）客车基础制动装置

1. 客车基础制动装置的形式及特点

客车基础制动装置的形式，按设置在每个车轮上的闸瓦块数及其作用方式，一般分为双闸瓦式基础制动装置和盘形基础制动装置等。

（1）双闸瓦式基础制动装置。

双闸瓦式基础制动装置，简称双闸瓦式，也称为双侧制动，即在车轮两侧均有闸瓦的制动方式。

双侧制动装置，在车轮的两侧都安装有闸瓦，所以闸瓦的摩擦面积比单闸瓦式增加一倍，闸瓦单位面积承受的压力较小，这不但能提高闸瓦的摩擦系数，而且散热面积大，可降低闸瓦与车轮踏面的温度，延长车轮的使用寿命，减少闸瓦的磨耗量，并可得到较大的制动力（指同一尺寸的制动缸与同一闸瓦压力的情况下）。同时，由于每轴的车轮两侧都有闸瓦，制动时两侧的闸瓦同时压紧车轮，可以克服单闸瓦式车轮一侧受力而引起的各种弊病，但这种双侧闸瓦制动结构复杂，且增加了检修的工作量，故早期仅客车以及部分特种货车（机械保温车、长大货物车等）采用这种形式的基础制动装置。

（2）盘形基础制动装置。

盘形基础制动装置是指制动时用闸片压紧制动盘而产生制动作用的制动方式。盘形基础制动装置有两种类型：制动盘安装在车轴上的叫轴盘式，制动盘安装在车轮上的叫轮盘式，盘形基础制动装置的结构比较简单，可以缩小副风缸和制动缸的容积，节省压力空气；各种拉杆杠杆可以小型化，直接安装在转向架上，能减轻车辆自重；不用闸瓦直接磨耗车轮踏面，可延长车轮使用寿命；制动性能比较稳定，可减少车辆纵向冲动；同时制动缸安装在转向架上，制动时动作迅速，可提高制动效率；采用高摩擦系数的合成闸片，可以增大制动力，缩短制动距离，并可延长闸片的使用寿命。目前我国的客车包括动车组列车均采用这种制动装置。

2. 客车基础制动装置的组成

（1）双闸瓦式基础制动装置组成如图6.5.2所示。

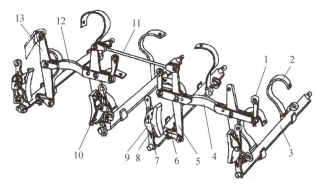

1—移动杠杆拉杆吊；2—制动梁缓解弹簧；3—制动梁；4—移动杠杆拉杆；5—移动杠杆；
6—拉杆；7—闸瓦托吊；8—闸瓦；9—闸瓦托；10—闸瓦托弹簧；
11—移动杠杆上拉杆；12—移动杠杆拉杆；13—固定杠杆。

图 6.5.2　客车双闸瓦式基础制动装置组成

（2）盘形基础制动装置组成如图6.5.3所示。图中箭头表示制动时各杆件的移动方向。

我国25型客车目前主要采用单元制动形式，即每根车轴装有两个盘形制动装置和两个单侧踏面制动装置。单元制动形式主要以盘形制动为主，踏面制动为辅，并加装了电子防滑器。电子防滑器的作用是充分利用轮轨间的黏着力，保持轮轨间最佳的蠕滑状态，使车辆不仅不会发生滑行，同时还减少了车轮擦伤，并缩短了制动距离，大大提高了旅客列车的安全性。

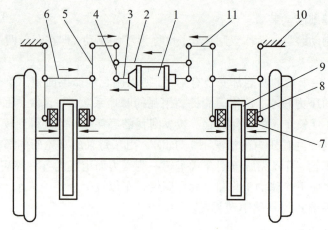

1—制动缸；2—连接拉杆；3—制动缸活塞杆；4—制动缸杠杆；5—钳形杠杆；6—钳形杠杆拉杆；
7—闸片；8—闸片托；9—制动盘；10—固定支点；11—拉杆。

图 6.5.3 盘形（轴盘式）基础制动装置组成

二、人力（手）制动机

（一）定义和用途

1. 定 义

人力制动机是装在车辆的 1 位端，通过人力转动的手轮或手把、踏板，代替空气制动机所产生的制动缸推力，带动基础制动装置动作，产生制动或者缓解作用的一种装置，因人力制动机大多数是由手来操纵，故人力制动机多称为手制动机。

2. 用 途

人力制动机又称手制动机或手闸，一般安装在每辆车的 1 位端，其主要用途是：

（1）在列车编组、解体等调车作业时，用以调速和停车，提高调车效率，保证调车作业安全。

（2）在列车运行途中，当空气制动机由于某种原因失去作用时，用以代替空气制动机，使列车安全运行到前方车站。

（3）当列车或车辆停留在线路上时，用以防止车辆发生溜逸。

（二）货车人力制动机

1. 链条式人力制动机

链条式人力制动机，根据手制动轴构造的不同，可分为固定式和折叠式两种。

（1）固定式链条人力制动机。

固定式链条人力制动机大多使用在棚车、敞车、罐车等类车辆上，我国绝大部分货车均采用这种人力制动机。其构造如图 6.5.4 所示，手制动轴的上部装有一个手制动手轮。在手制动轴中部的端墙上设有手制动踏板（制动台），供制动员站立操作用。踏板上设有为防止手制动轴逆转的手制动棘轮、棘子及棘子锤。手制动轴下方设有手制动轴托，以支撑制动轴；上方设有导架能保持手制动轴正位。手制动轴下端与手制动链连接,手制动链又与手制动拉杆连在一起,以便在制动时牵动制动缸前杠杆。

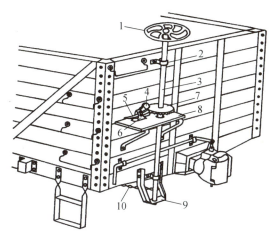

1—手制动手轮；2—手制动轴导架；3—手制动轴；4—棘子锤；5—棘子；6—棘子托；
7—棘轮；8—踏板；9—手制动轴托；10—手制动链。

图 6.5.4　固定式链条手制动机结构

制动时,制动员站在踏板上,首先将安全带挂好,然后将棘子锤翻转,使其压在棘子的一端,则棘子的另一端卡在棘轮的齿间,防止手制动轴逆转。顺时针方向旋转手轮时,手制动轴即随之转动,则手制动链卷绕在手制动轴上,牵动手制动拉杆,通过基础制动装置的传动使闸瓦压紧车轮。将手松开后,由于棘子卡在棘轮上,使手制动轴不能逆转,从而保持其制动状态。

缓解时,将棘子锤提起放在棘轮上方,用力将手轮稍向顺时针方向旋转后,使棘子靠其自重离开棘轮,借其反作用力并反方向旋转手轮,使制动轴逆转,松开手制动链,即可使制动机缓解。此时,闸瓦虽然可能没有离开车轮,但已无闸瓦压力,制动机呈缓解状态。

（2）折叠式链条手制动机。

折叠式链条手制动机使用于平车、长大货物车等车辆上。手制动轴制成上下两部分,用活节及销子连接。并用轴套将两部分固定在一起。不使用时,将轴套上推,露出活节,以销子为轴,把手制动轴上部放倒,放在手制动手把托内,以免妨碍货物装卸;使用时,将手把轴竖起,拉下轴套,套在活节处,将手制动轴上下两部分固定在一起。同时将手制动轴放入轴卡座内,用销子固定轴卡板,以防手制动轴倾斜。

折叠式人力制动机的操作方法和固定式相同。

2. NSW 型手制动机

NSW 型手制动机保留了 FSW 型手制动机的特点,增设了闭锁装置,具有良好的防溜功能,安全性较高。箱体内部装有齿轮、棘轮、离合器、链条等。箱体上标有"调力""制动"方向指向标记;手轮上标有"制动""缓解"方向指向标记。

NSW 型手制动机如图 6.5.5 所示,NSW 型手制动机具有"制动""缓解""调力制动"和"锁闭"等 4 种功能。

当制动时,需要将功能手柄拨到"常用"位,顺时针转动手轮,齿轮带动链条缠绕,产生制动作用;缓解时则逆时针转动 30°即可。

调力制动是指放大制动力，当制动时，等链条产生一定拉力后，将功能手柄置于"调力"位，再顺时针转动手轮，则增大制动力，逆时针转动则减少制动力。

锁闭功能是指制动后，顺时针方向转动三角钥匙，可实现缓解功能的锁闭，逆时针转动三角钥匙则接触缓解功能锁闭。

（a）箱壳　　　　　　　　　（b）整体　　　　　　　　　（c）实物

图 6.5.5　NSW 型手制动机

（三）客车人力制动机

目前，客车上使用的手制动机是蜗轮蜗杆式手制动机（见图 6.5.6）。

 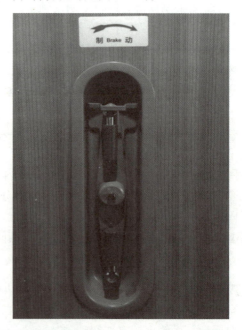

图 6.5.6　蜗轮蜗杆手制动机

1. 结构组成

蜗轮蜗杆手制动机如图 6.5.7 所示，手制动机主要由摇把、蜗杆、蜗轮、主轴、锥形链轮、制动链等组成。摇把 1 的转轴是蜗杆 2，顺时针转动摇把即带动蜗轮 3、主轴 4 传动，从而使锥形链轮 5 转动，将制动链 6 缠绕在锥形链轮上。主轴底下的链轮选用锥形，可使在刚开始制动时，链条绕大圈做圆周运动，可以快速拉动链条，加快制动动作，制动后期链条则绕小圈做圆周运动，可以提高制动效果。

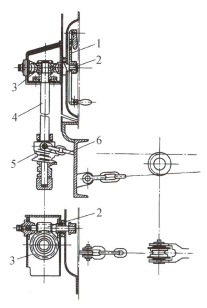

1—摇把；2—蜗杆；3—蜗轮；4—主轴；5—锥形链轮；6—制动链。

图 6.5.7　蜗轮蜗杆手制动机

2. 工作原理

手制动机最外侧摇把的转轴是一根蜗杆，顺时针旋转即带动蜗轮主轴、锥形链轮转动，把制动链卷绕在锥形链轮上，拉动手制动拉杆，带动基础制动装置动作，发生制动作用。停止转动时，依靠蜗轮蜗杆的自锁作用，制动机保持制动而不会自然缓解。反向转动摇把时，锥形链轮也开始反向转动，使制动链松开，并在转向架缓解弹簧作用下，使基础制动装置缓解。

知识巩固

1. 货车基础制动装置由哪些部件组成？作用是什么？
2. 货车手制动机有哪几种？试说明链条式手制动机的构造及使用方法。

知识拓展

螺旋拉杆式手制动机：螺旋拉杆式手制动机用在部分 22 型和 23 型客车上。制动时，顺时针方向转动摇把，水平轴则随着转动，依次带动各伞齿轮和螺杆转动，螺帽向外滑动，因而牵动连杆及手制动拉杆向外移动，带动基础制动装置产生制动作用。缓解时，逆时针方向转动摇把，也因各伞齿轮的转动，带动螺杆反转，使螺帽及连杆向里移动，产生缓解作用，如图6.5.8 所示。

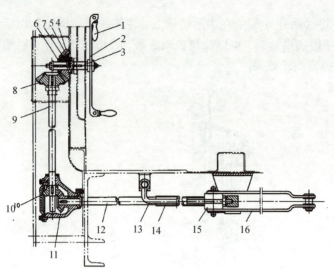

1—手把；2—摇把；3—水平轴；4、8、10、11—伞齿轮；5—塞销；6—塞栓；7—圆弹簧；
9—立轴；12—水平轴；13—滑杆；14—螺杆；15—螺杆螺帽；16—连杆。

图 6.5.8　螺旋拉杆式手制动机

　　需要使用时，只要将摇把拉出，使其离开内端墙凹槽，再按照涂在其上方墙板上的箭头所示方向旋转，就可以使制动机产生制动作用。反转可产生缓解作用。

　　铁路部门规定客车禁止溜放，因此客车手制动机只在空气制动机失效或防止停留客车移动时使用。

模块 7　车辆运用与检修

车辆是铁路运输生产的基本工具，科学合理地管理和使用各种类型铁路车辆是安全运行和提质增效的重要保障，本模块主要介绍货车的运用与检修、客车的运用与检修、色票的种类及其使用、车辆破损与报废等。

知识目标

1. 掌握货车的运用与检修；
2. 掌握客车的运用与检修；
3. 掌握色票的种类与使用。

能力目标

1. 能够进行客、货车的检修；
2. 能够分清楚各种色票所代表的含义。

素质目标

1. 培养学生刻苦钻研的工匠精神；
2. 树立学生爱岗敬业的职业精神。

任务 1　车辆运用与检修概述

任务导入

加强车辆的运用与管理，对提高车辆维修质量、延长车辆的使用寿命、降低运营成本、加速车辆周转、保证行车安全、优质高效地完成铁路运输任务有着重要意义。接下来让我们一起探索车辆运用与管理工作的系统组织与主要内容吧。

一、车辆运用管理系统

我国现行的铁路运输组织机构是以国铁集团为最高行政领导机构，在国铁集团统筹规划下，按运输组织需要在全国设立若干个铁路局集团有限公司，铁路局集团有限公司在国铁集团直接领导下，负责组织与领导各业务段和车站的运输生产工作，保证行车安全。车站和业务段是铁路运输企业的基层生产单位，每个单位既可独立工作，但又互相关联。

现行车辆部门的组织机构是全国铁路运输组织中的一个分支机构。实行国铁集团机辆部、铁路局集团有限公司车辆部以及车辆段（车轮工厂）三级管理，如图 7.1.1 所示。

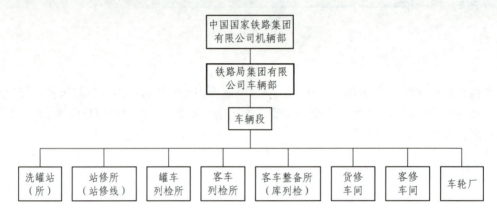

图 7.1.1　车辆运用管理系统

（一）国铁集团机辆部

国铁集团机辆部作为我国铁路车辆系统的最高管理部门，负责铁路货车的产权管理，客、货车造、修各项标准的颁布，车辆发展规划和政策的制定，合理地组织布置铁路车辆的检修、维护和运用保养等工作，制定全路客货车各级修程及安全生产等规章制度，并组织和督促实行；参与编制铁路设计规范；掌管全路客货车的新造车辆、运用车辆、配属、调拨、检修与报废等工作；审查车辆技术政策、各项技术标准及质量标准等，使之能安全、迅速、经济、合理地运送旅客和货物，顺利完成运输任务。

（二）铁路局集团有限公司车辆部

铁路局集团有限公司车辆部在国铁集团机辆部的指导下、在铁路局集团有限公司的领导下工作，负责组织与领导本路局管辖范围内车辆部门的运输生产活动和保证行车安全。认真贯彻执行国铁集团对车辆工作的方针、政策、指示、命令、规范、规程、技术标准；提出本路局车辆部门工作的发展规划和实施计划；指导和督促各业务段完成各项技术指标和质量指标。执行国铁集团颁发的法令、法规和各项规章制度，根据所承担的工作任务，管辖范围内各车辆段及与车辆有关的基层站段的运输生产活动，保证行车安全。及时、合理地向车辆段下达工作计划，组织完成各项生产任务，保持车辆设备完好，保证车辆运行安全。

（三）车辆段

车辆段是铁路客货车辆检修运用的基地，是车辆部门的基层生产单位。

车辆段的任务是：贯彻执行各项规章、命令及有关要求；它的基本任务是负责车辆的定期检修和日常维修工作，为铁路运输提供足够的、技术状态良好的客车和货车，在检修保证期内和保证区段内保证行车安全。并要负责管辖内的列检所、站修所、红外线轴温探测所及客技站等的管理。承担车辆段修、辅修、临修和日常维修；领导管辖范围内的列车检修所、站修所、客车整备所（或客技站）、洗罐所和检修车间等车辆业务单位。

根据修理车辆的类别，车辆段可分为客车车辆段、货车车辆段、客货车混合车辆段、罐车车辆段和机械冷藏车辆段等多种。

车辆段应设在有大量编组作业的编组站、国境站和交通枢纽，以及货车大量集散、旅客列车始发终到较多的地区。

1. 客车技术整备所

客车技术整备所（简称客车整备所）：客车技术整备所又称库列检，是客车日常维修保养的基地，通常设在旅客列车的始发和终到站。客车整备所对进库客车利用库停技检时间对客车通风、供水、供电等设备进行检查、试验和修理，消除在运行途中不易处理的故障，并进行属于本段的客车的辅修、库存客车的日常维修保养以及摘车临修等工作，以保证客车在运用中有良好的技术状态。配属客车较少的车辆段则仅设客车整备线。

2. 列车检修所

列车检修所（简称列检所）：分为旅客列车检修所（简称客列检）和货物列车检修所（简称列检所）。客列检设在旅客列车经过的各主要停车站。货物列车检修所设在编组站、区段站、路矿（厂）交接站、国境站以及运输上有特殊需要的地点。列检所又可分为主要列检所、区段列检所和一般列检所。主要列检所设在作业量大的编组站或大量装卸货物的车站，对车辆进行比较全面的检查和排除危及行车安全的故障。区段列检所设在编组作业量少而中转列车较多的车站，对车站编组始发的列车和加挂的车辆进行比较全面的检查，对中转列车进行重点检查。一般列检所设在铁路支线、厂矿专用线或为保证行车安全需要设置的车站，对车辆进行重点检查和修理。

列检所的基本任务：对到达、始发、中转列车进行技术检查和不摘车修理，使车辆达到规定的技术标准，确保列车在保证区段内安全运行；按计划和有关规定扣留定检到期、过期车以及需要摘车施修的技术状态不良车；参与对管辖区段发生的车辆行车事故调查与对事故车辆的检查、处置工作；对所用车辆进行技术检查与管理，以及对出入境车辆进行检查与管理；对装运超限货物的车辆进行技术检查和货物装载状态的鉴定，并根据电报要求派临时检车乘务人员，进行爱护铁道车辆的宣传和监督工作。

3. 站修所

站修所是对货车进行辅修和摘车临修的单位，设在有列检所的编组站、较大区段站和装卸量大的厂矿交接站。

4. 装卸检修所（车辆段的派出单位）

装卸检修所设在每昼夜装卸车辆数较大、车辆较易发生严重损坏的地点，其任务是检查和监督用车情况，并利用装卸时间检查和处理车辆在装卸作业中临时发生的故障。

5. 制动检修所

制动检修所设在接近长大下坡道的车站，专门检查和处理车辆制动部分的故障。

6. 轴温检查站

轴温检查站设在经常发生热轴的地点，以便及时发现高温轴箱并作应急处理，避免发生燃轴事故。这些检查站设有红外线轴温探测系统。

7. 车轮厂

车轮厂是负责客货车轮对的分解、组装、修理和全面检查的修理单位，通常设在铁路局集团有限公司所在地。有些车轮厂还修理和组装滚动轴承轴箱。

二、车辆维修制度及维修方式

铁路车辆为了运送旅客和货物，要在一定的区间甚至全国各地运行。在长期使用过程中，各种零部件的技术状态会由于磨耗、裂纹、折损、变形、松弛、腐蚀及疲劳等原因而逐渐恶化。这些问题若不能及时处理，就会继续发展，甚至引发事故，威胁行车安全。因此，认真检修车辆，使之经常保持良好的技术状态，保证运输安全是车辆部门的主要任务之一。

在一定的维修思想指导下，制定出的一套规定与制度（维修计划、维修类别、维修方式、维修等级、维修组织、维修考核指标体系等），称之为维修制度。

（一）维修方式

维修方式是指对设备维修时机的控制。也就是说对维修时机的掌握是通过采用不同的维修方式来实现的。目前的维修方式有 3 种：定期维修（又称计划修）、视情维修（又称状态修）和事后维修（又称故障修）。随着新型提速货车的发展，提速转向架、新型空气制动系统、车号自动识别标签等技术的运用，使得机车车辆装备性能不断提升，因此我国机车车辆维修方式也在计划预防修的前提下，逐步扩大实施状态修、换件修和主要零部件的专业化集中修。

（二）维修方式的选择

选择维修方式应该从设备发生故障后对安全和经济性的影响来考虑。由上述 3 种维修方式的特点可以看出，定期维修和视情维修均属于预防性维修，可以预防渐进性故障的发生，事后维修则是非预防性的，多用于偶然故障或用于预防维修不经济的机件。定期维修是按时间标准送修，视情维修是按实际状况标准，而事后维修则不控制维修时间。3 种维修方式各有其适用范围，从这个意义上讲，它们本身并没有先进落后之分。然而应用是否恰当，则有优劣之分。问题的关键是应该根据维修的具体情况，正确地选择维修方式。在现代复杂设备上往往 3 种维修方式并存，相互配合使用，以充分利用各个机件的固有可靠性。

我国目前采用定期修为主，状态修为辅的修理制度，即计划预防性的检修制度。除了车辆的日常维修外，按照规定的期限对车辆进行定期检修。

📘 知识巩固

1. 车辆运用工作的基本内容是什么？
2. 我国铁路车辆目前采用什么样的检修制度？

知识拓展

客车整修及临客整备工作

铁路旅客运输工作有明显的季节性特点,春运、暑运客流达到高峰,运用客车高强度使用,且持续时间较长,造成客车状态下降,尤其是车内设施状态下降更为突出。为在春运、暑运后迅速恢复客车技术状态,确保旅客列车运行安全,国铁集团规定运用客车每年进行两次集中整修,春运后实施春季整修,暑运后实施秋季整修,按照"全面整修、重点整治"的原则安排整修项目。

临客车底一般使用备用客车编组。因客整所场地有限,一些客车被分散存放在车站或存车场备用,存放期间可能出现专项检修、A1 修过期情况,还可能发生专项整治、季节性整修项目没有实施等情况。因此需要对临客车底进行整备,以保证临客车底上线质量。

春运期间,国铁集团根据春运旅客列车开行方案,统筹运力资源,组织运力相对紧张的铁路局向其他铁路局成组借入,由借入局临时使用。这些客车底称为春运跨局借用客车底,由于涉及客车数量大,其整备、交接、回送及借用期间乘务管理、日常维修均不同于日常零星借用客车,为此需对春运期间借用的旅客列车的运用管理工作进行明确。

客车运用常识

任务 2　货车的运用与检修

任务导入

铁路货车运用与维修工作是铁路运输的重要组成部分,如何做好货车运用维修工作,是从事铁路运输工作者的重要职责。接下来让我们来共同学习货车车辆的运用检修工作涉及的具体任务吧。

一、货车的配属管理

由于货车所装运的货物及运行方向一般均不固定,不能固定其使用区间,而需在全国通用,所以货车一般没有固定配属,其维修和保养由途经的沿线各车辆检修部门负责。但对于有固定装卸地点、循环使用的专列罐车、矿石车、长大货物车等专用车辆和特种车辆实行固定配属制度。实行固定配属的货车包括机械冷藏车,标记载重 90 t 和 90 t 以上的长大货车,固定装卸地点循环使用的专列罐车、矿石车或煤车,以及少数专用货车。这些车辆由配属车辆段负责保管和检修。机械冷藏车组和有些固定地点循环使用的货物列车实行包乘制。有检车乘务员的货物列车除沿途列车检修所按规定进行检修外,行车调度员根据列车运行情况和检车乘务员的要求安排途中检修。其他货车不实行配属制度,由各车辆段按区段负责对运行中以及在调车和装卸作业中发生的车辆故障进行检查和修理。

二、货车定期检修的修程及任务

我国货车现采用的定期检修的修程分为厂修、段修、辅修三级修程。

（一）厂 修

按厂修期限将车辆送到车辆修理工厂进行的定期检修称为厂修。按规定厂修应对车辆的各部装置进行全面的分解检查、彻底修理，并进行必要的技术改造工作。对底架、车体钢结构及各梁、柱、板的腐蚀及变形按厂修限度进行修理，对各主要配件恢复其应有性能，保持其应有的强度，以保证车辆在长期运用中保持良好的技术状态。厂修的任务在于恢复车辆的基本性能，修竣后需涂打厂修标记。

（二）段 修

按段修期限将车辆送到车辆段进行的定期检修称为段修。段修要求分解检查车辆的转向架、车钩缓冲装置及制动装置等部件，检查并修理车辆的故障。段修的任务是保证车辆在检修质量保证期内，各部状态性能良好。修竣后需涂打段修标记。

（三）辅 修

货车辅修是在站修所或专用修车线施修；辅修主要是对制动装置和轴箱油润部分实行检修，并对其他部分做辅助性修理。须做到螺栓紧固、配件齐全、作用良好。修竣后需涂打辅修标记。

三、货车定检扣车

当非配属的货车定检到期或过期时，一律由发现的列检所进行扣留。扣留时，检车员在扣留车上插以规定的色票，并通知列检值班员办理扣车手续。

（一）按计划扣车

按计划扣车是指扣车应根据国铁集团下达的各类检修任务，按车型、车种有计划地进行扣车，以保证全路车辆都能按时按状态得到检修。

（二）按检修周期扣车

按检修周期扣车是指各种修程必须按周期检修，列检所必须按现车检修周期标记扣修定检车，厂修、段修车以月为准，辅修车以月、日为准，辅修可推后 10 日。厂修、段修、辅修同时到期时应做高级修程。扣修的临修空车距辅修到期在 10 日以内时，可提前做辅修，并在《货车检修记录单》（车统-22D）备注栏内注明。各级修程必须按检修周期检修，不得提前扣修，如必须提前扣修时，须经中国国家铁路集团有限公司批准。

（三）按优先原则扣车

按优先原则扣车是指在扣车时，如果遇过期车和到期车，或者同期车中有破损程度大一些的车和破损程度轻一些的车，而按计划又不能同时扣修时，应优先扣修过期车或破损程度严重的车辆。

（四）按就高不就低的原则扣车

按就高不就低的原则扣车是指扣修定检车时，如遇同一车辆高、低修程不一致时，原则上施修高一级修程。

（五）尽量空车扣车

尽量空车扣车是指扣定检车时，除重车有危及行车安全的故障必须扣修外，一般在车辆处于空车状态或重车已抵达终到站，以及邻近终到站时扣修。否则，应对定检到期的重车车辆认真检查，在确保行车安全情况下，尽量放行至下一个列检所处置。

扣修定检车如遇有高、低级修程不一致时，按以下规定扣修：厂、段修同日到期或段修到期而厂修在 6 个月以内到期者做厂修；段修到期、厂修在 6 个月以后到期者做段修；段修、辅修同时到期者做高级修程，不得做低级修程。

扣修的临修车如厂、段、辅修在一个月以内到期时，可提前做厂、段、辅修。

四、货车的日常维修

货车运用条件较差，在解体、编组及机械化装卸作业中承受频繁的冲击，易腐货物对配件造成的腐蚀，重载运输、长大列车在运行中的冲撞等，使货车零部件产生较大的磨耗、变形、松弛、腐蚀等故障。因此，必须对货车进行及时的检查维修，使运用中的货车保持良好的技术状态，保证安全、正点、优质、高效地完成货物运输任务。

（一）货车日常维修的主要内容

货车日常维修包括技术检查和故障修理两个方面，由列车检修所或站修所承担。技术检查是对货车的技术状态进行检查，以便发现故障。根据作业场地和列车性质的不同，列车技术检查又可分为到达检查、始发检查和直通中转检查。对所发现的故障，应及时进行修理。日常维修的主要内容如下：

（1）辅修和轴箱油润检查。

（2）摘车临修。

（3）对货物列车的车辆进行技术检查修理。

（4）货物列车包乘维修。

（二）货车日常维修的主要方式

日常维修可以分为摘车修及不摘车修。

1. 摘车修

摘车修是指把有故障的车辆从列车中摘下，送到专用修车线或站修所内施修。实行摘车修可以充分利用固定台位和机械化修车设备，按技术标准修复车辆，消除故障，保证质量。但会增加调车作业的工作量和车辆停留时间，对运输效率有所影响。在列车内无法修复的故障必须施行摘车修。

2. 不摘车修

不摘车修是指在列车到达后、始发前进行技术检查时，对于发现的车辆故障，可以利用车辆停站时间，在不影响解体作业或正点发车的情况下，在列车到发线、调车线或货物线上进行修复的作业。实行不摘修，能较快地消除危及行车安全的故障，可加速车辆周转，提高运输效率。

采用摘车修及不摘车修两种修理方式，应根据车辆故障情况和站场设备及运输要求等条件加以综合考虑。原则是：凡是在列车中能处理的故障，尽量在列车内修复；在列车内修复较困难，不能保证质量或会影响正点编发时，应采用摘车修理。

五、货车运用与管理信息化

信息化已经成为现代社会发展的重要标志，铁路货车管理运用与维修的信息化、智能化是进一步挖掘运输潜能、提高铁路运输效益的必然选择，货车管理与运用、监测与检修信息系统的相继开发，创新了铁路管理服务模式，提升了安全生产效益，降低了运用维护成本。

（一）铁路现行综合信息管理系统（简称 TMIS）

该系统利用信息手段实现对全路货车、机车、列车、集装箱及所运货物实施追踪管理，可以随时提供任何一辆货车、一台机车、一列列车、一个集装箱及所运货物的地点及设备的技术状态，并预见它们 3 天内的动态变化，随时提供车流的动态变化情况。

（二）铁路车号车次自动识别系统（简称 ATIS）

通过在全路所有货车、机车安装标签的基础上，同时在所有编组站、区段站、大型货运站的出入口、分界站安装地面识别设备（简称 AEI），建立一个铁路车号车次信息自动实时采集报告体系，实现全路货车局级资产管理，技术站到发列车的自动核对，为 TMIS 提供翔实信息，通过 TMIS 各级局域网和铁路数据通信网形成全路车号信息自动采集报告体系。在整个 ATIS 的建设中，车辆部门的主要任务是将全路货车全部安装上货车车辆电子识别标签，并在全路列检所配置列检复示系统。这样，ATIS 就能及时地为 TMIS 和货车等管理系统提供列车、机车、货车标识等实时的动态信息。

车辆电子标签安装在机车、货车底部的中梁上，相当于每辆车的"身份证"。标签中的标识信息可有车辆属性码、车种、车型、车号、换长、制造厂及制造年月等信息。

（三）铁路货车技术管理信息系统（简称 HMIS）

该系统是应用计算机、网络、通信技术将国铁集团机辆部门、铁路局集团有限公司车辆部门，以及货车车辆段和车轮厂、货车造修工厂、站修所、货车列检所连接成网。实现了货车从新造、运用、检修直至报废的全过程信息化管理模式，为货车厂修、段修、辅修等检修提供了准确的管理信息，实现了车辆全过程、全寿命期管理和货车修程动态管理。系统基本功能如下：

（1）可随时分析、掌握全路货车（包括自备车）保有量及货车车种、车型、制造时间、制造工厂和货车的主要技术参数。实现按车种分布情况、载重级别、制造年限、转向架型号、车钩、阀型、轴承型号、缓冲器型号等货车技术清查的信息化。

（2）可随时分析、掌握每辆货车当前或历史的技术状态和技术参数，实现每辆货车从新造到报废，包括厂修、段修、辅修、临修、运用、加装改造、主要零部件更换、故障等主要技术履历管理的信息化。

（3）按照货车技术管理的职能，实现全路车辆调度（货车部分）、新造、厂修（段做厂修）、段修、站修、运用、轮轴、制动、安全、自备车、机保车等技术管理工作信息化。

（4）货车及主要零部件寿命管理实现信息化。

（5）其他功能：如货车定检到期预测及定检过期报警等。

HMIS 的使用为提高车辆系统的管理水平，提供了科学的管理手段，可以加强各车间、各工序、各岗位的质量控制，使调度、运用、检修、验收等系统数据规范一致，同时还方便车间、段（厂）、铁路局集团有限公司、国铁集团进行管理、分析、决策。

（四）车辆运行安全监控系统（简称 5T 系统）

1. 车辆轴温智能探测系统（Track Hotbox Detection System，简称 THDS）

该系统通过轨边红外探头，监测运行列车轴承温度，通过配套的铁路车号自动识别系统，实现车次、车号跟踪、热轴货车车号的精确预报，重点探测车辆轴承温度，对热轴车辆进行跟踪报警，防范热切轴。

2. 车辆滚动轴承故障轨边声学诊断系统（Truck side Acoustic Detection System，简称 TADS）

该系统通过轨边声学诊断装置，实时采集运动货车滚动轴承噪声，通过数据分析，及时发现货车轴承早期故障，提前防范燃切轴事故。

3. 车辆运行品质动态监测系统（Truck Performance Detection System，简称 TPDS）

该系统利用轨道力学测试平台，监测运行车辆轮轨作用力，监测车轮踏面损伤，联网评判车辆运行品质和超偏载状态，重点防范货车脱轨事故，防范车轮踏面擦伤、剥离以及货物超载、偏载等行车安全隐患。

4. 货车动态图像检测系统（Trouble of moving Freightcar Detection System，简称 TFDS）

该系统利用轨边高速摄像技术、大容量图像数据实时处理技术和精确定位技术，对运行货车隐蔽故障和常见故障进行动态检测，及时发现货车运行故障，重点检测货车走行部、制动梁、悬吊件、枕簧、大部件、钩缓等安全关键部位，重点防范制动梁脱落事故，防范摇枕、侧架、钩缓大部件裂损、折断，防范枕簧丢失、窜出等危及行车安全隐患。

5. 客车运行安全监控系统（Train Coach Running Diagnosis System，简称 TCDS）

该系统通过车载系统对客车运行关键部件进行实时监测和诊断，通过无线、有线网络，将监控信息向地面传输、汇总，形成实时的客车安全监控运行图，使各级车辆管理部门及时掌控客车运行及安全情况，防范客车热轴、火灾事故，防范走行部、制动部、供电、电器及空调故障。

如图 7.2.1 所示，5T 系统通过信息整合搭建了车辆运行安全综合监控网络平台，实现了网络及计算机软硬件平台共

TCDS 系统的特点

用、信息共享和综合报警，改变了传统的单一系统、独立运行的监测模式，充分发挥整体安全监测的优势，实现了车辆运行安全监控手段的重大突破。

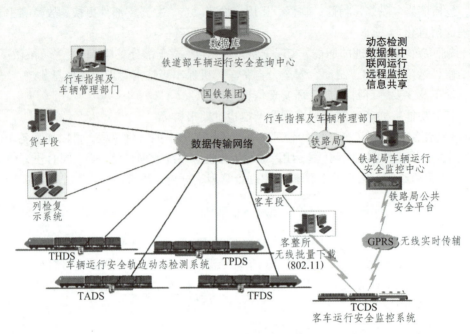

图 7.2.1　5T 系统监控网络

知识巩固

1. 说明车辆部门的组织机构和各部门的主要职责。
2. 车辆段的任务是什么？如何设置？

知识拓展

客车和动车组的两个 5T 系统介绍：

1. 客车运行故障动态图像检测系统（简称 TVDS）

传统的铁路检测一直依靠人工和静态检测，缺乏实时性和准确性，且效率低下，无法满足铁路系统的发展。TVDS 实现了铁路客车从人检到机检、静态检测到动态检测的转变，它能在列车行驶过程中对铁路和列车状况进行检测，并及时预警，防止安全事故的发生，显著提高了客车列检的实时性、准确性及检测效率。其基于机器视觉的图像自动识别技术对于确保客车行驶安全、减少人工劳动强度、提高列检工作效率、提升检车水平有着重大意义。

2. 动车组运行故障图像检测系统（简称 TEDS）

TEDS 是一套集高速数字图像采集技术、高亮度半导体光源技术、图像分隔技术、大容量图像数据实时处理技术和精确定位技术、自动控制、故障自动识别技术于一体的智能系统，集成了多种技术。它由轨边设备、探测站设备和监测站构成，能自动识别故障并报警。系统具有车号识别、数据集中分析、自检等功能，能在各种天气条件下正常工作。TEDS 设备能输出各种报表，方便统计分析。

任务 3　客车的运用与检修

任务导入

客车车辆的检修工作也分为定期检修和运用维修两个部分。客车运用维修工作主要包括运用维修和运用管理两个方面的内容。车辆在长期运用中，各零部件会发生不同程度的磨耗与损伤，在车辆运用过程中需对其进行检查维修，确保车辆的运行质量和运行安全，延长车辆寿命。接下来让我们继续探索客车运用工作的奥秘吧。

一、车辆的配属管理

中国铁路对客车实行固定配属制度。国铁集团、铁路局集团有限公司二级车辆部门根据运行图、旅客列车编组表、运行地区的特点、客车构造和类别，以及集中管理、维修方便的原则做好配属工作。客车转属时，原配属局、段应负责整修，保证车辆技术状态良好，设备、备品齐全并认真办理交接手续。为确保重点旅客运输和紧急任务的需要，由国铁集团指定备用客车，国铁集团直接调拨和使用。铁路局集团有限公司因特殊情况需要使用时，须经国铁集团批准。国铁集团备用客车由所在地车辆段负责保管和检修。

对旅客列车还实行包乘包修负责制。每次列车均由配属车辆段派出检车乘务员和车电乘务员随车值乘进行乘检，即对运行中的客车施行技术检查和日常保养，排除一般故障，以确保列车运行安全和车内设备状态良好。

二、客车定期检修

定期检修制度又称计划预防修理制度，是每当车辆运用一定期限（或里程数）后，进行一定内容的修理工作，这样能有计划地使车辆恢复运用性能，保证良好的技术状态，并避免在下一次定期检修前出现重大故障。

（一）普通客车的定期检修修程

普通客车的定期检修修程分为厂修、段修和辅修三级修程。

各级修程可根据客车质量情况按规定提前或在规定期限内延期施行各级修程，凡提前施行厂修的客车需经铁路局集团有限公司批准。客车定期检修修程及周期如表 7.3.1 所示。

（二）快速客车的定期检修修程

我国最高运行速度 120 km/h 的铁路客车按走行里程进行检修。修程分为 A1、A2、A3、A4、A5 五级修程。

A1—运行 30^{+2}_{-2} 万 km，或距上次 A1 修以上修程 1 年；A1 修又称辅修，一般在运用车列中不解编进行作业，主要为简单的分解检修或者换件修。例如检修远心集成器或者更换 104 分配阀。

表 7.3.1　客车定期检修修程及周期

车　种	检修周期		
	厂修/年	段修/年	辅修
国际联运车	4	1	6 个月
22 和 23 型车、新型车、进口车中的硬卧车、硬座车、软卧车、软座车、行李车、邮政车、上述车种的合造车	6	1.5	
各型餐车、空调发电车、上述车种的合造车			
25A、25G、25B 型车中的硬卧车、硬座车、软卧车、软座车、餐车、行李车、发电车等	7.5	1.5	
双层客车中的硬卧车、硬座车、软卧车、软座车、餐车、合造车等			
部属客车	10	2.5	
公务车、试验车、维修车、卫生车、文教车、发电车、特种车等不常用车			

A2—运行 60_0^{+6} 万 km 或距上次 A2 修以上修程 2.5 年；对零部件实施分单元、分部件的换件修和状态修，恢复车辆基本性能。

A3—距上次 A2 修运行 60_0^{+6} 万 km 或 2.5 年；A3 修在车辆段检修车间进行，在 A2 修基础上，对重点部位实施扩大范围的分解或换件检修。

A4—运行超过 240_0^{+24} 万 km，或距新造（或上次 A4 修）10 年；A4 修为小厂修，在车辆段或者车辆厂进行，主要包括车体、车钩缓冲装置、转向架、制动供风装置和车电装置分解检修，全面恢复车辆基本性能。

A5—距上次 A4 修运行 240_0^{+24} 万 km 或 10 年；A5 修为大厂修，在车辆段或者车辆厂进行，在 A4 修基础上，外部突出全部清除，木结构全部分解，给水卫生各配件全部分解，电气装置以扩大必换件的方式彻底修理。

三、客车日常维修

客车是运送旅客的运载工具，为了保证旅客列车在运行中的绝对安全和满足旅客在旅行生活中的需要，运用客车的技术状态，包括为旅客服务的采暖、给水、通风、照明、卫生等设备，必须经常处于良好状态。因此，加强客车的日常维修保养非常重要。

（一）客车日常维修的内容

客车与一般货车不同，它有固定的配属段，而且是按照指定线路运行。因此，客车的日常维修保养工作，由客车整备所（简称库列检）或客车技术检查站（简称客技站）、乘务检车员和客车列检所（简称客列检）3 部分共同完成。

（1）库列检：对于进入客车整备所的旅客列车进行全面检查、试验和修理。按时进行季节性的防暑、防寒整备工作，通常每年 4 月 15 日开始防暑整备，9 月 15 日开始防寒整备。

（2）客列检：对始发、到达及通过的旅客列车进行技术检查和维修。

（3）客车乘务：车辆包乘组对值乘的旅客列车进行途中技术检查、维修和管理工作。

对于运用客车的质量状态，国铁集团每年 10 月、铁路局集团有限公司每年 5 月和 10 月都要组织进行客车质量鉴定，确定车辆等级。

（二）客车日常维修的主要方式

运用客车应在客技站内或客车整备所，充分利用库停时间，对客车施行检修和技术整备工作。主要是对本属客车施行辅修、安全检修等定期检修，包括客车车电机具、空调装置的维修、蓄电池充电等；对外属客车的摘车临修，主要是认真处理乘务员交修的故障，包括对走行、制动、钩缓、发电机吊架及传动装置全面检查等。

对于始发和终到旅客列车，一般由客车列检所对列车进行技术检查，并配合乘务检车员进行检修，包括更换机车，检查轴温、车轮、摇枕悬吊装置及基础制动装置等，保证列车安全、正点运行到下一个客列检。

列检所对通过旅客列车的不摘车维修范围：

（1）处理基础制动装置故障。

（2）处理空气制动机故障。

（3）更换配件。钩舌、钩舌销及调整钩高差。

（4）处理热轴故障。滚动轴承轴箱的外部温度超过外温 40 ℃ 时，应开盖检查。发现轴承零件破损、油脂变质、混砂、混水、混有金属粉末等异状，不能保证行车安全时，应做摘车修理。

乘务检车员：旅客列车设有车辆包乘组，实行固定人员、固定车底的包检、包修、包乘负责制，任务是随车巡视，对运行中的客车技术状态进行监视，对发生的故障苗头及时处理，保证旅客列车安全运行到终点站。如中途遇到本身不能完成的不摘车修理故障时，应预报前方客车列检所。

知识巩固

1. 快速客车 A1 级修程的检修范围是什么？

2. 车辆定期检修分为哪几级修程？常用货车的定检周期如何规定？

3. 举例说明各定检标记的意义。

知识拓展

客车技术整备所，简称客整所，又称库列检，客整所是客车运用维修保养的重要基地，应设置相应的整备线（库）、存车线、临修线（库）、站场照明、列车供电、车辆排污、污水处理、风水电路、配件材料存放、消防设施及运输通道等生产设施。客整所是客车运用维修保养的重要基地，具有列车的 A1 级检修、辅修、入库检查、客车整修及临修等功能，如图 7.3.1 所示。

图 7.3.1　客车技术整备所

任务 4　色票的种类及其使用

任务导入

　　在车体侧墙两端的下部位置，各有一个类似小兜的部件，这个部件叫作票插，顾名思义，就是插入一些技术文档或者卡片。我们将这些带有不同色彩和图形的技术文档或者卡片叫作色票。凡因车辆定期检修到期、过期，或由于车辆发生故障和事故破坏等造成车辆技术状态不良，需要摘车修理时，均应由列检所检车员填写规定格式的色票，插在车体两侧的票插内，以便调车人员及时调送，防止误用而造成事故。接下来让我们一起来认识一下各种各样的色票吧。

一、色票的种类

　　在办理色票时，要确认色票，认真填写车号、主要不良处所、摘车时间及办理摘车所在单位、检车员姓名等，将其插在车辆两侧规定的色票插内（见图 7.4.1）。2018 年 3 月全路开始施行电子色票。票插里面不再插入纸质版色票。

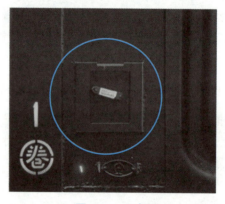

图 7.4.1　票插

（一）送往修理专用线的色票

　　送往修理专用线（站修线）进行辅修及临修的货车，扣车后立即插红斜线色票（车统-16），如图 7.4.2 所示。标示插有该色票的铁路货车送往本站区站修作业场或临时整修专用线路。

（二）送往车辆段的色票

　　铁路货车因段修到期（过期）或技术状态不良，修理量又较大的车辆，必须送往车辆段施修，应填插红色方块色票（车统-17），如图 7.4.3 所示。标示插有该色票的铁路货车送往本站区车辆段检修车间。

（三）送往修理厂的色票

　　厂修到期或事故破损车辆，必须送工厂施修，应填插红色三角色票（车统-18），如图 7.4.4

所示。标示插有该色票的铁路货车送往本站区车辆厂。

（四）倒装色票

装载货物的重车技术状态不良，须摘车修理，但在检修前需要倒装时，应填插"V"字形色票（车统-19），如图 7.4.5 所示。标示插有该色票的铁路货车送往货物倒装线，由车站负责倒装后，通知列检所，列检所将倒装色票撤去，更换"送往车辆段"或"送往修理专用线"色票。

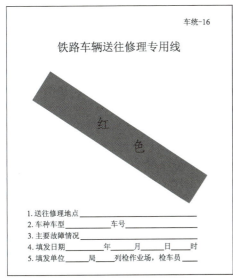

图 7.4.2　车统-16 样张

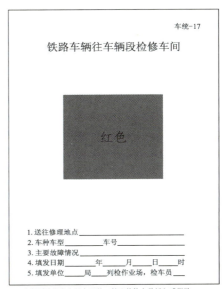

图 7.4.3　车统-17 样张

图 7.4.4　车统-18 样张

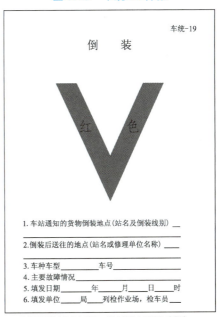

图 7.4.5　车统-19 样张

（五）送往某站附近检修所色票

无力施修的车站，发现货车有故障但对运行无妨碍时，须送往某站附近列检所施修的不良货车，应填插"送往某站附近列检所"的黄色色票（车统-20），如图 7.4.6 所示，并在票面上注明不良处所，送往地点，以便有关人员注意运行状态。

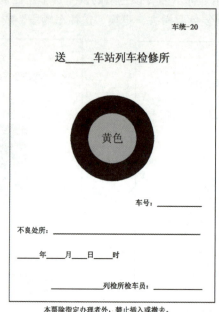

图 7.4.6 车统-20 样张

各种色票须由当日值班列检人员办理插撤，其他人员不准任意插撤。在无列检人员的车站，如发现车辆故障时，车站应负责通知附近列检所，派人进行处理。

二、列检扣车作业

（一）扣定检车

货车定期检修是维持货车良好的技术状态、保证货车正常运行的基础工作，定检扣车是货车定期检修生产组织的起点，是检修工作的基础，对保障货车的安全运行、提高货车的使用效率、降低货车的检修成本有着极其重要的作用。扣定检车应根据国铁集团下达的各类检修任务，按车型、车种有计划地对检修到期和过期车进行扣车。

（二）扣临修车

列检所发现车辆故障，应积极组织在列车队内进行修复；但对影响行车安全而且在列车队内无法施修的较大故障，或处理故障超过技检时间影响解体作业或正点发车时，可摘车送站修所或车辆段施修。主要范围规定如下：

（1）轮对不良需要更换或滚动轴承轴温超过规定，滚动轴承外圈、前盖、承载鞍、轴箱裂纹，密封罩及轴端螺栓脱出。

（2）侧架、摇枕、一体式构架、轴箱、心盘裂损，侧架立柱磨耗板丢失，轴箱弹簧折断超过规定，弹簧托板裂损需要更换。

（3）交叉支撑装置故障。

（4）车钩、钩尾框裂损，缓冲器、从板、从板座、冲击座破损。

（5）主管、支管、制动缸、副风缸、降压气室、工作风缸、加速缓解风缸、空重车自动调整装置、闸调器破损。

（6）底架各梁裂损、弯曲、下垂超限；车号自动识别标签失效、丢失。

（7）侧柱、端柱、角柱外胀超限。

（8）空车车门脱落、丢失，棚车门锁扣鼻损坏、漏雨，敞车端门、侧门、地板破损影响装车。

（9）罐车罐体及阀漏泄，卡带折断。

（10）车体倾斜超限，底开门关闭不良，常接触式旁承破损、有间隙，间隙旁承游间不符合规定。

（11）需要铆焊施修的故障。

（12）脱轨车辆，有撞车、脱轨等痕迹并确认为事故的车辆。

（13）因车辆结构在列车队内无法施修的故障。

（三）扣车程序步骤（见图 7.4.7）

（1）掌握扣车计划：当班检车员首先应掌握在本班作业时间内，由值班员下达的各类车型的扣车数量计划。严格按计划扣车（临修车除外）。

（2）检查车辆状态：检车员在对列车实施技检时，注意车辆的定检标记、技术状态和空重车状态，以便下一步确定扣不扣，扣什么修程等。

（3）确定扣车色票：根据车辆状态，对照扣车有关规定和下达的扣车计划，确定对车辆的处置方法，选择适当的色票。

（4）确认、填写色票：为防止发生人为差错，必须确认所用色票是否是所要选择的色票，然后按规定正确、清晰、工整地填写。

图 7.4.7　扣车程序步骤

（5）插票并记录：将色票插入车辆的色票框内，表示该车辆在运用中的身份，以便达到目视管理，预防车站人员发生误差。然后，将车种、车型、车号、扣车原因、扣车修程、列车中顺位等有关事项记入检车员工作手册（车统-15）内。

（6）回所办手续：作业完毕归所后，立即将扣车情况向值班员汇报并登记，对插检修色票者，如站修、段修、厂修等，值班员必须填写"车辆检修通知书（车统-23）"一式 3 份，交车站签字后，带回 2 份，1 份自留，1 份交段技术室。

（四）指令扣车

根据特定要求如军事运输、特殊货物运输、试验、技术更新改造等，按照相关规定对车辆进行抽查，对指定的货车实施扣车整备、集结等。

知识巩固

1. 简述色票的用途。
2. 请说出几张常用色票的意义。

知识拓展

铁路机车车辆在运行过程中发生冲突、脱轨、火灾、爆炸等影响铁路正常行车的事故，包括影响铁路正常行车的相关作业过程中发生的事故，以及铁路机车车辆在运行过程中与行人、机动车、非机动车、牲畜及其他障碍物相撞的事故，均为铁路交通事故（以下简称事故）

1. 事故等级

根据事故造成的人员伤亡、直接经济损失、列车脱轨辆数、中断铁路行车时间等情形，事故等级分为特别重大事故、重大事故、较大事故和一般事故。（因事故死亡、重伤人数 7 日内发生变化，导致事故等级变化的，相应改变事故等级。）

2. 事故报告

事故报告应当包括下列内容：

（1）事故发生的时间、地点、区间（线名、千米、米）、线路条件、事故相关单位和人员。

（2）发生事故的列车种类、车次、机车型号、部位、牵引辆数、吨数、计长及运行速度。

（3）旅客人数，伤亡人数、性别、年龄以及救助情况，是否涉及境外人员伤亡。

（4）货物品名、装载情况，易燃、易爆等危险货物情况。

3. 事故调查组织

（1）特别重大事故按《生产安全事故报告和调查处理条例》规定由国务院或国务院授权的部门组织事故调查组进行调查。

（2）重大事故由国铁集团组织事故调查组进行调查。

（3）较大事故和一般事故由事故发生地安全监管办组织事故调查组进行调查。

四类事故等级具体内容

（4）根据事故的具体情况，事故调查组还可由工会等多个单位派人组成，并应当邀请人民检察院派人参加。事故调查组认为必要时，可以聘请有关专家参与事故调查。

任务 5 车辆破损界定

任务导入

车辆的报废，要本着爱护国家资产，物尽其用的原则，严肃对待。凡已不能运用的车辆（包括需要有计划、有步骤地加以淘汰报废的旧、杂型车辆）报废时，须按规定的报废条件和手续办理。报废前，须经过技术鉴定小组严格鉴定，并报国铁集团批准。在未经国铁集团同意前，不允许拆用其配件。接下来让我们共同学习车辆破损的界定条件吧。

一、车辆破损界定类型

车辆破损分为报废、大破、中破和小破 4 种。

（一）货车报废

1. 一般货车报废条件

凡货车因事故损坏或自然耗损（腐蚀、疲劳）符合下列条件之一者，可申请报废：

（1）需要更换中梁一根及截换另一根中梁者。

（2）需要更换中梁一根及底架上的枕、横梁 40% 者。

（3）需要更换中梁一根及侧梁一根者。

各梁更换条件为：腐蚀程度达原梁的 50%；需截换全梁长度 75% 以上，或补强板超过梁高的 1/2，而其各块补强板长度总和超过梁长的 25%（不包括制动主管孔补强板及盖板）者。

（4）因事故造成车底、车体架破损严重确无修复价值者（如钢质焊接结构、底、体架需解体 1/2 以上者）。

2. 罐车报废条件

罐体毁坏达到下列情况之一者，经鉴定小组检查确认，可申请报废：

（1）水罐车罐体腐蚀深度达到原厚度的 50%，其他罐车罐体腐蚀深度达到原厚度的 40%，其腐蚀总面积超过 8 m² 时。

（2）罐体腐蚀、凹陷需要更换一头端体并挖补罐体 2 处以上，每处面积已大于 1 m² 时。

（3）罐体因火灾严重变形无法修复者。

（4）罐体严重塌陷、撞瘪、出现硬性折叠，经鉴定无法修复者。

（5）无底架罐车，或因事故造成牵引梁、枕梁大破损，并且罐车底部凹入，塌陷破损严重者。

（6）罐车底架因事故破损，火烧变形或腐蚀严重，符合前述一项者。

3. 报废手续

（1）需要报废的货车，由所在厂、段的领导干部、技术人员（包括验收人员，在厂车应有铁路局集团有限公司代表参加）及工人组成鉴定小组，按报废条件进行鉴定。

（2）在铁路局集团有限公司的报废货车，可由车辆段鉴定、铁路局集团有限公司审核后报国铁集团核批。

（3）在铁路工厂的报废货车，则由工厂鉴定、审核后报国铁集团核批。

（4）凡符合报废条件的货车，需填写货车报废记录单（车统-3）并附以照片、略图及说明书。

货车批准报废后，由工厂或铁路局集团有限公司负责解体。对可用的车辆互换配件，如转向架、轮对、车钩、缓冲器、制动装置等，移交给车辆段使用时，车辆段按固定资产台账并报铁路局集团有限公司财务处相应转账。其余可利用的各种废旧配件、材料及工厂留用的部件和废旧材料，均可作价（扣除解体时发生的工料费），上交国铁集团财务司。

（二）客车报废

1. 报废条件

凡自然耗损过限、腐蚀或因事故破损严重，无修复价值的客车，符合下列条件之一者，可申请报废：

（1）外墙、顶板需全部分解，并需更换铁立柱达 2/3 者。

（2）需要解体更换中梁者。

（3）中、侧梁垂直弯曲超过 200 mm 或横向弯曲超过 100 mm 者。

（4）两根侧梁折损或一根侧梁及两根端梁折损者。

（5）车底架扭曲，其倾斜度在车底架 1 m 以内超过 70 mm 或全部车底架超过 300 mm 者。

（6）底架破损程度较大或火灾事故后严重变形，以及杂型客车因腐蚀、破坏严重，无恢复价值者。

2. 报废手续

（1）需要报废的客车，由配属段（在工厂时由工厂、事故车由事故发生地的铁路主管部门）组织有关单位成立鉴定组进行鉴定。符合报废条件时，填写客车报废记录单（车统-10），除淘汰型客车外，须附照片显示破损部位，由配属段报局核批。

（2）配属段接到局批准的报废通知后，除留存外应及时转给原申请段（厂）。段（厂）接到通知后，应抹消路徽、车号等标记，并在报废车两侧用白漆写上批准报废的命令号及日期。自批准之日起取消配属，无特殊情况，应在 2 个月内解体完毕。

二、车辆破损范围

（一）车辆大破范围

车辆损坏程度达到下列条件之一者，为大破：

（1）中梁、侧梁、枕梁中任何一种弯曲或破损合计够 2 根（中梁每侧按 1 根计算）。

（2）牵引梁折断 2 根，或折断 1 根加上述各梁弯曲或破损 1 根（贯通式中梁牵引部分按中梁算，非贯通式及无中梁的按牵引梁计算）。

（3）货车车体（底架以上部分，以下同）破损或凹凸变形（不包括地板）敞车面积达 50%，棚车、冷藏车、罐车、守车面积达 30%。火灾或爆炸烧损车体计算车体面积时，包括地板在内。0.8 m 以下低边车和平车发生火灾或爆炸烧损面积达 90%（包括端、侧板及地板）。

（4）客车、机械冷藏车、发电车车体破损，需施修车棚椽子、侧梁、侧柱、通过台顶棚中梁、车棚内角柱之任何一项。

（5）机械冷藏车、发电车的冷冻机、柴油机、发电机破损任何一项需要大修时。

（6）客车、发电车火灾或爆炸内部烧损需要修换的面积达 20 m² （包括顶、侧、端、地、门板以及间隔板）。

（二）车辆中破范围

车辆损坏程度达到下列条件之一者，为中破：

（1）中梁、侧梁、端梁、枕梁中任何一根弯曲或破损。

（2）牵引梁折断 1 根（牵引梁定义与大破同）。

（3）货车车体破损凹凸变形（不包括地板），敞车面积达 25%，棚车、冷藏车、罐车、守车面积达 15%。火灾或爆炸烧损计算车体面积时，包括地板在内。0.8 m 以下低边车和平车发生火灾或爆炸烧损面积达 50%（包括端、侧板及地板）。

（4）转向架的侧架、摇枕、均衡梁或轮对破损需要更换任何一项时。

（5）机械冷藏车、发电车的冷冻机、柴油机及发电机破损任何一项需要段修时。

（6）客车、发电车火灾或爆炸内部烧损需要修换的面积达 10m²（包括顶、侧、端、地、门板以及间隙板）。

（三）车辆各梁大、中破程度限度

在车辆大、中破损范围中，对于车底架的破损，是以各梁弯曲或破损了多少根来确定车辆是大破，还是中破。车底架各梁损坏时，其损坏限度如表 7.5.1 所示。

表 7.5.1　车底架各梁大、中破损限度表

车种	梁别	弯曲（上、下、左、右）/mm	破损程度
客车、动车	侧梁	40	裂纹破损达到原断面面积 1/2
	端梁	30	裂纹破损达到原断面面积 1/2
	中梁	50	裂纹破损延伸至垂直面（不包括盖板）
	枕梁	30	裂纹破损延伸至垂直面（不包括盖板）
货车	侧梁	110	裂纹破损达到原断面面积 1/2
	端梁	100	裂纹破损达到原断面面积 1/2 或冲击座上部断面全部裂损
	中梁	50（下垂为 60）	裂纹破损延伸至垂直面（不包括盖板）
	枕梁	50	裂纹破损延伸至垂直面（不包括盖板）

注：① 客车端梁包括通过台端梁。

② 非贯通式侧梁、端梁，不按侧梁、端梁算。

③ 货车端梁在角部向内延伸 200 mm 范围内的破损不按大、中破损计算，超过 200 mm 范围时，破损限度合并计算。并

④ 机械冷藏车（包括机械车、乘务车、冷藏车）、发电车各梁大、中破损程度按客车计算。

⑤ 0.8 m 以下低边车底架以上无论破损程度如何，均按小破计算（火灾或爆炸除外）。

⑥ 货车改造的简易客车破损时按货车办理。

⑦ 淘汰及旧、杂型车辆破损程度按降一级计算。

⑧ 计算破损程度时，原有裂纹破损旧痕的尺寸不计算在内。

⑨ 中、侧梁弯曲测量计算方法，以两个枕梁间平直延长线为基准。两轴车应找出原底架的水平线，然后延长测量值。端梁弯曲测量方法以两端引出平行线为基准，垂直测量之。每根梁如多处弯曲时，按弯曲最大一处算，上下左右不相加。

⑩ 内燃、电力机车车辆破损按冷藏车办理；动车组中的动车和拖车破损，分别按机车车辆破损范围办理。

（四）车辆小破范围

车辆破损不属于报废、大破、中破范围的均属小破。

🚄 知识巩固

1. 简述客车报废的条件。

2. 简述货车报废的条件。

知识拓展

《铁路交通事故调查处理规则》中相关内容概念解释

（1）机车车辆：包括铁路机车、客车、货车、动车、动车组及各类自轮运转特种设备等。

（2）自轮运转特种设备：在铁路营业线上运行的轨道车及铁路施工、维修专用车辆（包括轨道起重机、架桥机、铺轨机、接触网架线车、放线车、检修车、大型养路机械等）。

（3）列车；编成的车列并挂有机车。单机、自轮运转特种设备，虽未完全具备列车条件，亦应按列车办理。

（4）客运列车：旅客列车（含动车组）、按客车办理的回送空客车车底及其他列车。

（5）客运列车或客运列车摘下本务机车后的车列，被货运列车、机车车辆冲撞造成的事故，以及客运列车在中途站进行摘挂(包括摘挂本务机车)或转线作业发生的事故，均定为客运列车事故。

（6）运行过程：铁路机车车辆运行的全过程，也包括在其运行中的停车状态。

（7）相撞：铁路机车车辆在运行过程中与行人、机动车、非机动车、牲畜及其他障碍物相互碰、撞、轧，造成人员伤亡、设备设施损坏。

（8）冲突：列车、机车车辆互相间或与轻型车辆、设备设施（如车库、站台、车挡等）发生冲撞，致使机车车辆、轻型车辆、设备设施等破损。

（9）脱轨：机车车辆的车轮落下轨面（包括脱轨后又自行复轨），或车轮轮缘顶部高于轨面（因作业需要的除外）。每辆（台）只要脱轨1轮，即按1辆（台）计算。

（10）列车发生火灾：列车起火造成机车车辆破损影响行车设备设施正常使用，或发生人员伤亡、货物、行包烧毁等。

（11）列车发生爆炸：机车车辆在运行过程中发生爆炸，造成其设备损坏，墙板、车体变形或出现孔洞，影响正常行车。

（12）正线：连接车站并贯穿或直股伸入车站的线路。

（13）中断铁路行车：不论事故发生在区间或站内，造成铁路单线、双线区间或双线区间之一线不能行车的情况。中断行车的时间，由事故发生时间起（列车火灾或爆炸由停车时算起）至恢复客货列车原牵引方式连续通行时止。如列车能在站内其他线通行，又回到原正线上进入区间的，不按中断行车算。

（14）耽误列车：列车在区间内停车；通过列车在站内停车；列车在始发站或停车站晚开、在运行过程中超过图定的时间（局管内）或调度员指定的时间；列车停运、合并、保留。

（15）客运列车中途摘车：编挂在客运列车中的车辆发生冲突、脱轨、火灾、爆炸、相撞未达到中破及以上程度，不能运行，必须在途中摘下（不包括始发站和终到站）。

（16）断轴：机车车辆出段、出厂或由固定停放地点开出后，发生即算；列车中的车辆在运行、停留或始发、到达检查时发现即算。

（17）关闭折角塞门发出列车或运行中关闭折角塞门：列车前端越过出站信号机或警冲标即算。采用双管供风的列车因错接风管发出列车，按本项论。

（18）挤道岔：指车轮挤过或挤坏道岔。

（19）滥用紧急制动阀耽误列车：违反《铁路技术管理规程》第271条第4款的规定使用紧急制动阀。

模块 8　内燃机车

内燃机车是以内燃机作为原动力，通过传动装置驱动车轮的机车。内燃机车的燃油在气缸内燃烧，燃油的化学能转变为热能，然后由气缸、活塞、连杆、曲轴转变为曲轴输出的机械能，再经传动装置转换为适合牵引特性要求的机械能，最后驱动机车动轮在钢轨上转动产生牵引力。内燃机车的热效率可达 30%。内燃机车独立性强，线路投资小，见效快，整备时间短，起动、加速快，运行交路长，单位功率质量轻，可实行多机连挂牵引。图 8.0.1 所示为我国自行设计制造的 DF_{11} 型内燃机车。

图 8.0.1　DF_{11} 型内燃机车

知识目标

1. 了解内燃机车的特点与发展史；
2. 熟悉内燃机车的组成和整体布置；
3. 掌握内燃机车的分类、型号及轴列式的表示方法；
4. 掌握机车转向架的结构及特点；
5. 熟悉机车柴油机系统的总体构造及工作原理；
6. 了解液力传动内燃机车的基本机构及工作原理；
7. 了解电力传动内燃机车的基本机构及工作原理。

能力目标

1. 具有内燃机车型号的识别能力；
2. 具备轴列式的表示方法的运用能力；
3. 具备内燃机车整体结构的认知能力；
4. 具备转向架、柴油机、液力变扭器等内燃机车主要部件结构的认知能力；

5. 具备柴油机、液力变扭器等内燃机车主要部件工作原理的分析能力；

6. 具备运用内燃机车整体结构辨识其种类的能力。

素质目标

1. 培养学生的爱国主义情怀；

2. 培养学生的社会责任感；

3. 培养学生的团队意识；

4. 培养学生的创新精神。

任务 1　内燃机车整体认知

任务导入

1958 年 9 月 9 日，新中国第一台**电传动**内燃机车在北京长辛店机车厂试制成功。这台内燃机车自重 60 t，最高速度可达 85 km/h，3 万多个配件全部都是中国制造，从此结束了我国不能自行制造内燃机车的历史。时至今日，由中车大连机车车辆有限公司（简称中车大连公司）、中车戚墅堰机车有限公司（简称戚墅堰公司）、中车青岛四方机车车辆股份有限公司（简称中车青岛四方）、北京中车长客二七轨道装备有限公司（简称二七公司）研制的东风系列、和谐系列的内燃机车，依然在铁路支线、专线上牵引列车正常运行，在经济和社会发展中发挥着重要作用。型号的变迁写就的是往昔的荣耀，我们作为新时代铁路青年，应担当使命、砥砺前行，谱写铁路发展新篇章。下面让我们一起揭开内燃机车的神秘面纱吧。

一、我国内燃机车的发展

1949 年以前，我国铁路工厂大多在外国人控制之下，主要从事机车车辆的修理和组装作业。1957 年以前，我国没有一台真正国产的内燃机车，也没有内燃机车的设计和制造能力。直到 1958 年，在"向科学进军"的号召下，我国铁路工业开始迈上了发展国产内燃机车和实施铁路内燃化的历史征程。至今，我国已经建起了实力雄厚且技术先进的内燃机车工业。

1958 年，大连机车车辆厂仿照苏联 T3 型内燃机车试制了我国第一台巨龙号内燃机车，后改进为东风型内燃机车，机车功率只有 1 342 kW。戚墅堰机车厂试制出我国第一台客货运通用的直流电传动内燃机车（1 470 kW）。1959 年，青岛四方机车车辆厂试制成功我国液力传动型（NY1 型，卫星型，东方红 1 型）客运内燃机车。

早期试制内燃机车的主要特点是：柴油机基本上是仿制国外的；采用直流电传动和液力传动；技术性能和可靠性较差。

从 1964 年起开始生产以 DF$_4$ 型、BJ 型为代表的第二代直流电传动货运内燃机车和液力传动客运内燃机车。1969 年后相继批量生产了 DF$_4$ 等 15 种新机型，第二代内燃机车柴油机完全是自主开发的产品，在功率、结构、柴油机热效率和传动装置效率上，都有显著提高，而且还分别增设了电阻制动或液力制动和液力换向、机车各系统保护和故障诊断显示、微机控制等功能；采用了承载式车体、静液压驱动等一系列新技术，机车可靠性和使用寿命方面有了很大的提高。

自 1989 年起，在我国自主开发的 16V240ZJD 型、16V280ZJA 型柴油机开始应用微机控制技术，并开发出国产第三代内燃机车。如 DF$_6$ 型交-直流电传动内燃机车，其消化吸收了从美国进口的 ND$_5$ 型机车技术，机车功率达 2 940 kW；吸收奥地利李斯特公司技术开发的新一代柴油机，生产出 DF$_{11}$ 型准高速客运内燃机车，机车功率达到 3 680 kW，最高速度达 170 km/h。1996 年大连厂开发出 DF$_{4D}$ 型提速客运内燃机车，并且根据铁路运输需要，利用不同缸数的 D 型柴油机，先后开发出多种调车机车和货运机车，形成了一个机车系列。1997 年，为满足铁路重载牵引的需要，戚墅堰厂开发出功率为 3 680 kW 的 DF$_{8B}$ 型货运内燃机车，机车轴重首次达 25 t。2002 年，戚墅堰厂在 DF$_{8B}$ 型内燃机车基础上，研制成了可上青藏铁路格—拉（格尔木—拉萨）段运行的"雪域神舟"号内燃机车。

以大功率货运内燃机车 DF$_{8B}$ 以及快速客运内燃机车 DF$_{11}$ 等机型为代表的第三代内燃机车的技术经济水平已接近或达到了国际先进水平，第三代内燃机车除了采用国内外较多的先进新技术以外，功率更大，速度也更快，满足了干线货运列车的重载牵引要求，也为铁路近年来几次大提速作出了贡献。

1999 年，我国制研成第一台交流电传动的第四代内燃机车，开辟了我国内燃机车的交流电传动时代。2000 年，大连机车车辆厂利用西门子公司的 IGBT 功率模块，研制成 2 940 kW 的 DF$_{4DJ}$ 型客货运交流电传动内燃机车。2003 年，戚墅堰机车厂利用庞巴迪公司的 IGBT 功率模块，研制成 4 410 kW 的 DF$_{8CJ}$ 型货运交流电传动内燃机车。2006 年，资阳机车厂利用美国 Caterpillar 公司 Cat3616 型中速柴油机，研制成 4 780 kW 的 DF$_{8DJ}$ 型交流电传动内燃机车，这是世界上功率最大的交流电传动内燃机车。2014 年，中车大连公司研发成 4 660 kW 的 HXN3 型货运内燃机车，最高运营速度达 120 km/h，成为国内最大功率的货运内燃机车，表明我国机车制造企业的自主研发能力和生产能力也达到了一个新的高度。

第四代内燃机车的特点是：采用交直交电传动（直接采用第三代逆变器 IGBT）；辅机交流电传动；机车微机控制；柴油机电子喷射（喷油量和时间由微机控制）；客运机车牵引电动机架悬、货运机车径向转向架。

今后，我国内燃机车的生产和开发，应适应铁路运输"重载、高速、自动驾驶"的要求，提供高质量的适用机车，同时引进必要的技术，提高机车的技术水平，开发新一代内燃机车。具体研发目标应注重以下几方面：

（1）大力提高生产内燃机车的质量及生产能力。

（2）进一步完善和开发热效率在 40% 以上，标定功率在 5 000 kW 以上大功率柴油机，以适应开发新型内燃机车的需要。

（3）开发新的重型调车机车。

（4）进一步提高内燃机车运用的可靠性和经济性。

（5）开发和推广内燃机车微机控制和故障诊断技术，并实现系统化。

（6）加强内燃机车交流传动技术的研究，尽快研制交流传动内燃机车。

（7）研制装用径向转向架的内燃机车。

各型内燃机车简介

二、内燃机车的组成

内燃机车虽然有各种不同的类型，但它们的基本组成及工作原理是相同或相似的，都是由柴油机、传动装置、车体车架、走行部及辅助装置等5大部分组成。

（1）柴油机的作用是利用柴油燃烧时所产生的高温、高压的燃气直接推动活塞做功。

（2）传动装置的作用是将柴油机的机械功传给机车的走行部，并保证机车所需的牵引性能，充分发挥柴油机的功率。功率较大的内燃机车，其传动装置有液力传动和电力传动两种类型，相应的机车则称为液力传动内燃机车和电力传动内燃机车。

（3）车体车架是机车各部件的安装基础，并保护各种设备和司机的工作不受外界条件的干扰。

（4）走行部（转向架）的作用是承受机车上部质量，将传动装置传递来的功率实现为机车的牵引力和速度；保证机车运行的平稳性和安全性。

（5）辅助装置的作用是保证发动机、传动装置和走行部的正常工作和可靠运行。其中机车辅助装置包括：燃油系统、机油系统、冷却水系统、预热系统、空气制动系统及其他用风系统、控制系统、照明系统、充电系统、检测系统、诊断系统和显示记录系统等部分。

三、内燃机车总体布置

机车总体布置，分为上、下两部分。下部两端为转向架，车架下部中央吊装燃油箱，燃油箱两侧装有蓄电池组，燃油箱前后端装有总风缸。上部车体由间壁将车体分隔成司机室、电气室、动力室、冷却室、辅助室等相对独立的功能区。

两司机室基本相同，室内左侧为正司机操纵台，布置有制动阀、换向手柄、控制开关、按钮、仪表、故障显示板、微机显示屏及速度监控装置等设备。右侧为副司机操纵台。

电气室内安装高压电器柜、低压电器柜、电子恒功率控制柜、主硅整流柜和一组电阻制动柜。机车信号装置、监控装置、无线列调等3项设备的电气控制箱安装在电气室间壁上。电气室内还装有两只牵引电动机通风机，其中一台通风机冷却主硅整流柜和同步牵引发电机，另一台通风机冷却前转向架牵引电动机。电气室侧壁上开有通风窗，并装有滤尘网，牵引电动机通风机从电气室内吸入外界新鲜干净空气。电阻制动柜的吸风口开在机车顶盖的左侧，排风口在顶盖右侧。

动力室内安装有柴油机、牵引发电机组、前变速箱、励磁机、起动发电机和测速发电机。机组左侧设有两组燃油输送泵、燃油粗滤器，右侧有燃油预热器及其燃油泵和辅助机油泵组。左、右两侧壁上设有增压空气滤清器、车体通风机。前间壁上部为横跨电气室和动力室的两台电阻制动装置，下部左侧为励磁整流柜，右侧为空气干燥装置。后间壁上方为膨胀水箱。下部为压力传感器等仪表。

冷却室安装 V 形冷却装置，整体吊装在左右侧壁的顶部。地板上安装有后变速箱，带动两只静液压泵和后转向架牵引电动机通风机，左侧为机油热交换器和空气压缩机，右侧为起动机油泵组、化纤布式机油滤清器和空气压缩机。在冷却室后端的地板上安装一组空气压缩机组。在地板上还装有两个静液压系统工作油的小热交换器。在前间壁左右两侧吊装有静液压系统油箱。

辅助室内安装预热锅炉控制柜，在预热锅炉控制柜下方的地板上安装空气制动系统的阀类安装架。右侧地板上还装有机车用电源逆变器。在辅助室内设有扶梯可通车顶。辅助室内还装有更衣箱等。

内燃机车的总体结构如图 8.1.1 所示。

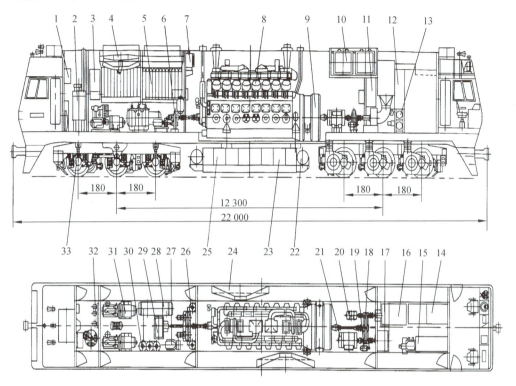

1—预热锅炉控制箱；2—预热锅炉；3—更衣箱；4—冷却风扇；5—散热器；6—后变速箱；7—膨胀水箱；
8—柴油机；9—主发电机；10—电阻制动柜；11—微机柜；12—机车信号装置安装柜；
13—制动阀类安装；14—高压柜；15—低压柜；16—主硅整流柜；17—前通风机；18—前变速箱；
19—测速发电机；20—励磁机；21—启动发电机；22—总风缸；23—蓄电池箱；24—空气滤清器；
25—燃油箱；26—静液压油箱；27—起动机油泵；28—机油热交换器；29—后通风机；
30—机油滤清器；31—空气压缩机组；32—空气干燥器；33—转向架。

图 8.1.1　内燃机车的总体结构

四、内燃机车的分类、型号、轴列式及功率

（一）内燃机车的分类

内燃机车按传动方式可分为电力传动机车和液力传动机车；按用途可分为货运机车、客运机车和调车机车。

货运机车有较大的牵引力，单节机车功率 1 500 ~ 4 400 kW，最大运用速度 80 ~ 100 km/h；客运机车具有较高的运用速度和起动加速度，单节机车功率 1 500 ~ 4 400 kW，最大运用速度 120 ~ 170 km/h；调车机车分为站内调机和编组站解编调机，进行站内调车和编组站解编调车作业并承担部分短途运输任务，编组站调车机车功率 740 ~ 1 500 kW，最大运用速度 70 ~

90 km/h。

（二）内燃机车的型号和轴列式

我国国产的内燃机车习惯用汉字表示，以"东方红""北京"表示液力传动内燃机车，以"东风"表示电力传动内燃机车，而进口内燃机车用汉语拼音字母表示，以"NY"，表示液力传动内燃机车，以"ND"表示电力传动内燃机车，在汉字或汉语拼音字母右下角的数字，表示该型机车投入运用的序号。

内燃机车的轴列式，用以表达转向架台数，每台转向架动轴数及动轴的驱动方式。如 2-2，表示该机车有两台二轴转向架，动轴的驱动方式是成组驱动，而 3_0-3_0 则表示该机车有两台三轴转向架，动轴的驱动方式是每一动轴为单独驱动。内燃机车的轴列式也可用英文字母表示，A 即 1，B 即 2，C 即 3，D 即 4。如 B-B，C_0-C_0 也可写成 BB，C_0C_0，或 B'B'，$C'_0C'_0$。

（三）内燃机车功率

内燃机车功率是指牵引发电机的功率。如 DF_{4B} 型内燃机车柴油机装车功率 2 430 kW，牵引发电机的功率为 2 080～2 180 kW。

我国铁路使用的部分类型的内燃机车及主要性能参数，如表 8.1.1 所示。

表 8.1.1　内燃机车主要性能参数

机车型号	制造厂名（缩写）或国名	用途	传动方式	轴列式	最大速度/（km/h）	燃油装载量/L	机车运转整备质量/t
DF_3	戚野堰	客、货	电力（直-直）	C_0-C_0	100	5 400	126
DF_2		调车		C_0-C_0	95	4 000	113
DF_4	大连、资阳	客、货	电力（交-直）	C_0-C_0	客 120、货 100	9 000	138
DF_{4B}	大连、资阳、大同	客、货	电力（交-直）	C_0-C_0	客 120、货 100	9 000	138
DF_7	二七	调车	电力（交-直）	C_0-C_0	80	5400	135
DF_8	戚野堰	货运	电力（交-直）	C_0-C_0	100	8500	138
DF_{8B}		货运	电力（交-直）	C_0-C_0	100	9 000	138
DF_{11}		客运	电力（交-直）	C_0-C_0	170	6 000	138
BJ	二七	客运	液力	液力	120	5 500	92

五、设置传动装置的目的

列车在铁路线路上运行时，由于线路起伏及曲直变化，所以列车运行阻力是时刻变化的。而机车柴油机功率比较大，它不可能通过频繁地改变其供油量，来满足它的负载变化。因此，柴油机曲轴不能直接驱动机车动轮，而必须在柴油机曲轴与机车动轮之间设置一套传动装置。这是因为：

（1）柴油机直接驱动机车动轮不能实现机车的理想牵引特性。机车理想牵引特性如图 8.1.2 所示，为充分利用柴油机的功率，需要将柴油机功率（除辅助功率外）全部转为机车轮周功率，而机车轮周功率 N 等于轮周牵引力 F 与机车速度 v 的乘积。列车运行时，机车需要的牵引特性为：当外界阻力增大时，机车能增大牵引力输出，降低运行速度；当外界阻力减小时，机车能减小牵引力输出，提高运行速度。即牵引力 F 与运行速度 v 的乘积为一常数：

$$N_e = F \cdot v$$

柴油机的扭矩特性［即 $M = F(n)$］和功率特性［即 $N = F(n)$］如图 8.1.3 所示，当每一循环供油量一定时，柴油机的扭矩 M 几乎不随转速的变化而改变，因此柴油机的功率 N 基本上与转速 n 成正比，而且只有当柴油机达到额定转速时，才能发出额定功率。而图 8.1.2 中的扭矩特性曲线，也就是采用直接驱动方式时的内燃机车的牵引特性曲线，显然不符合内燃机车的理想牵引特性的要求，并且只有当柴油机达到额定转速时，即机车在最高速度时，柴油机功率才能得到充分利用。

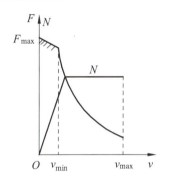

图 8.1.2　机车理想牵引特性

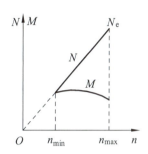

图 8.1.3　柴油机扭矩特性和功率特性

（2）柴油机的转速范围满足不了机车运行速度范围的变化要求。当柴油机转速低于最低转速运转时会熄火，高于最高转速运转时又会引起飞车，而损坏柴油机。机车最低运行速度为 3 ~ 5 km/h，最高运行速度 100 ~ 120 km/h，甚至更高。

（3）柴油机应在无负载情况下启动，而机车起动负载都很大，所以柴油机无法直接驱动机车动轮。

（4）柴油机曲轴一般不能反转，而机车却需要既能前进也能后退。

内燃机车的传动装置分为机械传动、电力传动和液体传动 3 大类，其中液体传动又分为液压传动和液力传动。一般大功率内燃机车采用电力传动和液力传动。

知识巩固

1. 轴列式的含义是什么？如何用轴列式来表示机车走行部的结构特点？
2. 内燃机车主要由几大部分组成？
3. 设置传动装置的目的是什么？

知识拓展

长城号内燃动车组如图 8.1.4 所示，简称长城号，型号为 NDJ$_3$（内燃电力传动动力集中动车组，简称内电集），NDJ$_3$ 型柴油动车组是以新曙光号内燃动车组为基础进行研制，机车和客车车厢分别由中车戚墅堰机车有限公司与中车南京浦镇车辆有限公司负责制造，动车组采用旅游客车设计。列车动力配置为二动七拖，头尾每端各配有一台柴油机车，以推挽式运行，最大运行速度为 160 km/h。这款动车组最先由原铁道部为满足 2008 年北京奥运带来游客增加而需要开行的北京至八达岭旅游列车的要求订造，现主要配属北京局集团公司和沈阳局集团公司。

图 8.1.4　长城号内燃动车组

任务 2　机车柴油机系统

任务导入

根据机车上内燃机的燃料种类划分，在我国铁路上采用的内燃机车绝大多数配备柴油机。柴油机具有热效率和经济性较好，无须点火系统的优点；但也有体积较大，振动噪声大的缺点。它在节能与碳排放方面的优势，则是包括汽油机在内的所有热力发动机无法取代的，因此，柴油机也被称为"绿色发动机"，接下来就让我们一起来探究机车柴油机是如何"燃烧"自己，向庞大的钢铁巨龙提供动力的。

柴油机（内燃机）是将柴油燃烧产生的热能转变为由柴油机曲轴输出机械能的动力机械。柴油机的每一工作循环，即从柴油在气缸内燃烧到曲轴输出机械能，是由进气、压缩、燃烧膨胀、排气 4 个过程组成的。

我国制造的 DF_4、DF_7、DF_8、DF_{11} 系列、BJ 型和 DFH 系列机车使用的是四冲程柴油机。

DF_{8B} 型内燃机车上采用的 16V280ZJA 型柴油机，表示它有 16 个气缸；分两排呈 V 字形排列；气缸内径为 280 mm；Z 表示增压，装有废气涡轮增压器和增压空气中间冷却器；J 表示铁路牵引用。HXN5B 型内燃机车上采用 R12V280ZJ 型柴油机，它具有 12 个气缸，气缸呈 V 字形排列，气缸直径为 280 mm，采用废气涡轮增压、增压空气中间冷却方式。16V280ZJA 和 R12V280ZJ 型柴油机都是一种四冲程机车用柴油机。

R12V280ZJ 柴油机总体结构

一、柴油机的总体构造

柴油机是一种相当复杂的机器，它由曲柄连杆机构、柴油机主要固定件、配气机构及进排气系统、燃料供给系统、润滑系统、冷却系统、启动装置等许多机构和系统组成，这些机构和系统共同保证柴油机能进行正常的工作，实现能量转换，并使之能连续运转。柴油机总体外观如图 8.2.1 所示。

图 8.2.1　柴油机外形结构

二、柴油机工作原理

四冲程柴油机每个气缸内活塞需要经过往复 4 个行程，才能完成进气、压缩、燃烧膨胀、排气 4 个工作过程。四冲程柴油机工作循环过程如图 8.2.2 所示。

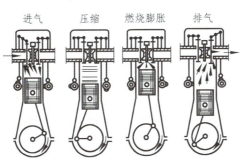

图 8.2.2　单缸四冲程柴油机工作原理

三、柴油机辅助装置

为保证柴油机正常、高效地运转，必须有一套辅助装置，包括燃油系统、调节系统、进排气系统、冷却系统和预热系统。

（一）燃油系统

燃油系统的任务是根据柴油机的运转工况，适时、定量地向气缸供给具有一定压力的、充足的、清洁的柴油，并使柴油在气缸内良好地雾化，能够充分燃烧，保证柴油机的正常工作。

燃油系统主要由燃油箱、燃油粗滤器、燃油输送泵、燃油精滤器等燃油输送装置及喷油泵、高压油管和喷油器等燃油喷射装置组成，如图8.2.3所示。

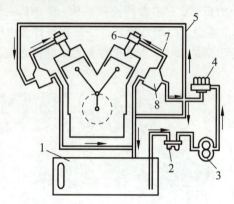

1—燃油箱；2—燃油粗滤器；3—燃油输送泵；4—燃油精滤器；5—燃油管路（低压）；
6—喷油器；7—高压油管；8—喷油泵。

图8.2.3　燃油系统

（二）调节控制系统

柴油机的调节控制系统包括调节器、极限调节器、控制机构和调控传动装置等。

调节器的作用是通过控制系统来控制柴油机的转速和功率，以适应外界负荷的变化，使柴油机在最佳状态下工作。一般内燃机车采用的是转速-功率联合调节器。

转速-功率联合调节器，由控制部分、感受部分和执行部分组成。

通过控制部分（即配速部分）可以控制柴油机转速，以适应运行要求；通过感受部分直接感受柴油机外界负荷的变化，即机车牵引功率和机车辅助功率的变化；执行部分是调节器具体执行命令的机构，通过它与喷油泵发生联系，以改变每一循环喷入气缸内的燃油量。当由于柴油机外界负荷发生变化而引起柴油机转速和功率改变时，它按照控制部分给定的信号，通过调整喷油泵的供油量，而维持柴油机转速和功率不变，达到新的平衡。即当柴油机给定信号不变时，柴油机在运行时，执行部分始终维持柴油机的转速和功率恒定——动态平衡。

机车柴油机的功率，一方面用于牵引，另一方面用于驱动辅助装置，如空气压缩机、冷却风扇等，而驱动辅助装置大约需要消耗柴油机功率的10%。

（三）进排气系统

进排气系统的任务是向柴油机气缸内输送充足的、清洁的、具有一定压力的新鲜空气，排除气缸内燃烧膨胀后的废气。它主要由空气滤清器、废气涡轮增压器、中间冷却器和进、排气管道等组成，如图8.2.4所示。

柴油机工作时，废气涡轮增压器的压气机从安装在机车车体壁上的空气滤清器吸入清洁新鲜空气，经压气机部分压缩，中间冷却器冷却后，进入柴油机机体V形夹角处的进气稳压箱，到达各缸进气支管，然后分别进入各缸燃烧室内。燃烧后的废气由各缸废气支管进入排气总管内，废气由废气总管出口进入废气涡轮增压器的废气涡轮内，废气膨胀做功带动压气机转动，之后由烟筒排向大气。

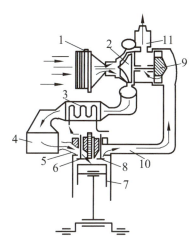

1—空气滤清器；2—废气涡轮增压器压气机部分；3—中冷器；4—进气稳压箱；5—进气支管；
6—进气阀；7—活塞；8—排气阀；9—废气涡轮增压器废气涡轮部分；
10—排气管；11—消音器。

图 8.2.4　进排气系统

柴油机为什么要设置废气涡轮增压器和中间冷却器呢？

新鲜空气进入气缸前，先在压气机内进行预先压缩，使空气压力提高到 250 kPa 左右，再进入气缸，这样由于空气的密度提高了，虽然气缸的容积未增大，但进入气缸的空气量增加了，此时在柴油机每一工作循环中，相应地喷入更多的燃油，柴油机的功率提高了。而且压气机是由柴油机排出的高温（500～600 ℃）、高压（0.147～0.294 kPa）的废气在涡轮内继续膨胀做功带动的，因此增设废气涡轮增压器既可提高柴油机的功率又可改善其经济性。新鲜空气进入压气机被压缩后，在压力提高的同时，温度也升高了。设置中间冷却器，是为了进一步提高空气密度。增压空气在进入气缸之前，先进入中间冷却器，用冷却水对增压空气进行冷却，使其温度降至 65 ℃ 以下，再进入气缸。柴油机设置了带有中间冷却器的废气涡轮增压器后，功率可提高 50% 左右，燃油消耗率也可降低。

（四）机油系统

柴油机在工作时，诸如曲轴、活塞、连杆等的许多零部件运动速度较高，各摩擦表面都会产生磨损，产生热量。机油系统的任务，就是向柴油机各运动零部件的摩擦表面供给带有一定压力的、温度适宜的、洁净的机油，在对各零部件进行润滑、减小摩擦和磨损的同时，冲洗摩擦表面的磨屑和带走摩擦产生的热量。机油系统如图 8.2.5 所示，由机油泵、机油滤清器、机油热交换器及管路组成。

柴油机运转时，由柴油机曲轴带动的主机油泵从柴油机油底壳中吸出高温机油，经滤清器滤清，送入机油热交换器进行冷却后，低温机油进入主机油道和精滤器，再至各运动部件、配气机构和废气涡轮增压器，之后成为高温机油又流回油底壳，然后循环使用。柴油机启动前，先开启起动机油泵（由电动机带动），将机油送至各摩擦接触表面，并建立油压后，再启动柴油机。当机油油温低于规定值时，必须先将机油预热到规定温度时，才能启动柴油机。

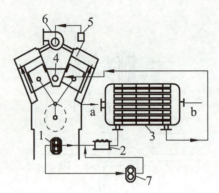

1—主机油泵；2—机油滤清器；3—机油交换器；4—主机油道；5—滤清器；6—增压器；
7—起动机油泵；a—冷却水进口；b—冷却水出口。

图 8.2.5　机油系统

（五）冷却水系统

柴油机工作时，与燃气直接接触的气缸、活塞等零部件受热强烈，如不适当冷却，则会造成柴油机过热，使零部件强度降低、机油的物理化学性质改变、润滑条件恶化、磨损加剧。所以机车柴油机通常采用强制循环冷却水系统，以保证柴油机主要零部件在适当的温度状态下工作，并保持较高的新鲜空气密度和机油的黏度与品质，保证柴油机能够高效持久地工作。

冷却水系统如图 8.2.6 所示，分为高温水系统和低温水系统两部分，由水泵、散热器、冷却风扇和膨胀水箱组成。

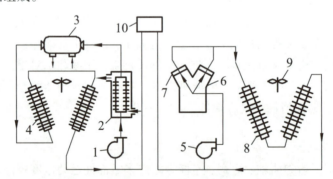

1—低温水泵；2—中间冷却器；3—机油热交换器；4、8—散热器；5—高温水泵；6—气缸；
7—气缸盖；9—风扇；10—膨胀水箱。

图 8.2.6　冷却水系统

（六）预热系统

内燃机车柴油机工作时，机油和冷却水温度不能过低，否则不仅会使柴油机启动困难，而且会使其运动件磨耗加重，燃油雾化不好，影响燃烧质量。按照规定，柴油机启动时油水温度不得低于 20 ℃，加载时油水温度不得低于 40 ℃。

在环境温度较低的情况下，为保证柴油机能在规定的油、水温度下启动，或当柴油机停机时间较长而需要保温时，应启动预热系统。预热系统主要由预热锅炉和循环水泵组成。

四、柴油机功率及功率调节

柴油机功率有持续功率、小时功率及装车功率。持续功率是在指定的环境状况下，在正常的检修周期内，柴油机能够持续发出的最大功率。小时功率是在和持续功率同样的环境状况下，柴油机允许连续运转 1 h 所发出的最大功率。小时功率一般为持续功率的 110%。装车功率是在正常检修周期内，由环境状况和使用条件决定的柴油机最大使用功率。一般考虑到柴油机工作的可靠性及使用寿命，需降功率使用。

常见内燃机车柴油机功率如表 8.2.1 所示。

表 8.2.1　部分内燃机车柴油机功率

机车型号	小时功率/kW	持续功率/kW	装车功率/kW
DF、DF$_3$	1 470	1 325	1 325
DF$_4$	2 940	2 650	2 430
BJ	2 210	1 990	1 990
DFH$_3$	2 210	1 990	1 990
DF$_{8B}$	3 680	3 100	3 680
DF$_{11}$	3 610	3 040	3 610
HXN5	4 660	4 400	4 660

柴油机的功率调节有两种，即有级调节和无级调节。DF$_4$ 型内燃机车采用有级调节，共有 16 个功率挡位，由司机控制器调速手轮控制，工作转速范围为 500～1 100 r/min。而 DF$_{4D}$ 型内燃机车功率的调节采用无级调节，也由司机控制器手轮控制，标定转速为 1 000 r/min。

知识巩固

1. 柴油机主要由哪些机构和系统组成？
2. 四冲程柴油机的工作原理是什么？
3. 柴油机为什么要设置增压器？

知识拓展

柴油机与电动机组成的混合动力系统主要应用在船舶、重型卡车、工程机械领域，是一种将传统柴油机动力和电动动力相结合的先进动力系统，具有诸多优势。在不同的运行工况下，系统自动切换柴油机和电动机的工作模式，以实现最佳的动力输出和燃油效率。例如，在起动和低速行驶时，电动机单独工作，提供平稳、安静的动力，同时避免了柴油机在低负荷下的低效率运行和高排放。当需要更大的动力输出时，柴油机启动并与电动机协同工作，共同为车辆或设备提供动力。在制动或减速时，电动机可以转换为发电机模式，将动能转化为电能储存起来，实现能量回收，这样的混合动力系统能否应用在内燃机车上呢？请您和伙伴们一起探讨探讨吧。

任务 3　　液力传动内燃机车

任务导入

通过任务 2 的学习，我们了解到柴油机将热能转换为曲轴的机械能，但并不用来直接驱动车轮，而是通过传动装置转换为适合机车牵引特性要求的机械能，再通过机车走行部驱动机车动轮在轨道上转动。传动装置不同的内燃机车的牵引特性也有所区别，下面让我们一起来探究液力传动内燃机车内部的奥秘吧。

一、液力传动内燃机车概述

液力传动内燃机车具有牵引性能良好、起动平稳、造价低廉、维护方便及节省有色金属等特点，但传动效率较电力传动稍低，适合牵引客运机车。我国自行设计制造的 BJ 型、DFH 型内燃机车都采用液力传动装置。在液力传动内燃机车上，原动力是柴油机，在柴油机与机车动轮之间，装有一套液力传动装置。液力传动基本原理如图 8.3.1 所示。

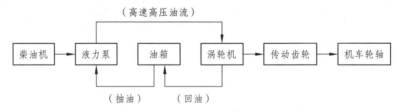

图 8.3.1　液力传动基本原理示意图

BJ 型液力传动内燃机车是干线客运机车，总体布置如图 8.3.2 所示。

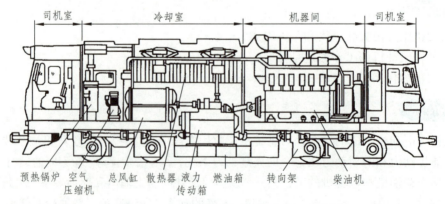

图 8.3.2　北京型内燃机车总体布置示意图

二、液力变扭器的工作原理及外特性

液力传动箱内装有液力变扭器，液力变扭器是组成液力传动装置的基本元件。改变柴油机扭矩特性，使之适合于机车牵引特性，就是由它来完成的。

液力变扭器的工作原理如图 8.3.3 所示，泵轮轴即液力变扭器的输入轴，由柴油机通过万向轴及齿轮驱动；涡轮轴即液力变扭器的输出轴，再通过万向轴及齿轮驱动机车动轮。柴油机曲轴驱动泵轮，泵轮不断地从油箱中吸出工作油，并使工作油以很高的速度流出泵轮，通过管路工作油进入涡轮，并冲击涡轮叶片，推动涡轮旋转，转动的涡轮轴再通过齿轮驱动机车动轮，由涡轮流出后的工作油又进入油箱循环使用。在这个过程中，泵轮将柴油机的机械能转化成工作油的动能，又通过涡轮将工作油的动能转化成涡轮轴输出的机械能，工作油只是传递能量的媒介。

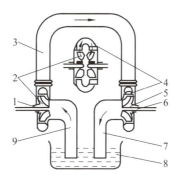

1—输入轴；2—油泵；3—输油管；4—导向装置；5—涡轮；6—输出轴；7—出油管；
8—油箱；9—进油管。

图 8.3.3　液力变扭器工作原理图

实际使用中，为了减少功率损失，将泵轮、涡轮和循环管路设计为一体。液力变扭器由泵轮、涡轮、导轮这 3 个均带有叶片的工作轮组成，如图 8.3.4 所示。导轮固定在壳体上，与示意图不同的是泵轮轴为空心轴，由柴油机曲轴通过齿轮驱动，输入功率，涡轮轴穿过泵轮空心轴，通过齿轮输出功率并驱动机车动轮。液力变扭器工作时，工作油流经各工作轮的顺序为：泵轮—涡轮—导轮—泵轮。涡轮的转动方向与泵轮的转动方向是相同的。如果不向变扭器内充入工作油，涡轮将无扭矩输出并停止转动，机车停车，泵轮空转。

泵轮轴输入的转速与扭矩取决于柴油机曲轴输出的转速与扭矩，而机车的牵引力与运行速度取决于涡轮轴输出的扭矩与转速。柴油机在某一转速时，液力变扭器的外特性曲线如图 8.3.5 所示。柴油机的转速确定后，泵轮轴的转速不变，扭矩 M_B 也基本不变，而涡轮轴的转速 n_T 与涡轮轴的扭矩 M_T 成双曲线关系。涡轮轴的扭矩转换为机车的牵引力，涡轮轴的转速转换为机车的运行速度，机车在起动时，涡轮转速为零，泵轮随曲轴转动，此时泵轮与涡轮间的相对转速最大，因此由泵轮叶片出口流出的工作油对涡轮叶片的冲击力也最大，所以涡轮轴输出的扭矩也最大，因而使机车产生较大的起动牵引力。机车起动后，随着涡轮转速逐渐升高，机车速度也逐渐加快，而泵轮与涡轮间的相对转速都逐渐地减小，工作油对涡轮叶片的冲击力逐渐地减小，涡轮轴的输出扭矩减小，一直调整到与列车运行时受到的阻力相平衡时，列车在稳定的速度下运行。当列车在运行过程中，运行阻力增加时，涡轮轴由于负载阻力扭矩增加而转速降低，这使得泵轮与涡轮间的相对转速增加，工作油对涡轮叶片的冲击力增加，使涡轮轴的输出扭矩增大，机车的牵引力增大，速度减小，直至涡轮轴的输出扭矩与负载阻力扭矩平衡。

反之，当列车运行阻力减小，机车牵引力减小，速度增大。因此液力变扭器能够根据列车运行阻力的变化，自动地完成调节机车牵引力的大小，并基本上维持输出功率的恒定，使机车具有良好的牵引特性。

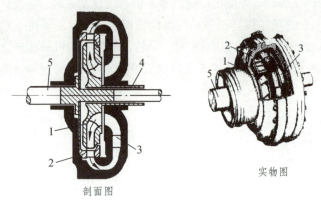

1—泵轮；2—涡轮；3—导向轮；4—泵轮轴；5—涡轮轴。

图 8.3.4 液力变扭器

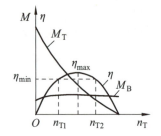

图 8.3.5 液力变扭器的外特性

三、液力传动内燃机车的工作原理

（一）柴油机启动

由蓄电池供电，起动电机呈直流电动机工况，起动电机通过齿轮带动柴油机启动。柴油机启动完毕，将起动电机改接为直流发电机，向蓄电池充电，并为机车辅助设备供电。

（二）机车起动和调速

司机控制器调速手轮在"0"位时，两个变扭器内均无工作油，柴油机空转，泵轮空转，机车不动。当机车起动时，先将换向手柄置于"前进"或"后退"位，再将调速手轮离开"0"位移至"1"位，油泵开始工作，将工作油充入起动变扭器，起动变扭器涡轮开始转动，机车起动。随着调速手轮挡位不断提升，柴油机转速提高，输出功率逐渐增加，机车的轮周功率也不断提高。随着机车运行速度的进一步提高，达到换挡速度时，由液力传动的控制系统自动换挡。在排出起动变扭器的工作油的同时，向运转变扭器充油。反之，当机车运行速度降低达到换挡速度时，液力传动的控制系统自动换挡，同样在排出运转变扭器的工作油的同时，向起动变扭器充油。

（三）机车停车和柴油机停机

如机车需要停车时，先将调速手轮移至"0"位，控制系统自动排出变扭器（Ⅰ或Ⅱ挡变扭器）中的工作油，柴油机空转，机车惰行，再操纵自阀，使列车停车。如需柴油机停机，再切断燃油泵电机的开关，柴油机停机。

（四）机车换向和液力制动

液力传动内燃机车的换向也必须是在机车停车时进行。调速手轮必须位于"0"位，换向手柄由"前进"或"后退"位，移至"后退"或"前进"位，由换向机构完成换向，换向前后涡轮轴的转动方向不发生变化，而是通过换向离合器的动作，使齿轮啮合传动关系发生改变，液力变速箱输出轴的转向就发生了改变，从而使机车动轮的转动方向发生改变，这样机车就改变了运行方向。

液力制动靠液力制动器来实现。其作用原理是，将机车的动能转换为工作油的动能，又转换为工作油的热能，再由冷却系统冷却，达到消耗机车动能的目的。液力制动只能作为机车的辅助制动。

液力传动装置如图 8.3.6 所示。

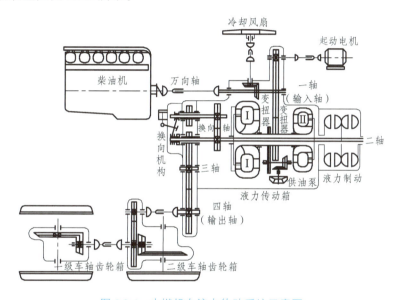

图 8.3.6　内燃机车液力传动系统示意图

知识巩固

1. 液力传动内燃机车具有什么特点？
2. 液力变扭器的工作原理是什么？

知识拓展

液力变扭器是一种借助于液体的高速运动来传递功率的元件。它的工作特点是输入端的转速和扭矩基本恒定，而输出端的转速和扭矩可以大于、等于或小于输入端的转速和扭矩，并且输出转速与输出扭矩之间可以随着所驱动的工作机负荷大小，自动地连续调节变化。由于液力变扭器具有无级变速和变扭的功能，因此，它广泛用作各种动力机与工作机之间的传动装置。例如用作公路运输车辆以及铁道运输车辆的传动装置。此外，还应用在工程机械、矿山机械和大型船舶中，所以液力变扭器在现代工业上具有很大实用价值。

任务 4 　电力传动内燃机车

任务导入

电力传动内燃机车就是自带发电机的电力火车，它具有性能稳定、设施简单、造价低廉的优点，与液力传动内燃机车相比，其综合性能要强很多，所以运用最为广泛，是我国内燃机车的主流车型。下面我们一起来学习电力传动内燃机车的组成和原理，探索它是如何发挥自身优势，在我国内燃机车中占据重要地位的。

DF_{4B} 型内燃机车是国产电力传动内燃机车的基本型，它为发展系列化电力传动内燃机车奠定了基础。本任务主要以 DF_{4B} 型机车为例，介绍电力传动内燃机车的工作原理。

电力传动内燃机车的传动装置与液力传动内燃机车截然不同，但其余部分都是相似的。

电力传动装置的工作原理如图 8.4.1 所示。柴油机直接驱动牵引发电机转动发电，向牵引电动机供电，牵引电动机驱动机车动轮轴，使车轮转动。

电力传动装置根据牵引发电机与牵引电动机的电流制式，可分为直-直流、交-直流、交-直-交流和交-交流形式。

DF 型、DF_2 型、DF_3 型及 ND_2 型机车为直-直流电力传动内燃机车。它们均是由柴油机曲轴驱动一台直流牵引发电机，发出的直流电直接提供给 6 台直流牵引电动机，6 台牵引电动机分别通过一对齿轮驱动机车 6 组动轮。这类机车的特点是直流电动机的结构

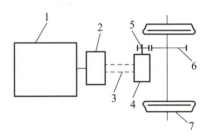

1—柴油机；2—牵引发电机；3—电路；
4—牵引电动机；5—主动齿轮；
6—从动齿轮；7—动轮。

图 8.4.1　电力传动工作原理

复杂，存在电刷接触式的换向器，它不仅工艺复杂，体积及质量大，而且功率比较小，远远不能适应机车向高速、大功率方向发展的要求。如采用相同容量的交流牵引发电机，无论是在体积上，还是在质量上却可以做得较小、较轻，因此一般较大功率的内燃机车用的是交-直或者交-直-交流电力传动装置。如 DF_4 系列、DF_7、DF_{8B}、DF_{11}、ND_4 和 ND_5 等型号机车。

一、电力传动装置的作用

（一）传动作用

该作用是将机车柴油机曲轴输出的机械能进行能量变换，传递给轮对，驱动机车运行，并使机车具有理想的牵引特性。要求机车牵引力和运行速度都有一个比较宽广的变化范围，并且在较大的机车速度范围内，柴油机都始终在额定工况下运行，即柴油机的功率能够得到充分发挥和利用。此外，机车应具有足够高的起动牵引力。

（二）制动作用

该作用是利用直流电机的可逆原理，在电阻制动工况时，将直流牵引电动机改为直流发电

机,通过轮对将列车的动能转变为电能,消耗在制动电阻上,再以热能的形式逸散到大气中。在这个过程中,牵引电动机轴上所产生的反力矩作用于机车动轮上而产生制动力。这种制动作用称为电阻制动。传动装置应保证机车电阻制动性能的要求。

(三)辅助作用

该作用是驱动机车辅助装置的一些泵组工作,或对机车系统中的油水进行预热,以及机车照明、取暖等。

(四)控制作用

该作用是按照机车设计要求和操纵顺序,自动或手动完成有关器件的动作,以保证柴油机在无负载情况下启动,进行转速调节,保证机车在起动过程中的平稳,并能保证机车换向运行等。以达到操纵控制机车正常运行的目的。

(五)监视及保护作用

该作用是使机车操纵者能正确了解机车各部分的工作状态,及时显示某些必要的参数值。当机车某部位出现故障时,能自动显示或采取有效措施,以尽量维持机车运行和避免事故的扩大。

二、交-直流电力传动装置的主要组成部分及特性

交-直流电力传动内燃机车,由柴油机驱动一台交流发电机,发电机发出的三相交流电经整流装置整流后,供给直流牵引电动机,用以驱动机车动轮。

DF$_{4B}$型内燃机车电力传动装置的组成及工作原理如图 8.4.2 所示,其电力传动装置主要由牵引电动机、牵引发电机、励磁发电机、测速发电机、起动辅助发电机和恒功率励磁控制系统几部分组成。

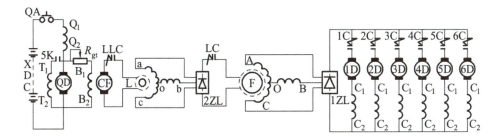

1C~6C—牵引接触器；1D~6D—牵引电动转子；C$_1$C$_2$—牵引电动机励磁绕组；1ZL—主整流器；
F—牵引发电机转子；OA、OB、OC—牵引发电机电枢绕组；LC—励磁接触器；2ZL—励磁整流器；
L—励磁机转子；oa、ob、oc—励磁机电枢绕组；LLC—励磁机励磁接触器；CF—测速发电机转子；
B$_1$B$_2$—励磁绕组；R$_{gt}$—联合调节器的变阻器(功调电阻)；QD—起动辅助发电机转子；
Q$_1$Q$_2$—起动辅助发电机起动绕组；T$_1$T$_2$—起动辅助发电机他励绕组；
5K—辅助发电机励磁开关；XDC—蓄电池组。

图 8.4.2　DF$_{4B}$型内燃机车电力传动装置的组成及工作原理图

（一）牵引电动机（1D～6D，C_1C_2）

DF$_{4B}$型内燃机车并联安装了6台串励直流牵引电动机。当牵引接触器1C～6C闭合时，牵引发电机向牵引电动机供电，通过牵引电动机将电能转变为机械能，再通过齿轮驱动机车动轮。

串励直流电动机机械特性曲线如图8.4.3所示。当外界阻力增加，如机车牵引列车上坡运行时，牵引电动机转轴上的负载阻力转矩增加，转速降低，电枢内的反电动势减小，端电压不变时，电枢电流增大，磁通随之增大，转矩也随之自动增加，直到与负载转矩平衡。此时牵引电动机转矩较大，而转速较低。当外界阻力减小时，如机车牵引列车由上坡道运行转为平道运行或下坡道运行时，牵引电动机的负载阻力转矩减小，转速上升，电枢内的反电动势增加，电枢电流减小，磁通随之减小，转矩也随之自动减小，直到与负载阻力矩相平衡。此时牵引电动机的转矩较小，而转速较高。由此可见，直流串励电动机能够根据负载情况自动地调节转速大小，使$M \times n = $常数，而且起动转矩大，适宜带负载启动。另外只要改变其励磁电流的方向，便可使其反转。直流串励电动机的这些特性都适合机车牵引特性的要求。

（二）牵引发电机（F、OA、OB、OC）

三相交流同步牵引发电机，定子铁心上嵌有三相对称线圈OA、OB、OC，转子上绕有励磁线圈。当励磁线圈通入直流电，转子由柴油机曲轴带动旋转时，产生旋转磁场，定子线圈内产生交变电动势，定子向外输出三相交流电。牵引发电机发出的三相交流电，经主整流器（1ZL）整流后，供给牵引电动机直流电。

同步牵引发电机发出的三相交流电，经整流后，当其转速n和励磁电流I_L均不变时，其外特性曲线（即负载两端的端电压U及通过负载的电流强度I）如图8.4.4所示，它不是双曲线，即$U \times I \neq $常数，不是恒功率曲线。因此在电力传动内燃机车上，为了满足柴油机恒功率运转的要求，满足串励直流牵引电动机的需求，必须对同步牵引发电机的自然外特性进行调整，使其满足恒功率的要求。在交-直流电传动内燃机车上，随着机车速度、牵引力的变化，通过不断改变牵引发电机的励磁电流，而获得负载特性为双曲线变化关系的特性。

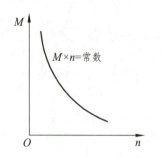

图8.4.3　直流串励电动机机械特性

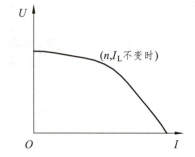

图8.4.4　同步牵引发电机自然外特性

（三）励磁发电机（L、oa、ob、oc）

励磁发电机是一台感应子交流发电机。励磁发电机发出的三相交流电，经励磁整流器（2ZL）

整流后，向牵引发电机提供励磁电流。而当励磁机转速不变，励磁电流不变时，发出的电流大小不会改变，因此，仍无法满足使同步牵引发电机的负载特性曲线为双曲线的要求。

（四）测速发电机（CF，B_1B_2）

测速发电机是一台直流发电机，励磁绕组 B_1B_2 由蓄电池组 XDC 供给励磁电流，励磁电流随功率调节电阻 R_{gt} 改变而改变，而 R_{gt} 的大小是由联合调节器的功率调节部分自动调节的。

（五）起动辅助发电机（QD，T_1T_2，Q_1Q_2）

起动辅助发电机是一台直流电机。柴油机启动时，它作为串励直流电动机（串励绕组 Q_1Q_2 参加工作），由蓄电池组（XDC）供电，驱动柴油机启动运转，在柴油机运转工况下，它作为他励直流发电机（他励绕组 T_1T_2 参加工作），并经可控硅电压调整器自动地以 110 V 恒定的直流电压向蓄电池充电，并向辅助设备、控制设备、照明设备等供电。

（六）恒功率励磁控制系统

使牵引发电机按理想外特性运行的励磁系统，称为恒功率励磁控制系统。目前，内燃机车上使用的励磁调节方式有两种：柴油机转速-功率联合调节器、微机控制励磁调节器。

DF$_{4B}$ 型内燃机车是采用转速-功率联合调节器自动调节功率、调节电阻 R_{gt} 阻值来实现恒功率励磁的。

DF$_{4B}$ 型内燃机车柴油机的转速是由司机控制器控制的，并通过联合调节器的配速系统实现无级调速。当柴油机的转速信号给定后，联合调节器可根据柴油机负荷的变化，通过调节喷油泵的供油量，维持柴油机转速恒定，输出功率恒定。组成电力传动装置的各部分，如牵引发电机、励磁发电机、测速发电机和起动辅助发电机均安装在柴油机的输出端，柴油机转动时，通过齿轮变速箱及传动皮带，按不同的速比带动各电机转子同时转动。它们之间的机械联系如图 8.4.5 所示。

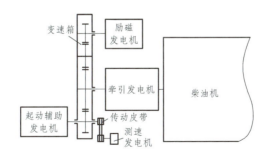

图 8.4.5　电力传动系统的机械联系

微机控制励磁调节器的恒功率励磁原理是，微处理器接收柴油机转速信号 n，牵引发电机信号 UF，电流信号 IF 和机车速度信号 v，根据柴油机转速信号，微处理器规定牵引发电机电压、电流、功率基准值，并将实际的牵引发电机 UF、IF 及功率 PF 与规定的基准值进行比较，根据逻辑判断结果，由微处理器 CPU 进行计算，输出数字信号，经数模转换芯片转换成模拟电压，控制励磁系统电流，最后将牵引发电机的电压 UF，电流 IF 和功率 PF 限制在规定的范围内。微机控制系统除了具有机车牵引特性的控制，还有电阻制动特性的控制、防牵引电动机空转及防车轮打滑控制、柴油机系统保护、电气系统保护及监控参数显示等功能。

有些内燃机车上除了安装联合调节器外还同时安装有微机控制系统，如 DF4D、DF8B、DF11等，机车采用两种励磁控制方式。

三、交-直流电传动内燃机车的工作过程（以 DF4B 型内燃机车为例）

（一）柴油机启动

柴油机启动前，首先要确认机车整备良好，油水温度须在 20 ℃以上，柴油机各运动部件已润滑，司机控制器主手柄位于"0"位，换向手柄位于中立位且燃油系统处在供油状态；然后按 QA 按钮（参见图 8.4.2），蓄电池向起动辅助发电机供电，起动辅助发电机带动柴油机转动；柴油机启动后，松开 QA 按钮，闭合 5K，起动辅助发电机换接成他励发电机工况，此时柴油机带动牵引发电机转动，并通过齿轮变速箱及皮带轮带动励磁发电机、起动辅助发电机和测速发电机转动，除起动辅助发电机外，其余发电机均不发电，柴油机空转。

（二）机车起动

柴油机启动后，将换向手柄置于"前进"或"后退"位，主手柄由"0"位提到"1"位时，接触器 LLC、LC、1C～6C 闭合（参见图 8.4.2）；此时测速发电机发出直流电，向励磁发电机励磁绕组供电；励磁发电机发出的三相交流电经励磁整流器整流后向牵引发电机励磁绕组提供励磁电流；牵引发电机发出的三相交流电经主整流器整流后，向牵引电动机供电，牵引电动机通过驱动齿轮使机车动轮在轨道上转动；机车起动。

（三）机车调速

机车起动后，在运行过程中，根据路况及列车的需要，通过操纵司机控制器主手柄来调节柴油机转速。DF4B 型内燃机车司机控制器的主手柄共有 5 个工作位置，即"0""1""升""保""降"位。

当主手柄在"0"位时，柴油机在最低转速空转，当主手柄由其他位移至"0"位时，柴油机转速逐渐降低，直至最低转速，并为空转；当主手柄由"0"位移至"1"位时，柴油机仍维持最低转速，但牵引发电机已开始向牵引电动机供电，机车起动；当主手柄移至"升"位时，柴油机转速上升，柴油机输出功率逐渐增加；当主手柄移至"保"位时，柴油机保持当前的转速，柴油机的输出功率既不增加，也不减少；当主手柄移至"降"位时，柴油机转速下降，柴油机输出功率开始减少。

司机可通过操纵主手柄在柴油机的最低转速与最高转速之间来调节机车的功率与速度。

调节电动机的转速，可通过调节其端电压和磁通实现。通过减弱牵引电动机磁场的方法，提高电动机转速，扩大机车运行速度的范围。电动机在不提高端电压的情况下，通过减小励磁电流，削弱电动机的磁通，转速可继续增加，机车速度可进一步提高，这种方式称为磁场削弱。

DF4B 型货运内燃机车采用按机车速度进行磁场削弱工况的过渡。当机车起动后，速度提高到 40 km/h 时，闭合 XC1，由全磁场转为一级磁场削弱，当速度继续提高到 52 km/h 时，XC1与 XC2 同时闭合，由一级磁场削弱转为二级磁场削弱，速度一直可提高到构造速度。如因外界阻力增大时，机车速度降低，磁场又由二级磁场削弱转为一级磁场削弱直至全磁场。磁场的变化是根据机车运行速度而由机车控制系统自动完成的。

（四）机车停车和柴油机停机

机车需要停车时，将主手柄移至"0"位，LLC、LC、1C～6C 被自动切断（参见图 8.4.2），柴油机空转，机车惰行，再操纵自阀，列车制动停车。如再切断燃油泵电机，停止向柴油机供油，柴油机停机。

（五）机车换向与运行工况的转换

电力传动内燃机车的运行方向和运行工况是通过操纵换向手柄来控制的。换向手柄共有 5 个位置，即"前进""后退""中立""前制"和"后制"位。

如机车需要改变运行方向时，主手柄置于"0"位，操纵换向手柄由"前进"位移至"后退"位，前进触头断开，后退触头闭合，主手柄由"0"位移至"1"位，牵引发电机向牵引电动机供电，牵引电动机电枢电流方向未变，而励磁电流的方向改变了，即改变了磁场方向，牵引电动机旋转方向发生改变，因此机车改变运行方向。

电力传动内燃机车可实施电阻制动。在电阻制动工况时，根据直流电机的可逆原理，电动机按发电机工况运转，列车的惯性带动牵引电动机产生电能，列车的动能转变为电能，通过制动电阻转换成热能，散失于大气中，消耗了列车的动能，如图 8.4.6 所示。电阻制动功率取决于牵引电动机的转速（即机车的运行速度）和牵引发电机供给的励磁电流（可通过主手柄来控制）。电阻制动在机车低速运行时，制动功率很小，并且电阻制动不能单独用于停车制动，只能作辅助制动。

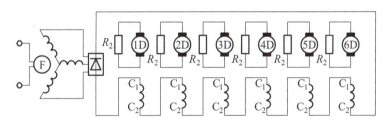

图 8.4.6　DF$_{4B}$ 型内燃机车电阻制动电气原理图

四、交-直-交电力传动内燃机车原理

HXN5 型内燃机车是我国大功率交-直-交电力传动内燃机车，额定功率为 4 660 kW。交流传动内燃机车的工作原理是利用交流发电机将机械能转换成交流电，但由于该交流电频率及电压均不适合 HXN5 型内燃机车的交流牵引电动机，所以必须进行转换调整。首先由主整流器组将交流转换成直流，然后再由采用 IGBT（绝缘栅双极型晶体管）器件的逆变器转换成可变频变压的交流电，在机车牵引时，牵引电力传动系统传送给牵引电机定子绕组的交流电源信号频率必须高到它足以产生一个转速稍高于转子转速的旋转磁场。即逆变器产生的同步转速高于转子转速时，旋转的定子磁场给转子导条中产生电流，因而它对转子就提供了转矩，使其旋转并驱动机车。特别是鼠笼式异步电动机，由于其转子上既没有换向器，也没有带绝缘的绕

组，不存在换向火花及环火等问题。因此，它的结构简单、体积小、质量轻、簧下质量小，对轨面的冲击力小，使机车具有良好的动力学性能，能以更高的转速运转，使机车既可满足货运列车对大的起动牵引力的要求，又可满足客运列车对高速度的要求。当机车在电阻制动时，轮轴制动能量通过牵引电动机转换为电能并损耗在制动电阻上。

由于该型机车使用的异步牵引电机构造简单，故障率低，维护检修工作量大大低于直流牵引电机，而且微机的智能诊断功能大大缩短了故障查找的时间，电阻制动的快速转换可大大减少制动闸瓦消耗等诸多方面优势，在运用可靠性提高的基础上，可降低维护检修成本1/3 以上。

五、电力传动系统中的保护电器

为保证内燃机车始终在正常状态下工作，在电力传动系统中设置了一些保护电器，例如，为及时消除机车在起动或运行中发生的空转而设的空转继电器，为及时发现主回路接地故障而设的接地继电器，为防止主回路短路或因牵引电动机换向恶化发生环火，造成主回路电流过大而设的过流继电器，还有使柴油机在规定的机油压力、水温条件下正常工作而设的油压继电器和水温继电器等。一旦出现异常，有关的继电器便会动作，通过有关的电路，或是向司机报警，或是直接使柴油机卸载，以免造成危害。

🚄 知识巩固

1. 电力传动装置根据牵引发电机与牵引电动机的电流制式，可以分为哪几种形式？
2. 交-直流电力传动装置主要由几部分组成？各部分主要起什么作用？
3. 交-直-交电力传动内燃机车的基本原理是什么？

🚄 知识拓展

交-直-交电力传动内燃机车相较于交-直流电力传动内燃机车有诸多优势，主要是因为交流异步电动机具有构造简单、可靠性高等特点。交流异步电动机能广泛地应用在内燃机车、电力机车上离不开一种关键技术——交流逆变技术，交流逆变技术是一种将直流电转换为交流电的技术，主要通过逆变器来实现。

相信大家对逆变技术都充满了好奇，请通过互联网、图书馆等渠道分小组查阅相关资料，探究交流逆变技术的奥秘。

任务 5　机车转向架结构

🚄 任务导入

转向架是机车车辆的走行部，是机车车辆最核心的部件之一，具有承重、缓冲、导向和传力的作用，转向架的不同结构及参数直接决定了车辆的稳定性和车辆的乘坐舒适性。从 20 世纪 50 年代，我国首次自行设计了导框式转向架，到各型高速转向架的相继推出，车辆的平稳性和舒适性不断提升，下面就让我们来解密它的神奇结构吧。

现代机车走行部能适应高速、重载，并且适合各种各样要求的弹性悬挂方式和基础制动方式。现代机车转向架的"五大任务"是：

（1）承载车体上部的全部质量，包括车体、动力装置以及各种辅助装置和电机电器设施。

（2）保证必要的轮轨间黏着，以传递牵引力和制动力，使机车运行和停车。

HXN5 型内燃机车转向架结构

（3）缓和线路对机车的冲击，保证机车运行的平稳性，使垂向和水平方向均有较好的运行平稳性。

（4）保证机车能顺利通过曲线和道岔。

（5）保证机车在牵引力、制动力和各种外力作用下的安全运行。

一、内燃机车转向架总体布置

机车转向架主要由构架、弹簧装置、支持与牵引杆装置、轮对、轴箱、电机悬挂装置和制动装置组成。转向架总体布置如图 8.5.1 所示。

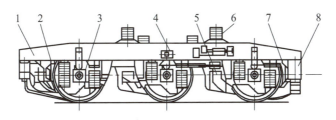

1—构架；2—轮对；3—轴箱；4—牵引杆装置；5—电动机悬挂装置；
6—支承装配；7—基础制动装置；8—砂箱装置。

图 8.5.1　转向架总体布置

交-直-交传动内燃机车转向架由两个相同的转向架组成，轴距为 1 800 mm，电机顺置排列。交流牵引电动机采用滚动抱轴的半悬挂方式安装。一系支承仍采用轴箱弹簧配垂向减振器，二系支承采用金属板夹层的橡胶堆配横向减振器及抗蛇行减振器的形式。基础制动采用带有闸瓦间隙自动调整功能的单元制动装置，六轴带有弹簧停车装置。为满足机车高速运行的制动停车距离的要求，制动闸瓦采用摩擦系数较大的粉末冶金合成闸瓦。

二、主要结构及特点

（一）构　架

转向架构架的结构如图 8.5.2 所示，它是由两个左右对称布置的侧梁、两根相同结构的横梁、前端梁和后端梁等组成。每个梁均组焊成箱形结构。两根侧梁的顶面焊有支承座板和横向油压减振器座、垂向油压减振器座、抗蛇行减振器座和侧挡座；底面焊有轴箱上、下拉杆座，牵引拐臂座、砂箱座板；横梁和后端梁上有电机吊座；前后端梁和后横梁上焊有制动座。由于构架强度和刚度的需要，构架主要部件的钢板材质均为 16Mn 钢。构架组焊后进行喷丸处理，消除氧化层并喷涂防锈底漆。

（二）轮　对

轮对由车轴、车轮组成。车轮是由轮箍热套在轮心上组成的，车轮和从动齿轮与车轴的组装均采用热装过盈配合，如图 8.5.3 所示。在车轮和从动齿轮上设有供拆卸时连接高压油泵用的螺孔。

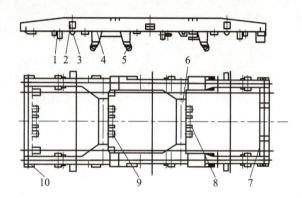

1—上拉杆座；2—减振器座；3—轴箱止挡；4—侧架；5—下拉杆座；6—横梁；7—端梁；
8—电机吊座；9—安全托；10—砂箱座板。

图 8.5.2　构架装配

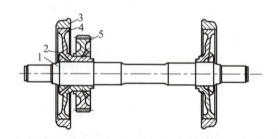

1—车轴；2—螺堵；3—轮箍；4—轮心；5—从动齿轮。

图 8.5.3　DF₄B 型内燃机车轮对

（三）轴　箱

轴箱由轴箱体、圆柱轴承、螺旋弹簧及减振垫、弹簧盖和座、后盖和防尘圈、端盖和压盖以及轴箱拉杆等组成。轴箱由两根拉杆与构架相连，以传递牵引力或制动力，拉杆的两端带有橡胶衬套和橡胶垫，轴箱相对构架的上下和横向运动，靠橡胶元件的弹性变形来实现。轴箱的螺旋弹簧及其减振垫形成一系悬挂。两端轴的轴箱配有垂向油压减振器。

（四）牵引电动机悬挂装置

牵引电动机悬挂装置由电动机、主动齿轮、齿轮箱、吊杆和弹性元件等组成，牵引电动机安装属轴悬式，一端通过滚动抱轴箱与车轴相连，另一端通过吊杆和弹性元件与构架的横梁或后端梁连在一起。主、从动齿轮由齿轮箱罩罩住并获得密封的油浴式润滑。齿轮箱通过 3 个螺栓紧固在电机机体和滚动抱轴箱体上，滚动抱轴箱与电机用螺栓紧固在一起。

（五）牵引杆装置

牵引杆装置是将机车车体与转向架连接在一起，并且传递牵引力和制动力的机构。如图 8.5.4 所示，牵引杆装置由牵引杆、拐臂、连接杆、球面关节轴承、牵引销、拐臂销等组成，可以比较容易实现低位牵引，减少轴重转移，提高机车黏着力。

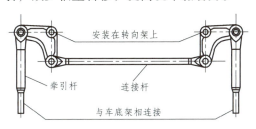

图 8.5.4　DF4B 型内燃机车牵引杆装置

（六）基础制动装置

转向架基础制动装置为带有自动调节闸瓦间隙的单元制动器，一、六轴带有弹簧停车装置，以便停车后能够制动。单元制动器由闸瓦间隙自动调整机构、闸瓦托、闸瓦等主要部件组成。每个轮子装有一个制动单元器，各自施行独立制动。闸瓦采用摩擦系数较大的粉末冶金合成闸瓦，由于耐磨，因而可大大减少更换闸瓦的次数。

（七）轮缘润滑装置

随着机车牵引质量和速度的提高以及轴重的增加，机车轮缘和钢轨侧面接触时产生的磨耗加剧，导致机车轮对和钢轨的使用寿命下降，为此，有必要提高轮缘和钢轨之间的润滑性，以有效减轻轮缘与钢轨之间的磨耗程度。机车轮缘润滑装置可分为油润和干式润滑两种。

（1）机车轮缘油润装置。轮缘润滑装置有 4 个喷嘴装在转向架侧梁内侧，分别装在第一轴和第六轴左右轮子的上方。轮缘磨损最严重的地方是轮缘根部，喷油嘴的安装位置，能使喷出的雾状油脂覆盖轮缘根部。因为在机车运行时轮对与转向架之间有一系弹簧悬挂的垂向动态变形和轮对蛇行运动的横动量，所以必须考虑这两种相对运动，保证喷嘴和轮缘有正确的位置，避免喷嘴和轮对相碰。根据需要，可在电子控制器上设定两次喷油之间机车走行的距离，例如 100 m、200 m 等，每次喷油的延续时间一般为 2 s。

（2）机车轮缘的干式润滑。传统的湿式润滑喷射装置极有可能将润滑剂喷射至轨面上，从而对列车的牵引力产生不良影响，存在造成行车事故的风险。而干式润滑具有附着力强、易成膜、无流动性、减磨效果好的特性，逐渐被广泛采用。干式润滑是将原有的润滑油更换为固态的润滑棒，再使用相应的顶紧装置使其顶在机车轮缘内侧，靠轮缘与润滑棒的摩擦使润滑材料均匀地分布于轮缘内侧，从而润滑轮缘与钢轨内侧的接触面。

目前，固态润滑棒是以石墨为基础，再加入其他一些矿物质的混合物为基础材料制作的干式润滑棒，大多使用卷弹簧环作为润滑棒的顶紧装置。

知识巩固

1. 机车转向架主要由哪几部分组成？

2. 转向架上安装轮缘润滑装置的目的是什么？机车轮缘润滑装置可分为哪几种？

知识拓展

径向转向架技术是一种先进的机车转向架技术，该技术可以提高机车的曲线通过能力和运行稳定性，降低轮轨磨耗。径向转向架通过特殊的机构设计，使车轮能够在曲线轨道上自动调整方向，减小车轮与钢轨之间的横向力，从而减少轮轨磨损和能量消耗。

请大家分组进行讨论，从不同角度去思考和探索还有哪些新技术应用在转向架的结构设计上。可以查阅专业文献、研究案例，也可以结合实际生活中的其他领域技术进行联想，开启一场充满创意和深度的探究之旅。

模块 9 电力机车

该模块主要介绍电力机车构造认知、电力机车制动系统认知和牵引供电系统，包括电力机车的发展、分类和工作原理等内容，以 HXD3 型电力机车为例介绍电力机车的技术特点、总体结构以及电力机车牵引传动系统、高压电器、辅助电气、CCB-Ⅱ型制动系统等主要部件的组成、功能和工作原理，并介绍了牵引供电系统、牵引变电所、接触网、供电设备的安全管理。

知识目标

1. 了解电力机车的发展和类别；

2. 了解 HXD3 型电力机车的技术特点、总体结构、牵引传动系统、高压电器、辅助电气等部件；

3. 了解 HXD3 型电力机车的构造及其主要设备的布置情况；

4. 了解 HXD3 型电力机车主变压器、受电弓、牵引电机、高压隔离开关等主要设备的功能和作用原理；

5. 了解 HXD3 型电力机车 CCB-Ⅱ型制动系统的组成和工作原理；

6. 了解牵引供电系统、牵引变电所、接触网和供电设备的安全管理。

能力目标

1. 能辨识主要国产机车的型号；

2. 能描述 HXD3 型电力机车的构造及主要设备布置情况；

3. 能辨识 HXD3 型电力机车主要部件；

4. 能描述 HXD3 型电力机车主要部件的功能和作用原理；

5. 能辨识 CCB-Ⅱ型制动系统主要部件；

6. 能辨识牵引供电系统、牵引变电所主要设备。

素质目标

1. 培养学生的爱国主义情怀；

2. 培养学生的创新精神；

3. 养成严谨求实、勤劳务实、奋斗进取的学习态度和价值观念；

4. 养成诚实守信、谦虚谨慎的职业道德和业务素养。

任务 1　认知电力机车

任务导入

　　电力机车是从接触网获取电能，用牵引电动机驱动的机车，是非自带能源式的机车，容易获得大功率，具有较大的过载能力。只要加大牵引电动机的功率，就可以提高机车的功率，也就可以增加机车牵引质量和提高列车的运行速度。由于电力机车运行时，须由外界提供电源，因此需要有一套牵引供电系统。

一、电力机车的发展

直流传动电力机车简介

交流传动电力机车简介

　　从 1958 年研制成第一台国产单相工频电力机车至今，我国电力机车已走过 60 多年的历程。60 多年来，我国电力机车制造业走的是一条自力更生、艰苦奋斗，引进、消化、创新的发展之路，实现了从仿制到自主研制再到整车出口，从普通载重到重载，从常速到高速，从交-直传动到交流传动的历史性飞跃。

　　进入 20 世纪 80 年代后期，以 SS_1 型、SS_3 型机车为基础，我国先后研制成功了 SS_{3B} 型、SS_4 型、SS_6 型、SS_7 型和 SS_8 型、SS_9 型等系列机车，其中以 SS_4 改型重载和 SS_9、SS_{7E} 型客运为代表的我国电力机车技术，已完成了从级间调速到相控无级调速的技术升级换代，全面采用微机控制和故障检测、诊断技术，使我国交-直传动电力机车达到国际同类产品的先进水平。

　　进入 20 世纪 90 年代后期，电力机车最高运行速度实现了由 100 km/h 到 160 km/h 准高速的飞跃。1999 年，我国首次设计速度为 200 km/h 的高速动力车诞生并投入广深高速铁路运营，标志着我国铁路电力牵引技术步入了国际高速行列。

　　21 世纪，随着国家加快现代化的步伐，将逐步实现交流传动电力机车取代传统的交-直传动电力机车。目前，我国已研制成功具有自主知识产权的大功率和高速的和谐型三相交流传动电力机车，这是在数十年研究基础上，消化汲取国外先进技术研制出的大功率交流传动系统，标志着我国机车交流传动技术进入实用化、产业化发展阶段。目前，HXD3 系列交流传动电力机车已经逐步成为我国主型重载货运电力机车。

二、电力机车的优点

　　电力机车是一种通过外部接触网或轨道供给电能，由牵引电动机驱动的现代化牵引动力。其优点是：

（1）清洁无污染。电力机车的动力取自于电能，无任何有害排放物，是理想的环保型轨道交通运输工具。

（2）功率大，速度快。蒸汽机车和内燃机车由于受结构的限制，功率受到影响，而电力机车的功率则相对较大，加之电网容量超过机车功率很多倍，使得现代电力机车向重载、高速方向发展成为现实。

（3）热效率高，成本低。电力机车的平均热效率为 26%，远高于蒸汽机车，也高于内燃机车，同时无非生产性消耗，运输成本低，经济效益高。

（4）综合利用资源，降低能源消耗。我国有丰富的水利资源可供发电。另外火力发电厂也可利用一些劣质燃料发电，做到资源综合利用，节约大量的优质燃料。

（5）维修便利，成本低。电力机车上的电气设备具有保养容易、维修量小、检修周期短等特点。

（6）工作条件舒适。电力机车乘务员的工作条件比起蒸汽机车乘务员在劳动强度、工作环境、噪声、采光、振动等方面都有很大改善，也优于内燃机车乘务员。

（7）适应能力强。电力机车不同于蒸汽机车和内燃机车，运行中没有水消耗，不影响其在无水区和缺水区运行。

三、电力机车的分类

电力机车是电力机车和电动车组的总称，包括牵引车列用的电力机车和担任客运的城际电动车组与地下铁道电动列车。我们这里主要讨论牵引车列的电力机车。电力机车可按机车的不同技术特征和用途进行分类。

（一）按用途分类

（1）客运电力机车：用来牵引客运列车。其特点是牵引力不大，运行速度高。

（2）货运电力机车：用来牵引重载货物列车。其特点是牵引力大，速度不高。

（3）客货两用电力机车：用来牵引客运或货运列车。其牵引力和速度介于客、货电力机车之间。

（4）调车电力机车：用来在站场上编组的列车。机车的功率不大，速度和牵引力均较低。

（二）按传动形式分类

（1）具有个别传动的电力机车：电力机车每一轮对都由单独的牵引电动机驱动，这些轮对（轴）称为动轮或动轴。

（2）具有组合传动的电力机车：电力机车上某几个轮对（通常为同一转向架上的几个轮对）互相连接成组，然后由一台牵引电动机驱动。

（三）按机车动轴数分类

可分为 4 轴、6 轴、8 轴等电力机车。一般动轴数较多的电力机车用作货运机车，如国产干线货运电力机车 SS_{4G} 型为 8 轴电力机车，轴列式 $2(B_0\text{-}B_0)$。动轴数较少的电力机车用作客运机车，如国产准高速机车 SS_8 型为 4 轴电力机车，轴列式 $B_0\text{-}B_0$。

（四）按供电电流制及传动形式分类

（1）直流供电：直流牵引电动机驱动的直-直型电力机车。接触网供电电压为直流 1 500 ～ 3 000 V，机车牵引电动机为直流串励牵引电动机。

（2）交流供电：直（脉）流牵引电动机驱动的交-直型电力机车，又称交-直型整流器电力机车。我国生产的 SS 系列电力机车即属于此种形式。该形式的电力机车是目前世界上各个国家普遍采用的一种机车形式。

（3）交流供电：变流器环节——三相交流异步电动机驱动的交-直-交型电力机车。该形式的电力机车是目前世界发达国家采用的主导机车形式。

（4）交流供电：变频器环节——三相交流同步电动机驱动的交-交型电力机车。

交流供电按接触网供电频率的不同可分为单相低频制和单相工频制。单相低频制是指供电频率为 25 Hz 或 $16\frac{2}{3}$ Hz 的交流电网供电；单相工频制是指供电频率为 50 Hz 的交流电网供电制。目前，世界上绝大多数国家（包括我国）都采用供电频率为 50 Hz 的工频交流电网供电。

我国铁路部分电力机车的类型及主要性能技术参数如表 9.1.1 所示。

表 9.1.1　电力机车的主要参数

机车型号	SS_4	SS_7	SS_8	HXD1	HXD1B	HXD2	HXD2B	HXD3	HXD3B
开始生产年代	1985 年	1992 年	1994 年	2006 年	2009 年	2006 年	2008 年	2006 年	2008 年
用　途	货运	货运	客运	货运	货运	货运	货运	货运	货运
轴列式	2 (B_0-B_0)	B_0-B_0-B_0	B_0-B_0	2 (B_0-B_0)	C_0-C_0	2 (B_0-B_0)	C_0-C_0	C_0-C_0	C_0-C_0
机车持续功率 /kW	6 400	4 800	3 600	9 600	9 600	10 000	9 600	7 200	9 600
机车质量/t	2×92	138	88	200	150	200	150	138	150
轴重/t	23	23	21.5	23, 25	25	23, 25	25	25	25
构造速度/ (km/h)	100	100	170	120	120	120	120	120	120
持续牵引力 /kN	437	364	126	532	/	554	455	400	506
起动牵引力 /kN	628	485	210	760	/	760	584	520	570

知识巩固

1. 电力机车有什么特点？
2. 我国目前常用电力机车有哪些？

知识拓展

电力机车发明于 19 世纪末期，1876 年，中国引入了电力机车，在其后的一百多年内，它是我国铁路的主要牵引动力。在 19 世纪末，电力机车的研发与使用开始了初步的探索。当时，电力技术正处于快速发展阶段，为电力机车的诞生提供了技术基础。20 世纪初，随着电力技术的进步和铁路的发展，电力机车开始大规模应用于干线铁路。在这个阶段，电力机车的性能和效率得到了极大的提升，它们开始取代蒸汽机车，成为铁路牵引的主力。到了 20 世纪中叶，随着电子技术的发展，电力机车的性能得到了进一步提升。此时，电力机车的运行更加稳定，速度更快，效率更高。同时，电力机车也开始采用更先进的供电方式，如直流供电和交流供电。进入 21 世纪，随着可再生能源的快速发展和环保意识的提升，电力机车迎来了新的发展机遇，越来越多的国家开始建设高速铁路和城市轨道交通，电力机车成为了主要的牵引动力。同时，电力机车也开始采用更环保、更高效的供电方式，如氢能供电和太阳能供电。

请查阅资料列出几种国外电力机车的型号。

任务 2　探究电力机车的构造

任务导入

HXD3 型电力机车（见图 9.2.1）是我国铁路重载货运电力机车，其电传动系统采用交-直-交传动形式；IGBT 水冷变流机组和密闭式牵引变压器；网络控制系统采用分布式计算机体系结构，外重联采用高速以太网；转向架驱动装置采用铸造齿轮箱体和滚动抱轴箱体与交流牵引电机组成一体结构；制动系统采用先进的网络控制电空制动系统。

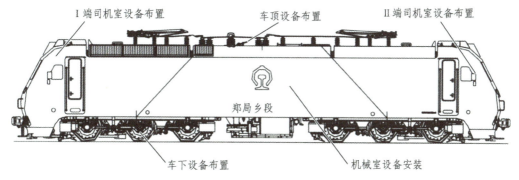

图 9.2.1　HXD3 型电力机车外形

一、HXD3 型电力机车技术特点

（1）轴式为 C_0-C_0，电传动系统为交-直-交传动，采用 IGBT 水冷变流机组，1 250 kW 大转矩异步牵引电动机，具有起动（持续）牵引力大、恒功率速度范围宽、黏着性能好、功率因数高等特点。

（2）辅助电气系统采用 2 组辅助变流器，能分别提供 VVVF 和 CVCF 三相辅助电源，对辅助机组进行分类供电。该系统冗余性强，一组辅助变流器故障后可以由另一组辅助变流器对全部辅助机组供电。

（3）采用微机网络控制系统，实现了逻辑控制、自诊断功能，而且实现了机车的网络重联功能。

（4）总体设计采用高度集成化、模块化的设计思路，电气屏柜和各种辅助机组分功能斜对称布置在中间走廊的两侧；采用了规范化司机室，有利于机车的安全运行。

（5）采用带有中梁的、整体承载的框架式车体结构，有利于提高车体的强度和刚度。

（6）转向架采用滚动抱轴承半悬挂结构，二系采用高圆螺旋弹簧；采用整体轴箱、推挽式低位牵引杆等技术。

（7）采用下悬式安装方式的一体化多绕组（全去耦）变压器，具有高阻抗、质量轻等特点，并采用强迫导向油循环风冷技术。

（8）采用独立通风冷却技术。牵引电机采用由顶盖百叶窗进风的独立通风冷却方式；主变流器水冷和主变压器油冷采用水、油复合式铝板冷却器，由车顶直接进风冷却；辅助变流器也采用车外进风冷却的方式；另外还考虑了司机室的换气和机械间的微正压通风。

（9）采用了集成化气路的空气制动系统，具有电空制动功能，机械制动采用轮盘制动。

（10）采用了新型的膜式空气干燥器，有利于压缩空气的干燥，减少制动系统阀件的故障率。

二、机车总体结构/布置

在机车的两端各设有一个司机室，两个司机室的中间是机械室。在机械室内设有600 mm宽的中央通道，在通道左右两侧设有主变流装置、通风机、压缩机等设备。在车体下设有2台3轴的转向架及主变压器，在顶盖上设有高压电器。车内设备布置以平面斜对称布置为主，设备成套安装，有利于机车的重量分配和机车的制造、检修和部件的互换等。

（一）司机室设备布置

司机室内设有操纵台、八灯显示器、司机座椅、端子柜、热水器、紧急放风阀、灭火器等设备。司机室顶部设有空调装置（冷热）、风扇、头灯、司机室照明等设备。司机室前窗采用电加热玻璃，窗外设有电动刮雨器，窗内设有电动遮阳帘；侧窗外设有机车后视镜。在操纵台上设有TCMS（机车控制系统）显示器、ATP显示器、压力组合模块、司机控制器、制动控制器、扳键开关组、制动装置显示器、冰箱、暖风机、脚炉和膝炉。

HXD3 型
电力机车司机室设备

（二）车顶设备布置

车顶设备配置分布在顶盖上，1端顶盖、2端顶盖配置有受电弓，中央顶盖上配置有高压隔离开关、高压电压互感器、真空断路器、避雷器、接地开关等高压电器。在中央顶盖上设有检修升降口，由此上车顶进行检修和维修作业。

HXD3 型
电力机车车顶设备

（三）机车冷却系统

HXD3 型电力机车的冷却系统是一个重要的系统，它的主要作用是对机车上一些需要进行强迫冷却的电气设备进行通风冷却。HXD3 型电力机车装有的强电设备的工作电流和电压都较大。如主变压器、牵引变流器、牵引电动机、辅助电源等都需要采用强迫冷却，使这些强电设备工作中产生的大量热量经空气强制循环，散发到大气中，使工作温升不超过允许值，从而保证机车正常可靠地工作。另外，冷却系统还可以进行司机室换气、卫生间通风等，给司乘人员提供一个舒适的工作环境。

HXD3 型电力机车冷却系统的主要特点如下：

（1）冷却系统设计采用高度集成化、模块化的设计思路。根据机车总体对称布置的冷却装置的要求，采用独立通风冷却技术，具有结构简单、进风面积大、风阻小、各通风气路风量分配均匀等特点。

（2）通风冷却系统的冷却空气尽量进行净化。如牵引电动机通风冷却系统采用惯性过滤器，并有自动排尘功能。冷却空气净化较好，电气部件积尘少，提高了工作的可靠性。并且它的部分净化空气排入机车机械室内使机械间成为正压。

（3）为减少体积和质量，简化机车冷却系统，将主变压器的冷却油和牵引变流器的冷却水（纯水加乙二醇混合液）共用一套具有强制通风冷却的复合冷却系统。采用这种复合冷却器技术，使机车主要部件减少，缩减了油、水连接管路，减少了流阻，提高了冷却性能，减轻了质量，使得机车总体设计更加合理。

（4）冷却系统采用性能较好的轴流通风机组。它们所采用的滚动轴承是进口单列深沟球轴承，为双面非接触橡胶密封圈式，具有较高密封性，防尘性能好，日常维护方便，运用寿命长。

三、机车主要部件介绍

（一）牵引传动系统

HXD3 型电力机车各种电机、电器设备按其功能和作用、电压等级分别组成几个独立的电路系统，即主电路、辅助电路、控制电路。其中，主电路所完成的功能是电能和机械能间的相互转换，是产生机车牵引力和制动力的电器设备电路，主要设备包括各高压电器、主变压器、牵引变流器、牵引电机及相应的控制系统。

1. 主变压器

机车主变压器是将 25 kV 的接触网电压变换为电力机车所需的各种低电压，以满足电力机车各种电机电器工作的需要。

主变压器由油箱、器身、油保护装置、冷却系统、其他附属装置等组成。器身由铁心、绕组、绝缘件组成。其中，绕组有 3 种线圈：高压线圈、牵引线圈、辅助线圈。高压线圈的高压端子 1U 安装在油箱壁上，其余端子都安装在油箱箱盖上。

通风机、冷却器安装在车体台架的上方。

变压器在机车使用环境中需要考虑的特殊要求包括抗振、机械强度大、耐热等级高和使用寿命长。这些要求是为了确保变压器在机车的复杂使用环境中能够稳定运行和长期使用。

2. 牵引变流装置

变流装置用于直流和交流之间电能的变换，并对各种牵引电机起控制和调节作用，从而控制机车的运行。每台机车装有两台变流装置，每台变流装置内含有 3 组牵引变流器和 1 组辅助变流器，使其结构紧凑，便于设备安装。

牵引变流器内部可以看成由 3 个独立的整流-中间电路-逆变单元构成，每个单元的主电路和控制电路相对独立，分别提供给3个牵引电动机。当其中一组或几组发生故障时，可自动切除，剩余单元可继续工作。

牵引变流器（CI）为牵引电动机提供三相交流的变压变频（VVVF）电源。每组牵引变流器主要由四象限整流单元、中间直流电路和PWM逆变单元、真空接触器等主电路部分和无接点控制单元、控制电路等部分构成。根据车辆的速度，通过矢量控制，精确快速地控制牵引电机的转速和转矩。

四象限脉冲整流器的作用是向电机侧逆变器提供一个相匹配的2 800 V直流电源电压。中间直流电路是四象限整流器和电机侧逆变器之间的中间环节，在三相交流传动系统中，中间直流环节起着很重要的作用。牵引逆变器是由IGBT元件组成的PWM逆变单元，其作用是将整流单元输出的直流电转换成交流电来驱动牵引电机。整车的6个逆变器向6台牵引电动机供三相交流电，该逆变器采用了矢量控制模式，使异步电动机具有快速反应的性能，实现了牵引电动机的独立控制。

HXD3型机车设有两套辅助变流器，向空气压缩电动机、主变压器油泵、司机空调、主变压器内部的水泵、辅助变流器风机等供电。当某一套辅助变流器发生故障时，另一套辅助变流器可以承担机车全部的辅助电动机负载。

3. 牵引电动机

牵引电动机是机车的重要部件之一，它安装在转向架上，通过齿轮与轮对相连。机车在牵引运行状态时，牵引电动机将电能转换成机械能，通过轮对驱动机车运行。机车在电气制动状态运行时，牵引电动机将机械能转换成电能，产生机车的制动力，此时电机处于发电状态。

机车在运行中，牵引电机要在起动、爬坡这样的大电流状态下运行；要在过弯道、过道岔这样的冲击和振动状态下运行；还要能适应沿海多雨潮湿、内地干燥风沙的环境。对于交流变频调速异步牵引电动机来说，还有一个特殊之处，就是要在PWM波调制的、含有大量谐波和尖峰脉冲的、非标准的正弦波电源供电下工作。因此，牵引电机的工作条件十分恶劣。

HXD3型机车使用6台YJ85A型三相鼠笼式交流牵引电动机，每台输出功率为1 200 kW。该电机为滚抱结构、单端输出；采用强迫外通风，冷却风从非传动端进入，传动端排出；采用3轴承结构，3个轴承均为绝缘轴承，在二端盖处均设有注油口，使用中可补充润滑脂。

（二）高压电器

1. 受电弓

受电弓是一种铰接式的机械构件，它通过绝缘子安装于电力机车车顶。受电弓的弓头升起后与接触网网线接触，从接触网上集取电流，并将其通过车顶导线传递到车内供机车使用。

受电弓

HXD3型电力机车所使用的DSA200型单臂受电弓，如图9.2.2所示。

受电弓通过支持绝缘子和安装座固定在车顶上，机架上有3个电源引线连接点和升弓用气路，机车自动降弓保护功能由受电弓自带的自动降弓装置和ZD系列主断控制器共同完成。还装有自动降弓用快速排气阀，ADD试验阀和ADD关闭阀，当弓网故障时，可自动降弓保护。设置有高压隔离开关当一台受电弓发生故障时，可通过控制电器柜上的隔离开关（SA96），将切除故障的受电弓，使用另一端受电弓维持运行。

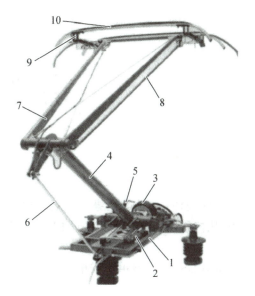

1—底架；2—阻尼器；3—升弓装置；4—下臂；5—弓装配；6—下导杆；7—上臂；8—上导杆；
9—弓头；10—滑板。

图 9.2.2 DSA200 型单臂受电弓总成

2. 主断路器

主断路器是电力机车的一个重要部件，用于开断、接通电力机车的 25 kV 电路，同时用于机车过载和短路保护。

HXD3 型机车主断路器采用真空断路器，安装在机车顶盖上，以底板为界，分为上下两部分，上面为高压部分和与地隔离的绝缘部分，下面为电空机械装置和低压部分，结构如图 9.2.3 所示。

主断路器

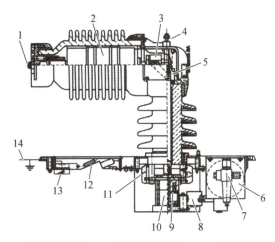

1—高压接线端子；2—真空开关管；3—操纵机械装置；4—高压接线端子；5—恢复弹簧；
6—储风缸；7—压力调整阀；8—电磁阀；9—保持线圈；10—气缸；11—辅助触头；
12—控制单元；13—低压连接器；14—接地点。

图 9.2.3 主断路器结构

真空断路器以真空作为绝缘介质和灭弧介质，利用真空状态下的高绝缘强度和电弧高扩散能力形成的去游离作用进行灭弧，电弧熄灭后，介质强度恢复速度特别高。与空气断路器相比，它具有结构简单、工作可靠、分断容量大、动作速度快、绝缘强度高、机械寿命长、维护保养简单等诸多优点。该设备的设计和开断操作完全适合于机车电力牵引的要求和工作条件。

3. 高压隔离开关

HXD3 型电力机车采用 2 台 BT25.04 型高压隔离开关。机车运行时，高压隔离开关 1、2 均处于闭合位，接通机车两架受电弓的车顶高压线路，从而可用机车上的任意一架受电弓、主断路器控制机车；如果机车的某一架受电弓发生故障，可以通过转换开关断开相应的高压隔离开关，切除故障受电弓，维持机车运行。

高压隔离开关

4. 高压接地开关

高压接地开关的主要功能是：当进行机车检查、维护或修理时，把机车主断路器两侧的高压电路接地，保证机车的安全操作，并保证工作人员的人身安全。

此外，还设有高压电压互感器、高压电流互感器。将电力系统的一次电压和电流按照一定的变比缩小为满足要求的二次电压或电流，供各种二次设备使用。

（三）辅助电气

HXD3 型电力机车的辅助电气系统是由辅助变流器、各辅助机组及辅助加热设备等组成。该系统采用冗余设计，具有电压稳定、平衡、节能、低噪声、维护工作量少等优点，辅助变流器是为通风机和压缩机等辅助机组提供三相交流电源的电源装置，根据负载特性不同，系统具有可变电压可变频率的 VVVF 控制和固定电压、固定频率的 CVCF 控制两种功能。为了确保根据机车运行状况而

电力机车主要部件图片

提供实际所需的冷却风量和降低运转噪声，系统中 2 台冷却塔通风机和 6 台牵引电机通风机设定为 VVVF 控制模式，其他负载采用 CVCF 控制模式。

知识巩固

1. 电力机车总体结构情况如何？
2. 电力机车有哪些主要部件？功用各是什么？

知识拓展

HXD3 型电力机车是为满足中国铁路客货需要而研发的大功率交流传动干线客货两用 6 轴电力机车。采用交-直-交流电传动方式，使用由东芝提供的水冷 IGBT 牵引变流器；持续功率为 7 200 kW，最高运行速度为 120 km/h。但在特定试验中，HXD3 型电力机车牵引货物列车时曾达到过更高的速度；采用 PWM 矢量控制等最新技术，具有起动（持续）牵引力大、恒功率速度范围宽、黏着性能好、功率因数高等特点。同时，机车采用微机网络控制系统，实现了逻辑控制、自诊断功能以及机车的网络重联功能；辅助电气系统采用 2 组辅助变流器，能分别提供 VVVF 和 CVCF 三相辅助电源，对辅助机组进行分类供电。该系统冗余性强，一组辅

助变流器故障后可以由另一组辅助变流器对全部辅助机组供电；总体设计采用高度集成化、模块化的设计思路。电气屏柜和各种辅助机组分功能斜对称布置在中间走廊的两侧，采用了规范化司机室，采用带有中梁的、整体承载的框架式车体结构，转向架采用滚动抱轴承半悬挂结构等；牵引电机采用由顶盖百叶窗进风的独立通风冷却方式，主变流器水冷和主变压器油冷采用水、油复合式铝板冷却器，采用了集成化气路的空气制动系统，具有空电制动功能，机械制动采用轮盘制动。

请查阅资料梳理 HXD3 型电力机车各主要部件有哪些，数量分别是多少。

任务 3 认知制动系统

任务导入

我国在 HXD3 型电力机车上采用了克诺尔公司 CCB-Ⅱ 型微机控制制动系统，是目前世界上最先进的制动系统之一。该系统控制准确性高、反应迅速、安全性较高、使用维修简单，并有自我诊断、故障显示及处理方法提示功能。其特点：一是 CCB-Ⅱ 型制动系统是模块化系统，模块密封性好，制动机可以遥控，前部主控机车在操纵列车管的同时，发出无线网络指令，以不超过 0.06 s 的时间，使列车中部、后部的各台从控机车同步操纵列车管，消除了万吨列车运行中由于不同步操纵造成的前拉后拽现象，杜绝了断钩事故；二是 CCB-Ⅱ 型制动系统是微机处理器控制，有故障显示及提示功能，方便维修及故障处理；三是 CCB-Ⅱ 型制动系统在司机给出指令后，能进行精细控制，准确地完成司机指令，无须司机更多地参与控制。

一、风源系统

风源系统是机车空气管路与制动系统的基础，它为机车与车辆制动系统提供稳定洁净的压缩空气。

HXD3 型电力机车风源系统分为主风源系统和辅助风源系统。

HXD3 型
电力机车风源系统简介

（一）主风源系统

主风源系统包括：两台螺杆式空气压缩机、双塔干燥器、4 个总风缸、压力控制器、安全阀、油微过滤器、总风缸安全阀、止回阀、限流阀、折角塞门及连接器管路等。

（二）辅助风源系统

辅助风源系统包括：辅助压缩机、辅助空气单塔干燥器、压力控制器、止回阀、高压安全阀、排水阀、升弓风缸、各塞门等。

二、CCB-Ⅱ 制动机组成

第二代微机控制制动机（CCB-Ⅱ）是基于微处理器和 LON 网的电空制动控制系统，除了紧急制动作用由机械阀触发，其他所有逻辑控制指令均由微处理器发出。

CCB-Ⅱ制动机包括：电子制动阀（EBV）、制动屏（LCDM）、微处理器（X-IPM）、继电器接口模块（RIM）、电空控制单元（EPCU）。

CCB-Ⅱ型制动系统简介

（一）电子制动阀（EBV）

电子制动阀是制动机的人机接口。司机通过电子制动阀（见图 9.3.1），直接给电空控制单元发送指令，并通知微处理器进行逻辑控制。在电子制动阀内部有一个机械阀，当自动制动手柄置于紧急制动位时机械阀动作，保证机车车辆在任何状态均能产生紧急制动作用。

图 9.3.1　电子制动阀

电子制动阀采用水平安装结构。自动制动手柄位于左侧，单独制动手柄位于右侧，中间为手柄位置的指示标牌。在 EBV 内部有一个机械阀，当自动制动手柄置于紧急制动位时机械阀动作，保证机车车辆在任何状态下均能产生紧急制动作用。

（二）制动显示屏（LCDM）

制动显示屏位于司机室操作台左侧，制动显示屏是 CCB-Ⅱ制动机的主要显示和操作装置。它主要由液晶显示器，以及下方 8 个功能键和左侧 3 个亮度调节键组成。

制动显示屏在机车正常操作时，实时显示均衡风缸、制动管、总风缸和制动缸的压力值，也实时显示制动管流量和空气制动模式的当前状况。通过显示屏还可以实时显示制动机故障信息，并将其记录。

通过显示屏还可以对制动机进行如下操作：对制动机各模块进行自检，可以进行本机/补机均衡风缸压力设定、制动管投入/切除、客车/货车、补风/不补风、风表值标定、故障查询等功能的选择和应用。

（三）微处理器（IPM）

微处理器（IPM）是 CCB-Ⅱ制动机的中央处理器。其作用是进行各制动功能的软件运算，并对各部分软件状态进行检测和维护。它处理所有与制动显示屏（LCDM）有关的接口任务，并通过 LON 网络传送制动命令给电空控制单元（EPCU）。

微处理器也通过继电器接口模块（RIM）与机车控制系统（TCMS）和安全装置（ATP）进行通信。微处理器前端设有 13 个指示灯，用来提供制动系统状态的反馈信息。

（四）继电器接口（CJB）

继电器接口模块位于机车制动柜，是微处理（IPM）与机车间进行通信的继电器接口。

信号输入部分包括由安全装置（ATP）产生的惩罚制动和紧急制动、A/B 端司机室操作激活信号、再生制动投入信号、MREP 压力开关状态信号、机车速度信号。

信号输出部分包括紧急制动信号、动力切除（PCS）信号、撒砂动作信号、再生制动切除信号、重联机车故障信号。

（五）电空控制单元（EPCU）

电空控制单元（EPCU）由电空阀和空气阀组成，用来控制机车空气管路的压力。它是制动系统的执行部件，所有电空阀和空气阀集成到 8 个在线可替换模块（LRU），如图 9.3.2 所示。其中 5 个在线可替换模块安装了控制程序，是"智能"的，可以通过软件进行自检并通过 LON 网络和 IPM 进行数据交换，还能实现远程控制，其功能简述如下：

图 9.3.2　电空控制单元（EPCU）

（1）均衡风缸控制部分（ERCP）：通过改变均衡风缸压力产生制动管控制压力。

（2）制动管控制模块（BPCP）：制动管控制模块接收来自均衡风缸控制模块控制的均衡风缸的压力，由内部 BP 作用阀响应其变化并快速地产生与均衡风缸具有相同压力的制动管的压力，从而完成列车的制动、保压和缓解。

（3）13 控制部分（13CP）：实现单独缓解机车制动缸压力的功能。

（4）16 控制部分（16CP）：响应列车管的减压量，平均管压力，单缓指令，产生制动缸管的控制压力。

（5）20 控制部分（20CP）：通过响应列车管的减压量和单阀指令产生平均管压力。

（6）制动缸控制部分（BCCP）：响应 16CP 压力变化，产生机车制动缸压力。

（7）DB 三通阀（DBTV）部分：响应制动管的减压量产生制动缸管的控制压力，可以作为 16CP 的备份模块。

（8）电源箱（PSJB）：电源箱位于电空控制单元（EPCU）上，电源箱内置变压器，将电源箱提供的 110 V 直流电源转换为 24 V 直流电源，提供给 CCB-Ⅱ系统，供电空控制单元、电子制动阀等部件使用。在外部具有多个接插件，允许电空控制单元（EPCU）、电子制动阀（EBV）、微处理器（X-IPM）和继电器接口模块（RIM）相互连接。

（9）过滤器：在 EPCU 上装有总风管过滤器、列车管过滤器、13 号管过滤器、20 号管（平均管）过滤器等 4 个过滤器，这些过滤器可过滤总风到 BCEP 的空气。列车管中继阀的供气通过一个过滤器进行过滤。

三、CCB-Ⅱ制动机作用原理

机车气路综合作用可分为自动制动作用、单独制动作用、空气备份状态以及无火回送状态等。其中自动制动作用，即 CCB-Ⅱ制动机的单独制动手柄位于运转位，操纵自动制动手柄在运转位或制动区。

（一）制动屏"本机位"——自阀手柄置"运转位"

此位置是列车运行中自阀手柄常放的位置，是向全列车初充风、再充风缓解列车制动以及列车正常运行所采用的位置。

作用过程：均衡风缸控制（ERCP）模块接收指令，给均衡风缸充风到设定值；制动管控制（BPCP）模块响应均衡风缸压力变化，制动管被充风至均衡风缸设定压力；16CP/DBTV 模块响应列车管压力变化，将作用管（16 号管/16TV 管）压力排放；BCCP 模块响应作用管压力变化，机车制动缸排风缓解，同时车辆副风缸充风，车辆制动机缓解。

（二）制动屏"本机位"——自阀手柄置"制动位"

此位置是操纵列车常用制动，使列车正常缓慢停车或调整运行速度所使用的位置。包括初制动位和全制动位，两者之间是常用制动区。自动制动手柄位置决定了均衡风缸的减压量，达到目标减压量后，均衡风缸自动保压。

作用过程：均衡风缸控制（ERCP）模块接收到自阀指令，将均衡风缸压力减到目标值；制动管控制（BPCP）模块响应均衡风缸压力变化，制动管被减压到均衡风缸相同压力；16CP/DBTV 模块响应制动管压力变化，给作用管（16 号管/16TV 管）充风；BCCP 模块响应作用管压力变化，机车制动缸充风制动，同时车辆副风缸给车辆制动缸充风，车辆制动机制动。

（三）制动屏"本机位"——自阀手柄置"紧急制动位"

此位置是列车运行过程中，需要紧急停车时所使用的位置。

作用过程：自阀手柄在此位置时，列车管迅速减压到零，均衡风缸以常用制动速率减压到零，16CP 模块响应列车管压力变化，迅速给作用管（16 号管）充风到最大允许压力，BCCP 模块响应作用管压力增加，给机车制动缸充风，产生紧急制动作用；同时车辆副风缸给车辆制动缸充风，车辆制动机制动。

紧急制动可由以下条件触发：① 自动制动阀紧急位；② 开放车长阀触发紧急制动；③ 按下操纵台紧急按钮触发紧急制动；④ IPM 触发紧急制动；⑤ ATP 触发紧急制动；⑥ 列车断钩分离触发紧急制动；⑦ 机车警惕装置触发紧急制动。

如果触发了紧急制动，紧急制动只有在机车停车超过 60 s 后才能缓解。

（四）制动屏"本机位"——单阀手柄置"单缓位"

列车实施制动后，需要单独缓解机车制动时使用的位置，需要时，通过侧压单阀手柄来实现机车单独缓解。

（五）制动屏"补机位"——自阀手柄置"运转位"

本务机车挂有重联机车或补机时，需要控制重联机车或补机制动管、总风软管、平均软管压力控制，而发生作用的位置，其缓解作用和本务机车同步。

知识巩固

1. CCB-Ⅱ制动机由哪些部件组成？
2. CCB-Ⅱ制动机电空控制单元由哪些部件组成？

知识拓展

CCB-Ⅱ型制动机电子制动阀（EBV）是机车制动系统中的重要组成部分。当机车需要制动时，司机通过操作制动手柄将手柄置于相应的制动位。此时，电子制动阀接收来自制动控制单元的指令，并控制气动阀的动作。气动阀根据指令打开或关闭，从而调节制动缸的充气和排气，实现机车的制动或缓解。CCB-Ⅱ型制动机电子制动阀的可靠性和性能对于机车的安全运行至关重要，它能够确保在紧急情况下迅速、准确地实施制动，有效防止事故的发生。同时，电子制动阀的精确控制也有助于提高机车的制动性能和运行效率。

请查阅资料说明 CCB-Ⅱ型制动机电子制动阀各手柄有哪些工作位置。

任务 4　认知牵引供电系统

任务导入

采用电力牵引的铁路称为电气化铁道。电力机车是牵引动力，在电气化铁道沿线设置一套完善的、不间断地向电力机车供电的设备，通常把这种设备构成的工作系统叫作牵引供电系统。电气化铁道因其用电量大、分布广，因而形成相对独立于电力系统的电气化铁道牵引供电系统。如图 9.4.1 所示，除电源部分外，即为电气化铁道的牵引供电系统。

图 9.4.1　电气化铁道供电结构

一、牵引供电系统的组成

牵引供电系统的组成如图 9.4.2 所示。

（一）一次供电网络

一次供电网络是指直接向牵引变电所供电的地区变电所（或发电厂）及高压输电线路。输电线路电压一般为 110 kV，也有采用 220 kV 的（哈大线），相比之下，后者电源的可靠性和稳定性等技术指标相对较高。

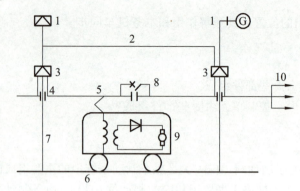

1—区域变电所或发电车；2—高压输电线；3—变电所；4—馈电线；5—接触网；
6—钢轨；7—回流线；8—分区亭；9—电力机车；10—开闭所。

图 9.4.2　牵引供电系统的组成

上述高压输电线路虽然专门用于牵引供电，但由国家电力部门修建并管理，并以牵引变电所的 110 kV 进线门形架为分界点。

（二）牵引变电所

牵引变电所的作用是降压，并将三相电源转换成两个单相电源，然后通过馈电线分别供电给牵引变电所两侧的接触网，供电力机车使用。

为保证对接触网可靠正常地供电，一次供电网一般采用双回路三相高压输电线为变电所供电，而且每一回路均应保证输送牵引变电所所需要的全部电能，为此，牵引变电所要设置两台变压器。这样，当一路输电线检修或故障时，另一路可担负输电任务，当一台变压器检修或故障时，也不会中断供电。

（三）牵引网

牵引网是由馈电线、接触网、钢轨、回流线组成的双导线供电系统。

馈电线是连接牵引变电所母线和接触网的架空铝绞线。馈电线除直接送电给接触网外，还要送电给附近车站、机务折返段、开闭所等，所以馈电线的数目较多，距离也可能较长。

接触网是牵引网的主体，由于接触网分布广、结构复杂、运行条件又差，所以不仅日常维修工作量大，短路故障也较多，故与牵引供电的可靠性关系极大。

流过电力机车的负荷电流经钢轨和回流线回到牵引变电所。由于钢轨对地并非绝缘，所以部分电流沿大地流回到牵引变电所，形成地中电流。

（四）分区亭

为了增加供电的灵活性，提高运行的可靠性，在两个相邻牵引变电所供电的接触网区段通常加设分区亭，如图 9.4.2 中的 8 所示。

（五）开闭所

电气化铁道的枢纽站场（如编组站、客站、机车整备线等），均由接触网供电。为了提高供电的可靠性和灵活性，通常将其分组并独立供电，为此就需要增设开闭所，如图 9.4.2 中的 10 所示。

牵引供电回路是由牵引变电所→馈电线→接触网→电力机车→钢轨回路→回流线→接地网等组成的闭合回路。

二、牵引变电所

电力系统或发电厂所输送的三相高压交流电（110～220 kV），经牵引变电所变压器降压至 25 kV，然后，把三相电源中的一相接至铁路行车轨道，另外两相分别接至牵引变电所两侧的接触网上。

牵引变电所是沿电气化铁道线路布置的，每一个牵引变电所都有一定的供电范围。由于接触网导线存在电阻，所以供电距离不可过长，否则会使末端电压过低，影响供电质量；供电距离又不宜过短，不然牵引变电所数目太多又不经济。一般每隔 40～60 km 设置一个。

电力机车的受电是在运行时通过受电弓与接触网的接触导线滑动接触进行的，存在接触电阻，因而会产生电压降。为使电压不至于低于电力机车允许的最低工作电压，牵引变电所实际供给接触网的电压一般为 27.5～29 kV。

牵引变电所的设备除大功率降压变压器以外，还有将三相交流电变成单相交流电的电气接线，以及各种高压开关电器，如隔离开关、油断路器、互感器等。这些设备一般都设在室外，用以闭合或分断电路，对电力系统起保护、控制和隔离的作用。为了使牵引变电所内各种电气设备正常运行，确保安全可靠地供电，各牵引变电所内还装有各种控制、监视、测量等仪表和各类继电保护装置。

三、接触网

接触网是电气化轨道交通所特有的、为电力机车或电动车组提供电能的特殊供电线路，是电气化轨道交通牵引供电系统的重要设备，担负着把从牵引变电所获得的电能直接输送给电力机车使用的任务。接触网的质量和工作状态的好坏，直接影响着电气化轨道的运输能力。

为保证电力机车正常受取电流，要求接触网在机械方面要有良好的稳定性和足够的弹性；为尽可能延长设备的使用寿命，要求其设备和零件具有足够的耐磨性和抗腐蚀能力；考虑到经济上的原因，又要求其设备结构尽量简单、维修方便。

目前，接触网按其悬挂方式分为简单悬挂和链形悬挂两种。

（一）简单悬挂接触网

简单悬挂接触网系由接触导线直接固定在支持装置上的接触悬挂形式。图 9.4.3 所示为（带补偿）简单悬挂接触网，接触导线通过吊索悬挂于支柱的支持设备上。

简单悬挂接触网的主要优点是结构简单，支持设备和支柱所受的重量较轻，支柱高度较低；便于施工，维修方便；节约原料，造价低廉。但由于跨距内弛度大，弹性不均匀，特别是当温度发生变化时，其张力和弛度的变化很大，使电力机车受电情况受到很大影响，高速时甚至会产生电弧。故简单悬挂接触网在电气化铁道干线上很少采用，而只适用于运行速度不超过

70 km/h 的支线铁路。

简单悬挂接触网按其结构不同，主要有未补偿简单悬挂和带补偿简单悬挂两种。

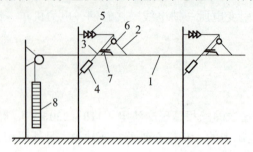

1—接触导线；2—吊索；3—腕臂；4—棒式绝缘子；5—悬式绝缘子；6—悬挂滑轮；
7—定位器；8—坠砣。

图 9.4.3　简单悬挂接触网

（二）链形悬挂接触网

理想的接触悬挂应是接触导线无弛度，受电弓对接触导线的压力在沿接触导线滑行取流中保持一定。显然，简单悬挂很难满足要求。所以，我国电气化铁道干线上一般均采用链形悬挂接触网。如图 9.4.4 所示，链形悬挂接触网由支柱和基础、支持装置和接触悬挂 3 部分组成。

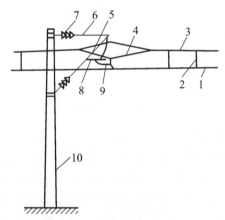

1—接触导线；2—吊弦；3—承力索；4—弹性吊弦；5—腕臂；6—拉杆；
7—绝缘子；8—定位管；9—定位器；10—支柱。

图 9.4.4　链形悬挂接触网

1. 支柱和基础

支柱和基础是用以承受接触悬挂及支持装置的重量，并将接触悬挂固定在规定的高度。支柱有钢柱和钢筋混凝土支柱，钢柱通常固定在钢筋混凝土浇成的基础上。

2. 支持装置

（1）支持件是用来吊挂接触悬挂，并将其重量传给支柱的设备，包括腕臂、拉杆和绝缘子。

（2）定位件用来保证接触导线与受电弓的相对位置，并将接触导线的水平负荷传给支柱，包括定位管和定位器。依靠定位件可使接触导线既保持纵向水平又保持横向呈"Z"字形，以使受电弓滑板磨耗均匀。

3. 接触悬挂

接触悬挂是用来直接向电力机车供电的架空线组，包括承力索、吊弦和接触导线等。列车运行时，电力机车受电弓在与接触导线的滑动接触中获取电流。接触导线制成中间带沟槽断面，以便于安装线夹。接触导线有铜和钢铝两种，如图 9.4.5 所示。

图 9.4.5　接触导线断面

四、供电设备的安全管理

为使设备的维护和检修达到一定的技术标准，保证设备和作业人员的安全，在作业中必须严格遵守技术管理规程、操作规程和安全规程。从事电气化铁道工区主要工种的工作人员、铁路运输工作人员必须注意作业安全。

（一）接发列车与调车作业

（1）为保证人身安全，除供电段专业人员外，任何人（包括所携带的物件）与牵引供电设备带电部分的距离，不得少于 2 m。

（2）在带电的接触网下调车时，不许使用棚车上的手闸（区间和一般中间站，因为接触网较低，也不准许使用敞车上的手闸）。在敞车或平车上操纵手闸时，不准许踏在高于手制动机踏板以上的物体或货物上。

（3）在接触网终端附近作业时，应与接触网终端保持不少于 10 m 的安全距离停车。

（4）发现接触导线断线并侵入建筑接近限界时，必须照章设置停车防护信号。

（二）装卸和押运人员作业

（1）在带电的接触网下，不准在敞车、平车、罐车等车辆（棚车、冷藏、家畜车内除外）上进行装卸作业，不准许用竹竿等测量货物装载高度。

（2）接触网带电部分距装载货物的距离不得少于 350 mm。

（3）油罐车、冷藏车的孔盖，装卸完毕后必须盖好，拧紧螺栓；装载原木、成材等货物必须绑好，严禁顶部铁丝翘起。

（4）在电气化区段车站指定的装卸线上进行装卸作业时，必须在指定的安全区内停电作业，注意作业位置不要超出安全区域的范围。

（三）隔离开关操作注意事项

隔离开关是接触网的重要设备之一，主要用途是保证高压装置检修、运用的安全，即把电器检修设备与带电部分可靠地隔离。由于隔离开关没有消弧装置，所以隔离开关只能用于接触网上有电压无负荷电流情况下操作，即线路上无电力机车取流情况下的分断、闭合，如图 9.4.6 所示。

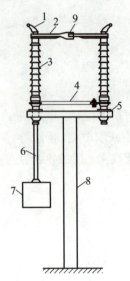

1—出线端；2—导电闸刀；3—绝缘瓷柱；4—交叉连杆；5—底座；
6—传动杆；7—操纵机构；8—支柱；9—触头。

图 9.4.6　隔离开关

知识巩固

1. 链形悬挂与简单悬挂接触网在结构上有哪些不同？
2. 电气化铁道对运输工作人员的作业安全有哪些要求？

知识拓展

在单相交流牵引供电系统中，电力机车是由单相电供电的，为了平衡电力系统的 A、B、C 各相负荷，一般要实行 A、B 相轮流供电。所以 A、B 相之间要进行分开，这称为电分相。我国电气化铁道常用的分相有两种：器件式分相和关节式分相。

请查阅资料说明接触网电分相是如何实现的，主要有哪些设备。

模块 10 机车运用与检修

该模块主要包含机车的管理与运用、机车交路与乘务制和机车检修 3 个方面的任务，涵盖机车的运用管理部门及职责、机车的配属与使用、机车交路、机车运转制度、机车乘务制度、计划预防修理制度、机车定期检修的修程及周期、技术状态检修制度等知识。

知识目标

1. 了解机车运用管理部门的职责；
2. 了解机车的配属、管理与使用；
3. 了解机车交路与乘务制度；
4. 了解计划预防修理制度、机车定期检修的修程及周期、技术状态检修制度。

能力目标

1. 掌握机车交路、机车运转制度、机车乘务制度的有关要求；
2. 掌握常用的机车运转制；
3. 掌握机车乘务制度；
4. 掌握机车检修的修程周期和检修内容。

素质目标

1. 培养安全责任意识；
2. 培养学生的团队意识；
3. 培养热爱劳动的品质。

任务 1 认知机车的管理与运用

任务导入

铁路机车是完成铁路运输生产任务的物质基础。搞好机车的运用工作，经济、合理地利用机车，提高机车各项运用指标，是运用工作的目标。机车的管理工作，原则上分为机车运用和机车检修两大方面。

机车运用工作的主要任务：

（1）按照列车运行图科学地编制机车周转图和机车运用计划。

（2）按照机车周转图为铁路运输提供质量良好的机车和技术熟练的机车乘务人员，搞好机车的保养工作，合理编排乘务人员工作计划，充分发挥机车的效能。

（3）与运输部门积极协调，不断地提高机车运用效率和劳动生产率。

（4）采用现代化管理手段，建立健全通信联络、信息采集、数据处理系统，实行网络管理。

机车检修工作的主要任务是：

按计划组织机车的检修，恢复机车的基本性能，不断改进检修工艺和检修方式，努力降低检修成本。同时根据机车运用状态对机车进行技术改造，提高机车质量，确保机车经常处于良好的技术状态，为完成各项运输任务奠定良好的物质基础。

一、机车的运用管理部门及职责

全国铁路的机务管理部门，通称为机务部门，也称为机务系统，是铁路运输系统的重要组成部分。其管理模式按照"统一领导，分级管理"的原则，确定各级业务职能部门的职责范围，明确其所掌管的机车业务工作内容，充分发挥各级运用组织的职能作用。各级管理机构及其主要业务工作如下：

（一）中国国家铁路集团有限公司机辆部

国铁集团是全国铁路系统的最高领导机构，国铁集团机辆部则是全国铁路机务系统的最高领导部门。国铁集团机辆部负责编制全路机车运用计划，对全路机车运用工作统一规划，综合平衡，确定牵引动力改革方案及审定各铁路局集团有限公司年度机车的配属；审定全路机车牵引定数、机车运转制、机车乘务制及机车乘务组出乘方式，编制列车运行图，审批跨局机车周转图、机车交路；制定有关机车运用工作的规章制度，确定机车的修理制度和修理周期；制定大修机车的验收范围，制定机车保养规程及机车鉴定办法，审查安排机车大修任务及机车技术改造计划，统一规划专业化、集中修理的实施方案；组织委修铁路局集团有限公司与承修机车工厂签订合同，协调各铁路局集团有限公司之间的运输生产，总结推广机务工作（机车运用管理、检查修理、操纵保养、调度指挥、安全行车等）的先进经验；负责管理全路机车及救援列车的调度指挥，发布邻局救援列车出动的命令等。

（二）铁路局集团有限公司机务部

铁路局集团有限公司机务部负责全局管内的机务工作：

执行国家铁路集团有限公司的命令指示，制定本局机车运用的有关细则、办法和作业标准，明确机务段的职能作用；审定各机务段的机车运用计划和大修计划，组织机车牵引试验，编制机车操纵图；确定机务段的机车配属；审批机车报废、出租，负责全局长期备用机车管理。

审定各机务段提报的列车运行图和机车周转图资料；审定机车段修范围、配件互换范围、中修工艺、中修探伤范围及主要部件验收范围；确定全局救援列车的配置，负责全局机车和救援列车的管理及调度指挥；开展技术革新，组织推广有关机车运用、检修的新技术、新工艺、新材料、新设备；拟定本局机务乘务员配备计划，组织机车乘务员的培训、考核和晋升。

（三）沿线生产单位

机务沿线的生产单位，按照其性质和所担当的运输生产任务、机车检修任务及设备的规模，可分为机务本段、机务折返段及机务折返点。

1. 机务本段

机务本段简称为机务段，设在铁路沿线的区段站或编组站上，按其担当运输工作的性质不同，可分为客运机务段、货运机务段及客货混合机务段。按其检修设备的能力不同，可分为中修机务段及小修机务段。

（1）机务段的主要工作：

认真贯彻上级的命令指示，执行列车运行图、机车周转图；在机车运用方面，负责计划和组织本段机车和乘务组完成邻接区段的列车牵引和车站调车任务，并对日常运用机车进行整备和日常保养；在机车检修方面，进行段修范围内的机车定期检修和日常维修工作，按计划供应质量良好的机车，确保运用机车的状态良好。

机务段机车的运用和检修管理工作，主要分属于机车运用和机车检修两大车间。其中机车运用车间也称机车运转车间，是机车运用工作的基层组织。其主要任务是：

认真贯彻执行上级命令、指示，按照列车运行图、机车周转图制订日工作计划，组织机车乘务员完成机车的运用及整备作业，制订乘务员乘务作业标准和担当区段的司机操作图，并负责按检修计划扣车和组织机车的中间技术检查作业等。根据生产要求，运用车间也有由少量的检修工人组成的行车修理组，以便及时处理机车临修故障及加强机车的日常维护工作。

（2）机车检修车间的主要任务：

按照机车中修、小修计划组织机车各项修理工作及机车零、部件备品的修复工作；对运用机车进行整备和日常保养检查；编制机车检修计划，组织机车按计划实施段修及落实机车的大、中修工作，确保机车技术状态良好。科学地组织人员，合理调配机车，质量良好地完成机车检修任务和列车的牵引作业及调车作业任务。

机务本段配属有一定数量的干线机车和调车机车，同时有一整套机车运转整备设备和一定能力的机车检修设备，此外还设有机车库和辅助车间。

在机务段所在地一般都设有救援列车，以便及时处理列车运行中发生的行车事故，尽快地开通线路以恢复行车。

2. 机务折返段

机务折返段简称为折返段，是机务本段的派出行车单位。折返段一般不配属机车，只进行折返机车的运转整备作业及日常检查保养，并组织乘务员的休息。因此，机务折返段根据机车整备工作内容及整备工作量的大小设置机车运转整备设备，而不设机车检修设备。

3. 机务折返点

机务折返点简称折返点，亦称机务整备所。它是为补助机车、调车机车、小运转机车的部分整备作业而设的，折返点仅有适应机车整备需要的部分整备设备，相应的管理机构及少量的管理人员。

二、机车的配属与使用

在我国，铁路机车主要实行配属制度。所谓配属制度，就是国铁集团根据运输任务的需要和运输设备条件等因素，将机车配属给各铁路局集团有限公司使用和保管的制度。各铁路局集团有限公司又把机车配属给所属的各个机务段。各机务段在其所担当的牵引区段内组织机车牵引列车运行或从事与运输生产有关的其他工作。

机务段参加运输生产的机车，所担当的工作种别经常发生变动。为了掌握机车的动态，对机车进行分类管理。

（一）按机车的配属关系，分为配属机车与非配属机车

配属机车是指根据国铁集团机车配属的命令拨给某铁路局集团有限公司（机务段）保管和使用，并作为固定资产登入该局（段）资产台账内的机车。由外局（段）派到本局（段）助勤的机车及临时加入支配（含长交路轮乘）的机车，虽在本段交路上从事牵引作业，但其配属关系并未改变，对本局（段）来说属于非配属机车。

非配属机车是指因工作需要临时由配属局（机务段）派至该局（段）入助的机车，称为该局（段）的非配属机车。非配属机车的主要作用是协助配属局（机务段）完成特定的任务或应对突发情况。它们通常在需要时被调派，完成任务后可能返回原配属局（机务段），或者继续在其他地方执行任务。这种灵活的调配机制有助于确保铁路运输的顺畅进行，特别是在高峰期或特殊情况下，非配属机车能够提供额外的运输能力。

（二）按照机车的工作状态，分为运用机车与非运用机车

运用机车：运用机车是指按计划在本段、折返段等待工作以及进行中间技术检查的机车。包括担当工作以前必须进行必要的准备工作、等待工作的机车。按其所担当的运输工作种别还可分为：

（1）客运工作机车，是指担当旅客、近郊、混合列车的机车及按客运办理的军用列车的机车。

（2）货运工作机车，是指担当各种货物列车，按货运列车办理的军用列车以及小运转列车工作的机车。

（3）路用工作机车，是指牵引铁路自用列车的机车，如救援列车、试验列车以及因调拨回送、出租、助勤等所发生的单机走行的机车。

（4）补助工作机车，简称补机，是指在规定的补机区间内，担任补助牵引工作的机车。

（5）专用调车工作机车，主要是指固定在一个车站或距离相近的几个车站上，专门担任调车作业及在编组站担任列车解体、编组作业等工作的机车。

（6）其他工作机车，为担当上述 5 种工作以外的运行机车，如担当观摩、教学等工作的机车。

非运用机车是支配机车中不从事牵引作业的短期备用机车，等待注销、在交接过程中及进行各种修程的修理机车。修理机车，包括正在机务段或机车工厂进行各种定期修理和临时修理的机车、无动力回送机车以及在等待修理的机车。

机务段配属机车分类情况如图 10.1.1 所示。

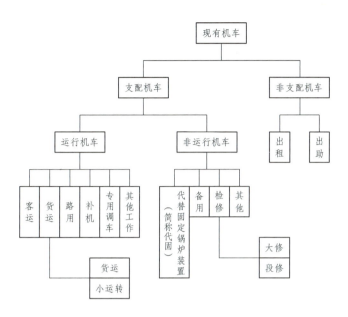

图 10.1.1　配属机车分类图

知识巩固

1. 机务本段具有哪些特点？
2. 什么叫运用机车和非运用机车？

知识拓展

　　国铁集团机车车辆部为铁路机务系统最高级单位，下设各铁路局（公司）机务部，每个机务部下设若干个机务段，机务段下设若干个机车运用车间、机务折返段；同时还有检修车间、整备车间、设备车间和各职能科室。机务段是铁路运输系统的主要行车部门，主要负责铁路机车（俗称"火车头"）的运用、综合整备、整体检修（一般为中修、段修）的行车单位，属于一线行车单位。机务段一般设置在重要的铁路枢纽城市或重要的货运编组站附近，主要担当旅客列车、货运列车、行包列车或专运任务的动力牵引任务。

　　谈一谈你所熟悉的一个机务段的情况。

任务 2　探究机车交路与乘务制

任务导入

　　机车是铁路运输的牵引动力，机车运用工作是铁路运输的重要组成部分，机车运用工作的目标是加强机车运用管理，更好地为铁路运输服务，其基本任务是为铁路运输生产提供需求的机车和机车乘务员，科学合理地使用机车，优质高效完成生产任务。

一、机车交路

机车交路又称机车牵引交路，是指机车担当运输任务的固定周转区段，故也称为机车牵引区段。机车交路按用途分为客运机车交路、货运机车交路；按区段线路长度不同分为一般（短）机车交路和长交路；按机车运转制还可以分为循环制、半循环制、肩回式和小运转制交路等。

机车交路及机车运转制

机务段所担当机车牵引交路的数量，通常是由机务段在路网中的位置和自身规模及运输任务决定的，少则一个，多则几个不等。

设置机车牵引交路，其目的主要有以下几项：

（1）机车固定在某一区段上工作，使机车乘务员能充分熟悉线路和站场情况，有利于发挥操纵技术和保证行车安全。

（2）可为乘务员创造良好的工作和休息条件。

（3）对机车乘务员进行有效的组织和管理。

（4）便于及时对机车进行必要的保养。

（5）作为确定机车运用指标，考核机车运用工作的基本依据。

目前，我国铁路的机车交路长度一般在 200 km 左右，随着铁路牵引动力向内燃、电力机车牵引过渡，机车交路的发展方向将是长交路，一般电力机车牵引区段的交路长度可达 500 km。

二、机车运转制度

机车在交路上从事列车牵引作业的方式称为机车运转制。它是组织机车运用、确定机车整备设备布置，决定机车全周转时间并影响铁路运输工作效率的重要因素。机车运转制可分为：循环、肩回、环形、循回运转制度。为了提高机车运用效率，应广泛采用循环或半循环运转制。

（一）肩回运转制

机车由本段出发，从本段所在站牵引列车到折返段所在站，进入折返段进行整备及检查作业，然后牵引列车回本段所在站，再进入本段进行整备及检查作业。机务本段担当两个方向相反的机车交路的，称为双肩回运转制。

在这种情况下，机车一般只在一个牵引区段内往返一次，就要进入本段一次，如图 10.2.1 所示。

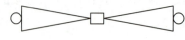

图 10.2.1　双肩回运转制

（二）循环运转制

机车从本段所在站出发，在一个牵引区段（如甲—乙间）上往返牵引列车后回到本段所在站（甲站），机车不入段，仍继续牵引同一列车或换挂另一列已准备好的车列，运行到另一牵引区段（如甲—丙间）的折返段所在站（丙站），再从丙站牵引列车返回乙站。这样，机车在两个牵引区段上牵引列车循环运行，平时不进本段，直到机车需要进行检修时才入本段，这种交路称为全循环运转制，如图 10.2.2（a）（在折返点立即折返循回交路）所示。图 10.2.2（b）是表示机车乘务员在折返段进行调休的循环运转制。

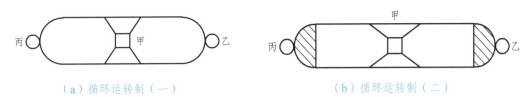

（a）循环运转制（一）　　　　　　（b）循环运转制（二）

图 10.2.2　循环运转制

循环运转制的优点是：机车运用效率较高，能够加速机车的周转，并减轻车站咽喉的负担；缺点是：占用到发线时间较长，站内要设整备设备，对机车质量要求较高。

（三）半循环运转制

如果机车牵引列车在两个牵引区段上周转循环一次就入本段一次进行整备、检查，这种交路称为半循环运转制，如图 10.2.3 所示。

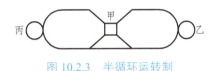

图 10.2.3　半循环运转制

（四）环形运转制

机车出段后，在一个或几个方向担当若干次往返作业后，机车辅修或小、中修时，或者机车需要整备作业时，机车才入本段进行整备作业，这种交路称为环形运转制，如图 10.2.4 所示。这种交路适用于近郊列车、通勤列车、环形列车或小运转列车。

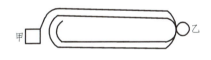

图 10.2.4　环形运转制

（五）循回运转制

机车牵引列车运行于一个方向相当于两个交路区段后，返回机务本段入库整备作业一次，这种交路称为循回运转制，如图 10.2.5 所示。机车从本段出库，在甲站牵引列车向乙站运行，列车运行到乙站时，机车不摘钩乘务员换班继续牵引列车向丙站运行，列车到达丙站后，机车摘钩进入折返段进行整备作业。然后机车再牵引反方向列车经乙站回到本段所在站甲站。机车到达甲站后摘钩进入本段整备。

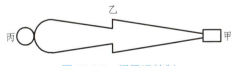

图 10.2.5　循回运转制

目前，肩回运转制仍然是我国铁路上采用最多的一种运转制。在采用肩回运转制时，可以尽量延长机车交路（也即采用循回运转制），以提高机车运用效率。

三、机车乘务制度

机车乘务制度是机车乘务员使用机车的制度。为了保证机车乘务员在工作时精力充沛，注意力集中，从而更有效地完成运输生产任务，国铁集团制定的《铁路运输管理规定》中，规定了乘务员的劳动和休息时间标准。

机车乘务组与乘务制度

机车乘务员劳动时间：

一次连续工作时间标准（包括出、退勤工作时间，以下同），客运列车不得超过 8 h，货运列车不得超过 10 h。

机车乘务员休息时间：

机车乘务员的经常居住地点应在机务段所在地。

在本段休息时间不应少于 16 h。

外段调休时间不得少于 5 h（其时间的计算为到达公寓签到休息至叫班时止，以下同）；在外段驻班休息时间不得少于 10 h；轮乘制外段换班继乘休息时间不得少于 6 h。

严格防止机车乘务员超劳。在编制列车运行图时不准出现超劳。实行轮乘制的机车乘务员每月应有 1~2 次，48~72 h 的大休班时间。

（一）包乘制

实行包乘制时，将一台机车分配给固定的几个机车乘务组，这几个机车乘务组称为机车的包乘组。机车包乘组负有对所包机车的包用、包养、包管责任。机车包乘组在司机长领导下，负责所包机车的运用、安全、保养、节约、整备、验收、保管、交接等工作，以保证质量良好地完成运输生产任务。包乘制的特点是：

（1）加强了乘务员对机车保养的责任心，有利于机车的保养工作，保证机车经常处于良好的技术状态，能质量良好地投入运用。

（2）乘务员熟悉所包机车的性能特点，有利于钻研和发挥操纵技术。

（3）为机车的运用管理工作提供了方便的条件。

（二）轮乘制

实行轮乘制度，机车不分配给固定的机车乘务组，而是将机务段全体机车乘务员和全部机车统一组织，集中使用，按照歇人不歇车的循环轮乘管理体制，由许多机车乘务组轮流使用全部机车。轮乘制同包乘制比较有突出的优越性，具体表现为：

（1）便于合理掌握机车乘务员的作息时间，实行长交路运行，提高乘务员的劳动生产率。

（2）减少了机车出入库的次数及等待列车的时间，缩短了途中停留时间，加快了机车周转，减少了运用机车台数。

（3）减少了直通列车摘挂机车次数，缩短了中途站停时间，提高了旅行速度，加快了车辆周转，提高了线路通过能力。

（4）减少了沿线机务设备及区段站的设置，有利于实行专业化集中修，提高机车检修质量，降低检修成本。

知识巩固

1. 什么叫机车交路？有几种周转方式？
2. 什么叫循回运转制？画出图例，有什么优点？
3. 什么叫肩回运转制和循环运转制？
4. 我国铁路现行的机车乘务制度分为哪几种？各种乘务制的换班方式分哪几种？

知识拓展

机车乘务制度是铁路运输部门机车乘务人员和车辆乘务人员的值乘工作制度，有轮乘制和包乘制等。请查阅资料，分析某机务段现行机车乘务制度及其换班方式。

任务 3　认知机车检修

任务导入

机车在运用过程中，由于运行速度高，运行条件复杂，不可避免地会使机车的各零部件不同程度地受到振动、冲击、摩擦、磨损和腐蚀，严重时危及行车安全。所以为了保证机车的正常工作，延长使用期限，除对机车进行正常的保养检查外，还必须制订出一套科学合理、切合实际的修理程序和修理制度，以保证机车良好的工作状态，确保行车安全。

目前，世界各国铁路机车采用的检修制度，可以分为计划预防检修制度和按技术状态检修制度两大类型，修理制度的制订是一个不断改进和完善的过程，随着近年来科学技术水平的不断发展，机车质量的进一步提高，机车定检公里数或定检期限的延长，机车状况的不断改进，修理工艺中新技术、新材料、新工艺的不断采用和检测技术的日益进步，检修制度正在向着更加科学合理、更加注重以机车状态为主要检修依据的状态修理的趋势发展。

一、计划预防修理制度

计划预防修理制度又称为定期检修，它是以机车各零部件的磨损规律为基础，在掌握机件磨损和损伤规律的基础上，根据机车运用状态及零部件的运用情况确定其修理周期和修理结构，遵循防重于治的原则，定期组织保养和维修。

定期维修（计划修）以使用时间（或公里数）作为维修期限，只要机车到预先规定的时间（或公里数），不管其技术状态如何，都要进行规定的维修工作，这是一种强制性的预防修理。

定期维修方式的优点是容易掌握维修时机，维修计划、组织管理工作也比较简单。缺点是对磨损以外的故障模式，诸如疲劳、锈蚀以及因材质或使用维修等条件造成的故障没有考虑。

二、机车定期检修的修程及周期

机车定期检修的修程及周期是根据各种类型机车的构造特点、运用条件、实际技术状态和一定时期的生产技术水平来确定的。

内燃机车、电力机车的定期修程为大修、中修、小修和辅修四级。中修、小修、辅修为段修修程，大修为厂修修程。

各修程的含义如下：

（1）大修：对整个机车进行恢复性全面修理，由国铁集团指定的机车修理工厂进行。

（2）中修：机车主要部件检查修理，恢复其可靠使用的质量状态，是以更换主要部件为主的完善性全面修理。

（3）小修：机车关键部件和易损、易耗零部件检查修理，有针对性地恢复机车运行可靠性。主要针对制动系统、部分辅机、高压和低压电器、保护装置及机械部件等进行检查和修理。

（4）辅修：辅修是对机车例行全面检查，保养清扫，做故障诊断，按状态修理。

在修理过程中，为提高机车检修质量，减少检修时间，组织均衡生产，在零部件生产与修理时，一般采用"互换修"，即将已经修好的同种零部件直接替代在修程中需要修理的零部件。

内燃、电力机车的检修周期一般根据机车的走行公里数确定，如表10.3.1、表10.3.2所示。

表10.3.1　内燃机车检修周期表

修　程	干线客、货运机车	调车、小运转机车	附　注
大　修	70万～90万km	8～10年	小修公里数或期限允许伸缩20%
中　修	23万～30万km	2.5～3年	
小　修	4万～6万km	4～6个月	
辅　修	不少于2万km	不少于2个月	

表10.3.2　电力机车检修周期表

修　程	干线客、货运机车	调车、小运转机车	附　注
大　修	160万～200万km	不少于15年	小修公里数或期限允许伸缩20%
中　修	40万～50万km	不少于3年	
小　修	8万～10万km	不少于6个月	
辅　修	1万～3万km	不少于1个月	

三、技术状态检修制度

技术状态检修（状态修）又称视情检修，是指基于确定的机械状态而进行检修。通过对机车主要部件的检测和诊断，以及根据实践经验的积累，基本掌握机车的技术状态，有计划适时地安排机车检修。

技术状态检修是建立在测试技术基础上，旨在确定各个机件的检修时机，确保在最佳时机进行检修。这种检修方法依赖于定量分析、状态数据和监测的机械参数，来确定检修项目和时间，这种维修方式是一种按需维修方式，可以充分发挥机件的工作能力，提高维修有效性，减少维修的工作量和人为差错。

状态修能有效地克服设备失修和过剩修两大弊病，做到适度维修。状态修的基本思想是不失修也不过剩，使设备处于受控状态，实施动态管理，避免不必要的维修。显然，这种检修是随需应变的检修模式，先进的通信技术手段和精确的检测和诊断方法，完善的电脑检修信息系统是实施状态修的基础和前提。

知识巩固

1. 内燃机车的定期检修有哪几种修程？
2. 电力机车的定期检修有哪几种修程？

知识拓展

和谐型机车在 2006 年投入使用后，交流传动机车修程结构为"月检—季检—半年检—年检—二年检—六年检"，共 6 个等级，高级修修程的周期结构为"二年检—二年检—六年检"，其中月检、季检、半年检、年检为段级修程，以检查项目为主，由机车配属铁路局集团公司的机务段承担；二年检、六年检为高级修理，需要部件拆解检测，进行基地集中检修。

自 2015 年 4 月 1 日起交流传动机车修程修制进行了改革，建立 $C_1 \sim C_6$ 修维修体系。其中 $C_1 \sim C_4$ 修为段级修程，C_5、C_6 修为高等级修程。C_6 修：机车全面分解检修，全面性能参数测试，恢复基本性能，可同时进行机车或主要部件的技术提升。C_5 修：机车主要部件分解检修，性能参数测试，恢复机车可靠质量状态。C_4 修：机车主要部件检查，性能参数测试，修复不良状态部件，恢复机车可靠质量状态。C_2、C_3 修：机车关键部件重点检查维修，有针对性地恢复机车运行可靠性。C_1 修：机车例行检查和保养，利用机车自检系统进行故障诊断，按状态修理。

试分析内燃机车、电力机车（直流、交流）的修程有何异同？

模块 11 动车组

本模块主要介绍动车组的概念、组成部分及各部分基本性能,动车组制动系统及网络控制系统等知识。

知识目标

1. 掌握动车组的组成及分类;
2. 掌握动车组的结构特点;
3. 掌握动车组的运用检修方式。

能力目标

1. 能够简述动车组的组成、分类等;
2. 能够认知动车组基础零部件。

素质目标

1. 培养学生爱岗敬业、精益求精的职业操守;
2. 提高学生的专业自信、增强学生的劳动安全意识。

任务 1 动车组概述

任务导入

高速铁路系统的建设,不仅仅是社会经济发展到一定时期的产物,也是一个国家科学技术发展水平及综合国力的象征之一。动车组是当今世界高新技术的集成,采用了机械、材料、电子计算机、网络通信、工程仿真等领域的最新技术,是高速铁路的标志性装备。动车组已经成为高速、准高速铁路、城际铁路和城市轨道交通等轨道交通的主要运输设备。现在请跟随我们一起来研究动车组的类型和发展历史吧。

一、动车组的概念

动车组是由动车和拖车按照预定的技术参数组合在一起的固定编组列车,因此,可以概括地讲,动车组是自带动力、固定编组、列车两端分别设有司机室进行驾驶操作,并配备现代化服务设施的旅客列车的单元。动车组内有动力的车辆称为动车,动车组内没有动力的车辆称为拖车。

二、动车组的分类

高速动车组一般按照其自身的不同特点,如动车组动力来源、列车动力设备与驱动轴的配置,以及车辆之间的连接方式和组成结构进行分类。

(一)按照列车使用的动力类型分类

按照列车使用的动力类型分类有内燃动车组和电力动车组。

内燃动车组按传动装置形式分为液力传动和电力传动内燃动车组。电力传动内燃动车组与电力机车相同,有交-直和交-直-交等传动形式。高速动车组基本采用电力传动动车组,并采用交流传动。

(二)按照列车的动力配置分类

如图 11.1.1 所示,按照列车的动力配置分类动车组有动力集中型和动力分散型。

所谓动力配置,是指在动车组中动力车的数量和所处的位置。动力集中型动车组是将电气和动力设备集中安装在位于列车两端的动力车(一端为动力车、另一端为控制车)上,中间为拖车,仅有动力车的轮对是受电机驱动的动力轮对,动力车不载客,只有中间拖车可载客。如法国的 TGV-A 高速列车,12 辆编组中两端是动力车,中间是拖车,即 2 动+10 拖(简称 2M+10T)。

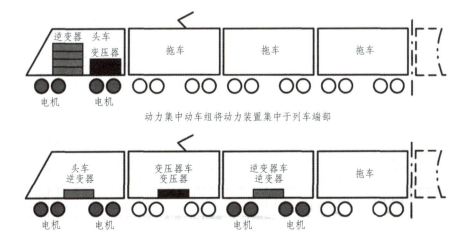

图 11.1.1　动力配置

动力分散型动车组是指把由电机驱动的动力轮对分散布置在编组内全部或部分车辆的多组轮对上，同时将主要电气及机械设备集中安装吊挂在车辆下部，列车由若干个动力单元组成，列车的全部车辆都可以载客。如日本的 700 系高速列车，16 辆编组中有 12 辆动车，4 辆拖车，即 12M＋4T；我国的 CRH380B 型动车组，8 辆编组中有 4 辆动车，4 辆拖车，即 4M＋4T。

以 CRH380B 型动车组为例来看，该列车由 8 个车厢组成：头车 EC01/EC08、变压器搭载车 TC02/TC07、中间车 IC03/IC06/FC04、餐座合造车 BC05。EC01/TC02/IC03/FC04 和 EC08/TC0/IC06/BC0 车各组成一个牵引单元。可以将 CRH380B 型的两个动车组连接成一个重联动车组。车辆设计为单系统车辆，工作标称电压为 25 kV/50 Hz AC。因为 CRH380B 为动力分散式动车组，所以有 50%的轴为驱动轴。CRH380B 型动车组车辆配置如图 11.1.2 所示，CRH380B 型动车组动力及辅助供电配置如图 11.1.3 所示。

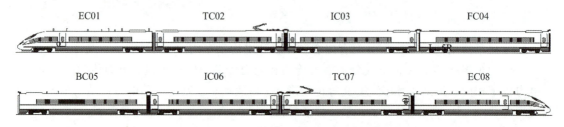

图 11.1.2　CRH380B 型动车组车辆配置

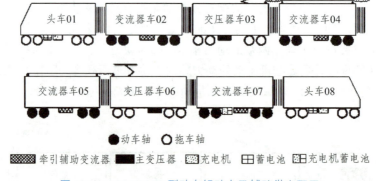

图 11.1.3　CRH380B 型动车组动力及辅助供电配置

（三）按照列车各车辆之间的连接方式分类

按照列车各车辆之间的连接方式分类动车组有独立（转向架）式和铰接（转向架）式。

独立式列车每节车辆的车体都置于两台转向架上，车辆与车辆之间用密接式车钩缓冲装置进行连接，每节车辆从列车上解挂之后可以独立行走，采用独立转向架的列车车间结构简单，制造、维修与保养工作简单，但无法充分利用相关标准所规定的轴重限制。铰接式列车是将车辆之间用弹性铰相连接，两相邻车体的连接处放置一个共用转向架，因此每节车辆不能从列车中解开成为一个可独立行走的车辆。铰接式列车的主要代表是法国 TGV、AGV 高速动车组。与独立式动车组相比较，铰接式列车车辆重心低，能够充分利用轴重限制，车辆间隙小，连接刚度大，能提高车辆稳定性和事故安全性。

高速动车组分类与模式如图 11.1.4 所示。

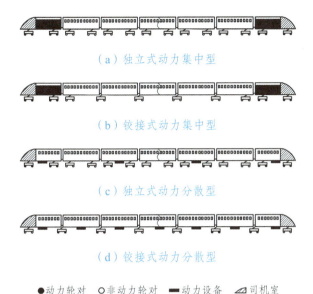

（a）独立式动力集中型

（b）铰接式动力集中型

（c）独立式动力分散型

（d）铰接式动力分散型

●动力轮对　○非动力轮对　━动力设备　◿司机室

图 11.1.4　高速动车组分类与模式

　　某个国家或某条高速铁路采用什么类型的动车组，可能与它们的运用条件、运用经验和传统技术有关。因此在选择、比较它们的优劣时不能一概而论，只有详细分析它们的技术特性，结合具体的运用要求和使用条件才能得出比较明确的结论和选型方案。这里就动力集中型与动力分散型两种不同的动车组的优缺点进行分析。

（四）动力集中型动车组的特点

1. 动力集中型动车组的优点

（1）它与传统的列车相似，便于我们按习惯进行运行管理和维修管理。

（2）故障相对较高的电器、机械设备集中在头车，运用中便于监测和进行技术保养，这些设备的工作环境也较清洁。

（3）机械、电气设备与载客车厢相隔离，车厢内噪声、振动较小。

（4）动力头车可以摘挂（虽然不是传统列车的自动车钩那样的方便摘挂）使列车进入既有线，甚至可更换内燃机车使列车直接进入非电气化铁道运行。

2. 动力集中型动车组的缺点

（1）动力头车不能载客，相对减少了载客量。

（2）动力头车集中了全部动力设备，减轻设备重量比较困难，而高速列车要求列车的轴重尽量轻。

（3）高速动车组需要动力头车产生足够大的黏着牵引力，因而动力车轮的轴重不能太轻。

（4）速度越高，动车组的功率需求越大，大功率动力设备的重量也相应增大，这与减轻重量的要求又相矛盾。

（五）动力分散型动车组的特点

1. 动力分散型动车组的优点

（1）动车可以载客，增加了动车组的载客量。

（2）将牵引动力设备和牵引电机的功率和重量分散到各个车辆负担，较易实现高速列车减轻轴重的要求。

（3）牵引力分散在各个动力车轮上，可解决高速列车大牵引力与轴重限制之间的矛盾。

（4）可以充分利用动力制动功率，列车具有较好的制动性能。

2. 动力分散型动车组的缺点

（1）车辆下部吊装动力设备，其产生的振动和噪声会影响车厢内的舒适度，增加了隔振降噪的技术难度。

（2）动力设备安装在车下，要求体积小，工作环境差，分散的动力设备故障率相对较高。

（3）列车只能分单元编组，不能驶入非电气化铁道运行。

（4）与传统运营、维修管理体制和习惯不适应，必须建立一套新的维修保养体系。

三、我国高速动车组发展

我国首列投入商业运行的电动车组是于 1999 年投入运用的"春城号"动车组。为了满足 1999 年昆明世界园艺博览会的需要，长春客车厂联合株洲电力机车研究所设计了该动车组。该动车组编组 6 辆，采用交-直电传动，最高运行速度为 120 km/h。

此外，我国还相继生产了"长白山号""中原之星""先锋号"动力分散型电动车组，"大白鲨""蓝箭""中华之星"等动力集中型电动车组。我国部分动车组如图 11.1.5 所示。

"春城号"电动车组

"先锋号"电动车组

"中原之星"号电动车组

"中华之星"号电动车组

图 11.1.5　我国部分国产动车组

为满足第六次提速需要，我国制定了《铁路中长期铁路网规划》，确定了"引进先进技术、联合设计生产、打造中国品牌"的发展高速铁路总体思路。按照重点扶持国内几家机车车辆制造企业、引进少量原装、国内散件组装和国内生产的高速动车组项目运作模式，于 2006 年 7 月 31 日，国内首列速度 200 km/h"和谐号"动车组下线，2007 年以速度 160 km/h 投入春运。2010 年 9 月 28 日，在沪杭高铁试验中，拥有自主知识产权的"和谐号"CRH380A 型高速列车最高速度达 416.6 km/h，创造了世界运营铁路运行试验最高速度。

CRH 为英文缩写，全名 China Railways High-speed，中文意为"中国高速铁路"，目前，我国铁路开行的 CRH 系列动车组有 CRH1、CRH2，CRH3，CRH5 等类型，外形见图 11.1.6。

"和谐号"CRH1 型动车组

"和谐号"CRH2 型电力动车组

"和谐号"CRH3 型电动车组

"和谐号"CRH5 型电动车组

图 11.1.6　我国部分和谐号 CRH 型动车组

CRH1：四方机车车辆股份有限公司与加拿大庞巴迪的合资公司——青岛四方－庞巴迪铁路运输设备有限公司（BST）生产的 CRH1A 型为 8 节车厢编组座车动车组，最高营运速度 250 km/h；CRH1B 型为 16 节车厢的大编组座车动车组，全列包括 10 节动车配 6 节拖车（10M6T），最高运营速度 250 km/h；CRH1E 型为 16 节车厢的大编组卧铺动车组，每组包括 10 节动车配 6 节拖车（10M6T），最高运营速度为 250km/h。

CRH2：四方机车车辆股份有限公司联合日本川崎重工业株式会社，引进川崎重工的新干线 E2-1000 型动车组技术，由四方机车车辆股份有限公司负责国内生产。CRH2 系列为动力分散式、交流传动的电力动车组，采用了铝合金空心型材车体。CRH2A 型为 8 节车厢编组座车动车组，营运速度 200 km/h，最高速度 250 km/h，用于经改造的既有路线上；CRH2B 型为 16 节大编组座车动车组，CRH2C 型为 8 节车厢编组座车动车组，标称速度 300 km/h，最高营运速度 350 km/h；CRH2E 型为 16 节大编组卧铺动车组，标称速度 200 km/h，最高营运速度 250 km/h。

CRH3：唐山轨道客车有限责任公司联合德国西门子，引进西门子 ICE3（Velaro）技术，由中车唐山轨道客车有限责任公司负责国内生产。CRH3C 型为 8 节车厢编组座车动车组，营运速度 330 km/h，最高速度 380 km/h，作为京津高速铁路的用车；CRH3D 型为 16 节车厢的大编组座车动车组。

CRH5：长春轨道客车股份有限公司联合法国阿尔斯通，引进法国阿尔斯通的 Pendolino 宽体摆式列车技术，取消了装设的摆式功能，车体以法国阿尔斯通为芬兰国铁提供的 SM3 动车组为原型。由长春轨道客车股份有限公司负责国内生产。CRH5A 型为 8 节车厢编组座车动车组（5M3T），营运速度为 200 km/h，最高速度为 250 km/h。

如图 11.1.7 所示，CRH380A 型动车组是四方机车车辆股份有限公司的 CRH2-380 型动车组的更名产品，其中短编组动车为 CRH380A 型，而长编组动车为 CRH380AL 型。CRH380A 型采用与 CRH2C 型一样的 6 动 2 拖的编组方式，牵引功率为 9 600 kW，使用高速受电弓，在受电弓的两侧为立体围护整流罩。

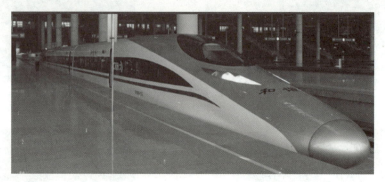

图 11.1.7　CRH380A 型动车组

如图 11.1.8 所示，CRH380B 型动车组是在 CRH3C 型基础上研发的新一代高速动车组（车身原涂装为蓝白蓝海豚款，后换涂为金凤凰），与 CRH3C 型相比，持续运营速度由 300 km/h 提高至 350 km/h，最高运营速度由 350 km/h 提高到 380 km/h，最高试验速度为 400 km/h 以上。动车组优化气动外形以减少阻力，舒适度优化方面主要采取提高列车减振性能、车厢降噪、加强车内气压控制等。

图 11.1.8　CRH380B 型动车组

图 11.1.9 所示，CRH380C 型动车组是在 CRH3C 型、CRH380BL 型基础上研发的新一代高速动车组，持续运营速度为 350 km/h，最高运营速度为 380 km/h，最高试验速度为 400 km/h以上。

图 11.1.9　CRH380C 型动车组

图 11.1.10 所示，CRH380D 型电力动车组，是我国为营运新建的高速城际铁路及客运专线，在由庞巴迪公司研发的 CRH 系列高速动车组基础上设计研发的新一代高速动车组，运营速度为 350 km/h，最高运营速度为 380 km/h，最高试验速度为 420 km/h。CRH6 型电力动车组是我国设计制造的新一代城际电力动车组，由南京浦镇车辆有限公司研制。CRH6 型动车组作为高速铁路和城市轨道交通的纽带，具有运能大、起停速度快、乘降方便快速、疏通迅捷有效、乘坐舒适、安全可靠、节能环保的特点，适用于城市间以及市区和郊区间的短途通勤客运，满足载客量大、快速乘降、快启快停的运营要求。

图 11.1.10　CRH380D 型电力动车组

动车组转向架发展技术

🚄 知识巩固

1. 动车组按照动力配置可以分为哪几类？
2. 请说出我国国产动车组的名称。
3. 请简述我国动车组的发展史。

　　为全面提升中国高速铁路动车组设计、软件开发、制造技术水平，打造适合中国国情、路情的高速动车组设计制造平台，实现中国高速铁路动车组自主化、标准化和系列化，促进动车组由中国制造到中国创造的跨越，在国铁集团主导下，中国铁道科学研究院技术牵头，集合中车集团及相关企业的力量，搭建了速度 250 km/h 和 350 km/h 的设计制造平台，设计研制了具有完全自主知识产权、达到世界先进水平的复兴号动车组列车，复兴号动车组列车（英文代号为 CR），是中国标准动车组的中文命名，由中国国家铁路集团有限公司牵头组织研制，列车水平高于 CRH 系列。

　　目前，复兴号动车组 3 个级别为 CR400/300/200，数字表示最高速度，而持续速度分别对应 350 km/h、250 km/h 和 160 km/h，适应于高速铁路（高铁）、快速铁路（快铁）、城际铁路（城铁）。早期的两个型号是红神龙 CR400AF 和金凤凰 CR400BF。复兴号 CR400 系列是上档速度 400 km/h、标准速度 350 km/h。目前中国标准动车组均采用复兴号命名。

任务 2　　动车组组成

任务导入

　　高速动车组是当今世界高新技术的集成。确保动车组与高铁各子系统之间以及动车组自身各系统之间的相互兼容和整体优化的目的，主要是为了提升动车组和高铁系统的整体性能和安全性，确保列车在各种运行条件下的稳定性和可靠性。高速动车组应用了高速轮轨技术、大功率牵引、制动控制技术、列车运行控制、空气动力学工程、可靠性与安全性技术等铁路技术专业领域的最新重大成果，是高速铁路的核心装备，是包括材料、机械、电子、计算机和控制等现代技术的集中体现。下面让我们共同走进动车组的世界，了解其关键技术和结构组成。

一、动车组的关键技术

　　动车组列车在线路上高速运行，要求其安全、舒适，对线路的破坏作用小；要求其运行阻力小、质量轻、气密性和减振降噪性能好；要求其防火性能高，车间连接装置传递与缓冲纵向力的性能好等。为满足这些性能要求，高速动车组采用了大量新技术、新材料和新工艺。

（一）优良的空气动力学外形

　　随着列车运行速度的提高，空气的动力作用一方面对列车和列车运行性能产生影响，同时，列车高速运行引起的气动现象对周围环境也产生影响。对于高速动车组来说，列车头型设计非常重要，好的头型设计可以有效地减少列车表面压力和列车空气阻力，减少会车压力波、隧道内列车表面压力和列车风等问题。图 11.2.1 所示为具有优良空气动力学性能的动车组流线型车头。

图 11.2.1　动车组流线型车头

车身的外形设计主要是横断面形状设计。其设计特点：整个车身断面呈鼓形；采用与车身横断面形状相吻合的裙板遮住车下设备；车体表面光滑平整，尽量减少突出物。

（二）车体结构轻量化

为了节省牵引功率，降低高速所引起的动力作用对线路结构、机车车辆结构产生的损伤，以及提高旅客乘坐舒适度，需要最大限度地降低高速动车组的轴重。因此，动车组列车采用车体结构轻量化、模态优化设计、车体气动外形及气密强度设计，以及车体焊接变形及内应力控制等技术，主要材料采用铝合金和不锈钢，从发展趋势看，铝合金将成为动车组车体的主导材料。

（三）高性能转向架技术

提高列车运行速度首先遇到的问题是转向架运行的稳定性和安全性，动车组转向架具有承载、导向、减振、牵引及制动等功能，动车组转向架综合运用轮轨关系匹配技术及车辆系统动力学技术、结构强度可靠性技术、核心部件系统集成技术等关键技术，所以，高速转向架要求具有高速运行的稳定性、平稳性和安全性，良好的曲线通过性能，旅客乘坐的舒适性等。

（四）复合制动技术

高速列车对制动技术提出了严峻的挑战，因为列车的动能与速度的平方成正比，而在一定的制动距离条件下，列车的制动功率是速度的三次函数。因此，传统的空气制动能力远远不能满足需要。

动车组制动系统应具备的条件是：

（1）尽可能缩短制动距离以保障列车安全。

（2）保证高速制动时车轮不滑行。

（3）司机操纵制动系统灵活可靠，能适应列车自动控制的要求。

因此，需要采用复合制动方式，即：空气盘形制动＋电气动力制动（再生制动）＋非黏着制动（涡流制动和磁轨制动）；按速度大小来控制制动力的大小，以充分利用黏着；采用高性能的防滑装置以及微机控制等。

（五）密接式车钩缓冲装置

车辆间的牵引缓冲装置是关系到缓和列车冲击，提高旅客舒适性和列车安全的重要部件，高速列车对牵引缓冲装置提出了更高的要求。目前，世界各国高速列车（如日本、德国）普遍采用密接式车钩连接装置，该装置两车钩连接面的纵向间隙一般都小于 2 mm，上下、左右偏移也很小，对提高列车的运行平稳性和电气线路、风管的自动对接提供了保证。

（六）交流传动技术

早期的电力牵引传动系统均采用交-直传动，用直流电动机驱动。由于直流电动机的单位功率质量较大，而高速列车既要大功率驱动又要求减轻轴重，采用直流电机对减轻簧下部分的质量形成难以克服的矛盾。在交流传动系统中，交流牵引电动机较传统的直流牵引电动机具有额定输出功率大，结构简单、体积小、质量轻、易维修，速度控制方便、效率高等一系列优点。

（七）列车自动控制及故障诊断技术

列车自动控制系统（Advanced Train Control Systems）对保证高速列车安全运行有十分重要的作用，世界各国在发展高速铁路时都十分重视列车自动控制系统的研究和开发，研制了多种基础技术设备，例如，列车超速防护系统、卫星定位系统、车载智能控制系统、车载微机自动监测和诊断系统等。

目前，在世界高速铁路上的自动控制方式主要分为两类，一类是以设备为主，人控为辅的控制方式，以日本新干线采用的 ATC（列车自动控制）方式为代表。另一类是人机共用、人控为主的方式，以法国高速列车（TGV）为代表，主要采用 TVM_{300} 型安全防护系统及改进的 TVM_{430} 型安全防护系统，还有德国 ICE 高速列车采用的 FRS 速差式机车信号和 LZB 型双轨条交叉电缆传输式列车控制设备等。

（八）车厢密封隔声与集便处理

车体具有良好的密封性能也是高速列车必须要解决好的一项关键技术。动车组高速运行时，特别是两动车组在隧道交会时，头、尾车外面的气流压力变化很大，车外压力的波动会反应到车厢内，使旅客感到不舒服，轻者压迫耳膜，重则头晕恶心，甚至造成耳膜破裂。许多国家先后在压力波对旅客舒适性的影响方面进行了研究。

随着动车组运行速度的提高，所产生的噪声也将增大。噪声传到车内，将影响旅客的舒适度，同时造成铁路沿线的环境噪声污染。因此，削弱噪声源、提高车体的隔声性能也是高速动车组必须解决的关键技术。

此外，随着动车组运行速度的提高，车厢气压密封性问题非常突出。因此，高速动车组必须采用密封性能良好的给排水系统及集便处理系统。

（九）高速受流技术

接触网-受电弓受流系统的受流过程是受电弓与接触网之间滑动完成的，是一个动态过程，这一动态过程包括了多种机械运动形式及电气状态变化。因此，高速铁路的受流系统，首先要保证功率传输的可靠性，必须保证动车组所需要的最低电压，保证动车组的可靠运行。高速列车的电流负荷特性较常速列车有较大的区别，其特征是脉冲负荷占的比例大，整个牵引供电系统要适应高速列车对电压水平和电流负荷的要求。二是受流系统的运行安全性。三是良好的受流质量。四是保证受流系统的使用寿命。

（十）倾摆式车体技术

列车通过曲线时，未被平衡的离心加速度超过允许限度时会对乘客产生不舒适感。这种未被平衡的离心加速度与列车速度的平方成正比，由此限制了列车通过曲线时的速度。

摆式列车的基本原理是：在通过曲线时，使列车车体向曲线内侧倾摆，使车体相对轨道平面转动一个角度，车体转动角和轨道超高角的转动方向一致。可以大幅度抵消列车的离心加速度，使旅客感受到的未被平衡的离心加速度保持在容许范围之内，从而提高列车通过曲线时的运行速度。采用摆式列车可以提高曲线限速 30%～40%，提高旅行速度 15%～20%。

二、基本组成

为适应运行需要，现代高速动车组一般由以下 7 个部分组成。

（一）车　体

动车组车体分为带司机室车体和不带司机室车体两种。它是容纳乘客和司机驾驶的地方，同时，又是安装与连接其他设备和部件的基础。为使车体轻量化，高速动车组车体通常采用铝合金或不锈钢材料制造，且具有合理的空气动力学外形，并保证密封、减振降噪和防火等方面的要求。为了满足气密性要求，列车的车窗是不能被开启的，因此，高速动车组必须设置空气调节装置。此外，还设有座椅、电茶炉等车内设备。

（二）转向架

动车组转向架分动力转向架和非动力转向架。动力转向架的车轴可以是全动轴，也可以是部分动轴。转向架置于车体和轨道之间，用来牵引和引导车辆沿轨道行驶与承受和传递来自车体及线路的各种载荷，并缓和其动作用力。转向架是保证列车运行品质和安全的关键部件，转向架一般由轮对轴箱装置、构架、弹簧悬挂装置、车体支承装置和制动装置组成。对于动力转向架还包括牵引电动机及传动装置。

（三）车辆连接装置

车辆编组成列车运行必须借助于连接装置，其中，机械连接包括车钩缓冲装置和风挡等；同时还有车辆之间的电气和空气管路的连接、高压电器连接、辅助系统和列车供电连接以及控制系统连接等；高速动车组要求车钩纵向间隙小，电气装置能自动连挂。因此，国外高速动车组一般采用带电、气自动连接的密接式车钩缓冲装置，缓冲器一般采用橡胶缓冲器或液压缓冲器；为提高列车空气动力学性能和密封性，高速动车组一般采用具有良好密封性能的风挡，并设置外风挡以保证列车侧面平滑。

（四）制动装置

制动装置是保证列车安全运行所必需的装置。高速动车组除采用传统机车车辆的闸瓦制动、盘形制动、电阻制动、电力再生制动外，一般还采用磁轨制动、轨道涡流制动、圆盘涡流制动等形式。制动控制系统包括动力制动控制系统（再生制动）和空气制动控制系统，并普遍采用防滑器以提高制动效率。

（五）车辆内部设备

车辆内部设备是指服务于乘客的车内固定附属装置，如车内电气、供水、通风、取暖、空调、座席、车窗、车门、行李架、旅客信息服务系统等。

（六）牵引传动系统

动车组电力牵引系统作为高压系统的负载之一，主要作用是将电能转化为机械能提供牵引动力，多采用交流传动，其完整的牵引传动系统由相关高压供电设备及牵引设备组成，组成部分包括：受电弓、高压隔离开关、真空断路器、电流互感器、避雷器及高压电缆组件等高压设备及牵引变压器、牵引变流器、牵引电机、齿轮箱等牵引设备等。

（七）辅助供电系统

辅助供电系统为动车组上除牵引动力系统之外的所有用电设备提供电源，主要负载设备包括：空气压缩机、牵引系统冷却通风机、油泵/水泵电机、空调系统、采暖、给水及卫生设施、照明、TCMS 系统、旅客信息系统、广播、 ATP 等电务车载系统等。另外，辅助供电系统还具备应急供电功能。应急用电包括：客室应急通风、应急照明、应急显示、维修用电、通信及其控制等。

另外，从软件角度看，列车自动控制和故障诊断系统也是动车组不可缺少的部分。

知识巩固

1. 动车组有哪些关键技术？
2. 动车组由哪些系统组成？

知识拓展

高速铁路牵引供电系统负责将电能从国家电网安全可靠地输送到动车组上，为动车组高速运行持续提供强大的电能。高速铁路牵引供电系统主要由牵引变电所、接触网、数据采集与监视控制系统（SCADA）三大部分组成。

1. 高铁列车的动力来源是交流电还是直流电？

各国高铁基本采用交流电作为高铁列车的牵引网络的电流制式。我国电气化铁路采用工频单相交流电力牵引制，额定电压 25 kV，牵引动力为电能。牵引供电系统将国家电力系统输送的电能转变适合电力机车使用的形式。

2. 高速列车如何获取电能作为动力？

从电路角度来看，高铁采取 AT（自耦变压器）供电方式。高铁能够跑起来，依靠的是牵引供电系统给高速列车提供电力。牵引供电为电力系统的一级负荷，但德国是例外，德国高铁电网独立于德国国家电网。

因此，高铁牵引供电系统包括架空接触网、牵引变电所、回流回路。电力系统与牵引供电系统用一句话简述就是：牵引变电所给架空接触线提供电能，高速列车将架空接触线的电能取回车内，驱动变频电机使列车运转。

任务 3　动车组车体

任务导入

大家在平时乘车的时候，是否发现购票信息会显示"D""G"，甚至是"C"打头的车次，它们代表什么意思呢？动车组在中国国家铁路运输系统里是指"（普通）动车组旅客列车"，车次以"D"开头，简称"D 字头列车"，其综合等级高于特快旅客列车和其他普速列车，低于后来由其本身进一步细分出来的"高速动车组旅客列车（G 字头列车）"和"城际动车组旅客列车（C 字头列车）"，接下来让我们了解一下关于动车组车体部分的密码吧。

一、动车组密封及降噪技术

（一）车体的密封技术

高速列车在会车时，特别是在隧道内会车时，车体表面将受到正负数千帕的瞬时压力变化，为了减少压力波的影响，保证旅客的舒适度，需要采取措施提高车辆的密封性能。

当前世界各国在高速列车上采用的密封技术主要有：

（1）车体结构采用连续焊缝以消除焊接气隙；对不能施焊的部位，必须用密封胶密封。

（2）采用固定式车窗，车窗的组装工艺要保证密封的可靠性和耐久性。

（3）为保障列车两侧侧门、车端的内端门本身及其与车体连接的密封性能和两车辆间内风挡连接的密封性能，侧门需要采用密封性能良好的塞拉门，头、尾的端门要采用可充压缩空气的橡胶条，通过台风挡采用橡胶大风挡，并注意处理好渡板处的密封问题。

（4）空调换气设备设置压力控制。

（5）厕所、洗脸室的水不能采用直排式，而要通过密封装置排到车外。同时，对贯穿车下的管路和电缆孔应采取必要的密封措施。

（二）动车组降噪技术

为了降低车内噪声，一方面要削弱噪声源发出噪声的强度，另一方面要提高车体的隔声性能。具体来说，可以从车体、内装、设备安装、门窗以及研发使用新材料等角度采取降噪措施。

1. 车体降噪

（1）对来自于车下的振动噪声，提高车体刚度、增强抗振能力，可以有效降低噪声的传递；通过优化车体型材断面，适当增强局部结构厚度，结合整体强度和刚度校核分析，确定车体刚度优化措施。

（2）增加车体的隔声性能。在车体金属（如地板）表面涂刷防振阻尼层，使钢结构的声频振动转化为热能消散，减少声波的辐射和声波振动的传递，从而减少车内噪声；采用双层车窗，提高车体气密性，减少从侧面传入车内的噪声；采用双层墙结构，同样可增加隔声量 4 ~ 5 dB（A）。

（3）车体外形设计成流线型，车体表面平整、光滑。

（4）在车体内表面和部件结构表面等局部振动和噪声较大的部位，进行局部优化结构设计，并通过增加减振隔声材料，降低噪声的传递。

2. 内装降噪

（1）车内装饰结构降噪。司机室车头、车顶、侧墙、端墙是噪声传入影响较大的部位，采取的主要降噪措施是采用隔声、吸声性能较好的优质材料，结合柔弹性连接，阻隔和抑制噪声的传递。对不同的噪声频段，采用针对低频、中频和高频不同要求的隔声和吸声材料。对于受电弓安装部位、转向架上部、车端、司机室等噪声传入较大的部位，进行局部降噪和重点优化。

（2）客室降噪。充分利用座椅、墙板、顶板等设备和部件的合理布置并设置吸声材料，提高客室内中低频吸声性能，降低客室反射混响噪声。

（3）地板降噪。地板部位是车外振动噪声传入客室的重要途径，通过采用隔声吸声结构地板以及柔性或弹性安装结构可以达到降噪的目的。

3. 设备安装降噪

由于车外噪声及振动引起车内设备部件的激振产生的噪声，可通过对结构连接处采用弹性或柔性连接，以隔离阻断振动噪声的传播途径。另外，可调整设备部件自身刚度和进行表面降噪处理，避免共振，减少激振噪声。在车轮上安装消音器和开发弹性车轮，可有效地降低轮轨噪声。在空调系统上安装消音器，可降低牵引电机风扇的噪声，降低驱动装置等设备的振动噪声。

4. 门窗降噪

（1）车窗和车门降噪。车窗和车门是噪声传入的重要部位，动车组车窗的结构设计采用了多层中空玻璃和铝框黏接的方式，内外层都设置为层压玻璃，内外层玻璃之间充有惰性气体，从而具有良好的隔声和隔热性能。为了进一步提高车窗部位的降噪效果，还可从车窗的结构和材料出发，通过进一步的研究，选择新材质，优化其结构和性能。

（2）风挡降噪。风挡部位是阻止噪声传入的薄弱环节，动车组内可以采用双层折棚结构和单层橡胶风挡两种形式。同时，作为车端连接的内风挡可以结合外风挡，通过优化结构构成，进一步改善隔声降噪性能。

5. 其他降噪措施

研发及选用新材料是降噪的重要手段。在优化结构的基础上，通过研究开发或寻找各种新型吸声、隔声、减振材料，结合车内噪声频谱，充分利用材料的降噪特性，合理配置降噪结构组合。针对低频、中频、高频噪声进行抑制，对关键频率范围采取适宜的隔声吸声材料，对低频区域加大隔离和吸声措施，达到降低噪声的目的。

二、动车组车体结构及特点

虽然各型动车组车体结构由于其功能、附属设备等不同，使得车体结构不尽相同，但其主要的结构组成形式基本类似，下面以 CRH380B 型动车组为例进行说明。

（一）车体结构

CRH380B 型动车组根据车窗及车内设施不同，车体分为 6 种车型，分别为 TC01、M02/07、TP03/06、MH04、MB05、TC08 车，其中 4 辆是动车。该动车组采用薄壁筒形整体承载结构，由 13 种 23 块与车体等长的铝合金挤压型材焊接而成，车体断面如图 11.3.1 所示。车体承载结构采用车体全长的大型中空铝合金型材组焊而成，车头由型材及板复合组成。它提供了对包括自重、有效载荷、安装在车体上的所有结构、设备件及正常运行条件和特殊试验载荷在内的所有载荷的承载功能。车体是由底架、车顶、侧墙、端墙、车头（仅头车）等几大部位组成，各部位的主要结构均为大型中空挤压型材[车头主要为板（型材）梁结构]，车体铝结构使自身具备很好的隔音、隔热、防腐性能。

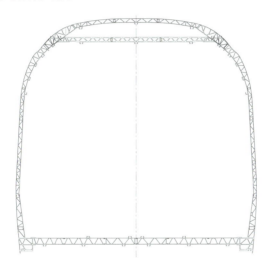

图 11.3.1　CRH380B 型动车组车体断面

1. 底　架

底架主要由两大部分组成，底架前端结构和底架中部结构，底架中部结构包括地板、边梁两部分，边梁纵向贯通，底架前端和地板均与边梁焊接，底架前端和地板通过连接梁、连接板相连，连接梁为型材，连接板可以调整宽度，保证车体长度，如图 11.3.2 所示。

图 11.3.2　底架组成

2. 侧 墙

侧墙主要由侧墙上部型材、侧墙下部型材、窗口下部型材、窗口上部型材等部件组成。各车侧墙的外部轮廓及型材断面组成均相同，由 5 块大型中空铝型材拼焊而成。侧墙窗口下部型材 1、2 和上部型材 4、5 为连续通长的中空挤压型材，与窗间型材 3 焊接而成，如图 11.3.3 所示。

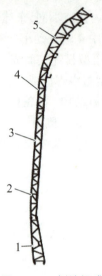

图 11.3.3　侧墙组成

3. 车 顶

除了头车车顶在车头端和中间车有明显区别外，中间车车顶之间的变化仅在于车顶焊接件的区别。车顶主要有高顶结构和平顶结构（安装受电弓等车顶设备）。TC02 和 TC07 车的车设有平顶，供安装受电弓用，其附近区域结构满足检修维护受电弓的要求。车顶强度具备满足 100 kg 的人员在上面行走而不变形的能力。车顶由 5 块大型中空铝型材拼焊而成。5 块型材又可以分为两部分，即构成中顶的 3 块和两侧边顶的两块，高顶断面和平顶断面如图 11.3.4 所示。

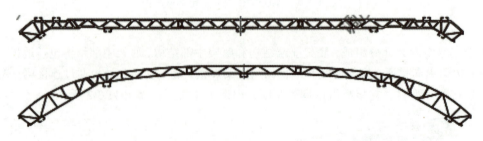

图 11.3.4　车顶结构

4. 端 墙

为了增强车体强度，车顶端部设加强结构，它由横梁、纵梁、盖板等构成。在横梁下焊接内端墙，增加整车刚度。端墙主要由 4 部分组成：门框、端角柱、端墙板和端墙附件，如图 11.3.5 所示。

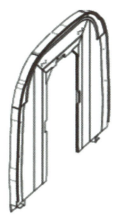

图 11.3.5　端墙结构

（二）车体其他设备

高速列车在线路上高速运行，会产生空气压力波，存在石头、冰块或其他物体意外碰撞的可能性。为确保列车运用安全，在车顶及车下装有导流罩。CRH380B 型动车组导流罩包括车顶导流罩和车下设备舱两部分，是安装在车体外部的非承载骨架和罩板总称，具有导流、防护和方便检修车外设备三大基本功能。是高速列车技术含量、速度、性能、安全、防护等级最明显的标志性部件之一。

1. 车顶导流罩

CRH380B 型动车组车上设备较多，主要有空调机组、制动电阻、天线装置、电压互感器、电流互感器、主断路器、避雷器、受电弓等部件。车顶导流罩可以有效地保护这些车上设备，同时车顶导流罩的空调机组处的导流罩板两侧安装有通风格栅，保证空调机组的新风供应。

车顶设有受电弓车顶导流罩（车顶导流罩由两个侧罩和圆顶罩组成）和过压限制电阻导流罩。导流罩采用玻璃钢材料制作，通过螺栓与车顶连接，如图 11.3.6 所示。车顶导流罩的作用是保护车顶设备、改进动车组的空气动力学性能。

图 11.3.6　车顶受电弓区域导流罩组成

2. 车下设备舱

设备舱的作用是降低动车组运行中的空气阻力和保护车下悬挂设备。

设备舱由裙板（包括裙板锁闭机构、安全吊钩、安装座）、设备舱底板（包括支架、固定座、底板支撑槽）、隔板等组成。裙板及底板、底板支撑槽的材料为铝型材，设备舱底板上板厚度为 0.5 mm（有开孔的底板上板厚度为 2 mm），下板厚度为 2 mm，中间是铝蜂窝，整体采用黏接工艺。裙板和设备舱底板通过锁闭机构与车体、支撑槽紧固。在每天的例行作业中，需检查锁闭机构是否松动。

设备舱的作用是减少空气阻力、防护车下设备，设备舱的主要构成部件为裙板、底板、端部隔板等，设备舱防护的车下设备包括牵引电机通风机、废排单元、牵引变流器、空调逆变器、制动风缸、蓄电池箱和集便器等，餐车车下设备布局如图 11.3.7 所示。

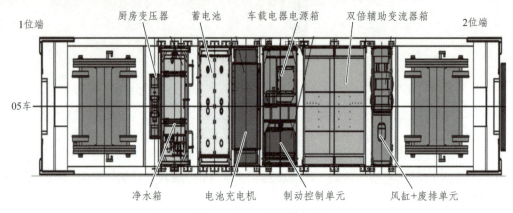

图 11.3.7　车下设备布置

设备舱两侧各设有活动裙板和固定裙板，活动裙板设有四角钥匙开闭的锁闭机构。设备舱底板采用上下面铝板、中间铝蜂窝夹层结构。设备舱支架由铝型材组焊而成。裙板、底板通过与设备、车体底架边梁、隔墙连接形成封闭的防护空间，如图 11.3.8 所示。

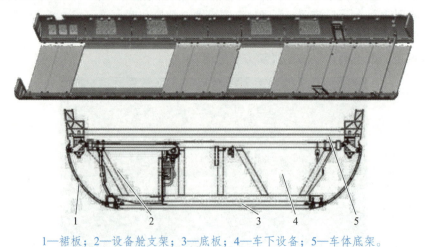

1—裙板；2—设备舱支架；3—底板；4—车下设备；5—车体底架。

图 11.3.8　设备舱主要部件

车体端部和设备舱中部设有注水口盖板和排污口盖板，注水口盖板的功能是保护注水装置，防止被飞石破坏和灰尘进入，影响水的质量；同时优化车体空气动力学性能，使车体外形保持流线型，减少空气阻力。盖板采用内置滑道上翻式结构，如图 11.3.9 所示。

图 11.3.9 内置滑道上翻式注水口盖板

排污口盖板的功能是方便职工进行排污作业。每辆车的两侧各设一个排污口盖板，盖板采用内塞拉或内推拉结构，在裙板上设有滑道，如图 11.3.10 所示。

图 11.3.10 内塞拉和内推拉排污口盖板

三、动车组车辆布局

CRH380B 型动车组采用四动四拖的八辆编组方式。车内设一等车 1 辆（1 号车）、二等车（2/3/6/7/8 号车）5 辆、带无障碍设施二等车（4 号车）1 辆、餐座合造车（号车）1 辆。一等车座席采用 2+2 布置；二等车座席采用 2+3 布置；餐座合造车设二等座区，采用 2+3 布置。车辆的内装设计及内装材料的选择具有模块化及轻量化的特点，能够满足高速列车的总体设计及车内布置的要求。

CRH380 具体车型布局　　　　　　　　EC01/EC08 车内部和地板下布局

知识巩固

1. 简述 CRH380B 型车体的关键性技术。
2. 请说出动车组 CRH380B 型车体结构的组成特点。
3. 请说出动车组 CRH380B 型车体的二等座车布局。

知识拓展

动车组车体主要结构特点

1. 特殊牵枕缓装置

底架上采用枕梁座代替了传统的贯通式枕梁，并设计了全新的牵引梁结构，不再通过焊接工艺进行枕梁与牵引梁的组装连接。该种结构形式既能有效地传递纵向力，保证了车体结构强度的需要，又能有效消除因制造工艺的原因而造成的质量问题而引发的安全隐患。

2. 采用承载内端墙

在车体侧门内侧设置焊接内端墙，其与端部车顶、底架通过台部分形成整体承载框架结构，以提高车体整体结构强度。该设计增加了内端墙结构，看似略微增加了车体质量，但由于内端墙的存在增加了车体的整体强度、刚度，尤其是纵向和抗扭刚度，简化了底架、侧墙和车顶的结构和制造工艺，反而更有利于整车的减重，从而使整车的质量控制在一定范围内。

3. 车体头部防撞击设计

车体结构的耐撞击吸能结构设计是 CRH380B 型车体承载结构的特色技术之一。头车设有前端开闭机构，其具有良好的空气动力学外形，且在动车组正常运行期间处于关闭状态，以防止叶片、灰尘和冰雪的进入。在回送和救援工况，可手动打开开闭机构，伸出半自动车钩以实现车辆连挂。

4. 强大的底架边梁

利用强大的底架边梁来悬挂自重较大和能产生强烈振动的底架悬挂部件，避免地板型材刚度不足容易发生震颤、传递振动噪声和产生疲劳等问题。有利于优化底架承载结构，减轻地板型材质量。

任务 4　动车组转向架

任务导入

动车组转向架担负着承载、牵引、缓冲、导向、制动等任务，其结构是否合理直接影响着列车的运行品质、动力学性能和行车安全。为此，在设计制造动车组转向架时，必须解决其高速运行时的稳定性、平稳性和良好的曲线通过性等关键技术问题，以保证高速列车安全行驶、乘坐舒适、减少维修量等。现在让我们一起来学习动车组转向架的结构特点吧。

一、动车组转向架的分类

动车组转向架分为动力转向架和非动力转向架两类。动车下面是动力转向架，拖车下面是非动力转向架。采用两轴无摇枕轻量化结构，LMB_10 踏面，车轮直径为 920 mm（新轮），固定轴距 2 500 mm。

二、动力转向架和非动力转向架的结构特点

（一）动力转向架和非动力转向架，其主要部分采用基本一致的结构形式

（1）均为无摇枕转向架。

（2）轮对为空心车轴，整体轧制车轮、磨耗型车轮踏面。

（3）一系悬挂采用钢弹簧＋液压式减振器＋轴箱定位装置。

（4）二系悬挂主要采用空气弹簧系统。

（5）牵引装置主要采用牵引拉杆装置，传递牵引力和制动力。

（二）动力转向架与非动力转向架的主要区别

（1）动力转向架牵引电机安装方式采用架悬、体悬或轴抱式。其中体悬式可降低簧下质量。

（2）动力转向架驱动装置（齿轮减速装置和联轴节），通过轴承安装在车轴上，牵引电机与齿轮减速装置通过联轴节传递驱动力。

（3）动力转向架有 2 根动力轴，而非动力转向架有 2 根非动力轴，动力轴上装有两个制动轮盘、1 个齿轮箱和 1 个牵引电机。

（4）非动力轴上装有 3 个制动轴盘。

（5）动车组动力转向架有牵引电机和驱动装置，空间位置比较紧张，因此需采用轮盘式制动，而非动力转向架采用轴盘式制动。

三、动车组转向架的组成

（一）动力转向架的组成

CRH380B 型动车组动力转向架主要由钢结构焊接构架组成、一系悬挂及轮对轴箱定位装置、二系悬挂及牵引装置、抗侧滚扭杆装置、枕梁、驱动装置（齿轮箱、牵引电机等）、基础制动装置、撒砂装置、过分相信号接收系统和轮缘润滑装置（列车头尾部动力转向架）等组成，如图 11.4.1 所示。

（二）非动力转向架的组成

CRH380B 型动车组非动力转向架结构主要由钢结构焊接构架组成、一系悬挂及轮对轴箱定位装置、二系悬挂及牵引装置、抗侧滚扭杆装置、枕梁、停放制动装置等组成，如图 11.4.2 所示。

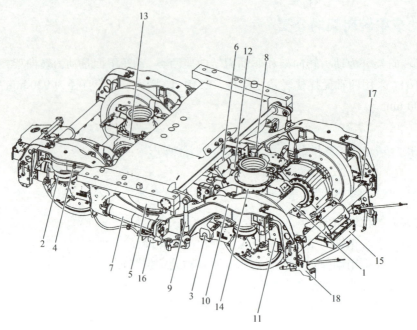

1—轮对；2——系悬挂装置；3—轴箱定位装置；4—横向终点止动装置；5—二系悬挂装置；
6—横向悬挂装置；7—抗蛇行减振器；8—空气弹簧连杆；9—扭杆；10—动车转向架构架；
11—轮盘制动；12—牵引杆；13—牵引电动机；14—牵引电动机通风装置；15—Trainguard 天线；
16—GFX-3A 型接收器；17—轮缘润滑装置；18—撒砂和排障器。

图 11.4.1　动力转向架

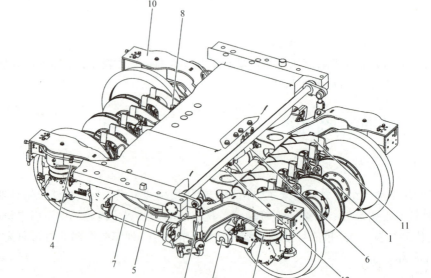

1—轮对；2——系悬挂装置；3—轴箱定位装置；4—横向终点止动装置；5—二系悬挂装置；
6—横向悬挂装置；7—抗蛇行减振器；8—空气弹簧连杆；9—扭杆；
10—动车转向架构架；11—轴盘制动；12—牵引杆。

图 11.4.2　非动力转向架

（三）转向架构架组成

1. 构架主体结构

转向架构架由两个侧梁、两个横梁和两个纵梁组焊为"H"形箱形结构。侧梁由钢板焊接而成下凹"U"形结构。侧梁上焊有拉杆定位座、一系垂向减振器座、一系弹簧定位座、二系空气弹簧定位座、抗侧滚扭杆座、抗蛇行减振器座、转向架起吊吊座、制动横梁座等；横梁为无缝钢管，横梁上焊有牵引拉杆座、齿轮箱吊座、牵引电机吊座等。

2. 动力与非动力转向架构架组成比较

CRH380B 型动车组转向架共有两种构架组成形式，即动力转向架构架组成和非动力转向架构架组成。为了实现模块化设计，两种构架组成的主体结构应尽可能通用。与拖车转向架构架相比，动车转向架多出了齿轮箱吊座、牵引电机吊座等驱动和轮盘制动吊座，拖车转向架构架因需安装轴装单元制动缸而设计有轴盘制动吊座，如图 11.4.3（a）、（b）所示。

（a）非动力转向架构架　　　　　　　　　（b）动力转向架构架

图 11.4.3　动力与非动力转向架构架

（四）动车组轮对

1. 轮对的组成

转向架轮对分为动车轮对和拖车轮对，动车轮对和拖车轮对的主要区别是：车轴主要在齿轮座和制动盘座处不同。动车转向架车轴有用于安装齿轮的座而没有安装制动盘的座，车轴上安装有一个齿轮箱组成和两个轮装制动盘，拖车转向架车轴有用于安装制动盘的座而无安装齿轮的座，车轴上安装有 3 个轴装制动盘，如图 11.4.4 所示。

（a）动力轮对轴箱装置　　　　　　　　（b）非动力轮对轴箱装置

图 11.4.4　动车组轮对轴箱装置

动力、非动力轮对轴箱装置均由轮对（包括车轮和车轴）、轴箱及轴承等部分组成。车轴为空心车轴；车轮采用整体车轮；轴箱上设有垂向减振器座，轴箱上安装有轴温传感器，部分轴端安装有速度传感器。

2. 一系悬挂轴箱定位装置

轴箱箱体与转向架构架间的连接通过带橡胶节点的转臂实现。定位弹性节点主要由弹性定位套、定位轴、金属套等组成，当轮对轴箱相对于构架在纵、横向产生位移时，弹性定位套中的橡胶层发生变形，从而起到弹性定位作用。橡胶节点的刚度、钢弹簧的刚度和垂向减振器的参数根据动力学计算进行了优化选择，减少和缓冲由于线路的不平顺引起的对构架的激扰。

动车组轮对采用转臂式轴箱定位结构，如图 11.4.5 所示。一系悬挂装置由一组螺旋钢弹簧、叠层橡胶弹簧及一系垂向减振器和轮对定位装置组成。

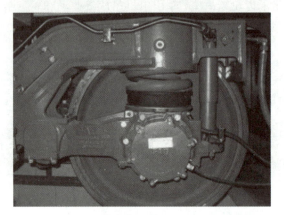

图 11.4.5　转向架一系悬挂装置

轴箱弹簧为双层螺旋钢弹簧，置于轴箱顶部，弹簧组上半部伸到构架侧梁的弹簧座里面，在弹簧顶部与构架弹簧座之间设有一块橡胶垫，用以吸收来自钢轨的冲击和高频振动。

双层螺旋钢弹簧用于减少列车行驶时产生的振动、冲击和其他运动。双层螺旋钢弹簧加叠层橡胶弹簧的设计可以保障悬挂性能最佳。叠层橡胶弹簧同钢制螺旋压缩弹簧串联一同运转。橡胶弹簧的核心作用是利用橡胶的弹性特性实现减振、隔音和承受多向载荷。橡胶弹簧进行垂直静态预载并吸收垂直方向上的相对运动以及水平方向上的倾斜运动。

一系悬挂配有垂直固定的止挡，为获得更好的调节弹簧间距，装配了不同厚度的调整垫圈。

3. 一系减振器

为减小来自钢轨的振动，在轴箱体和构架间还加装了一系垂向减振器，一系垂向减振器必须满足质量手册中的重要性等级要求，并且减振器的设计使用寿命不少于 60 万 km。在整个使用寿命期间，减振器阻尼特性的偏差不应超过 30%。根据车型的不同，一系减振器的参数亦有所差异，以使车辆具有良好的平稳性。

4. 二系中央悬挂装置

二系悬挂采用有过渡枕梁的高柔性空气弹簧承载方式；牵引装置为对中性能良好的 Z 形牵拉引杆。每个转向架设 1 个高度调整阀和 1 个防过冲安全阀；2 个横向减振器，4 个抗蛇行减振器；不同的车辆根据其重量配以适当刚度的抗侧滚扭杆装置，如图 11.4.6 所示。

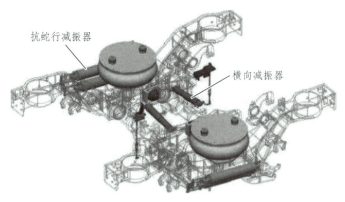

图 11.4.6   转向架二系悬挂装置

（1）空气弹簧。

弹簧悬挂装置的性能是影响车辆运行品质的重要因素之一。空气弹簧由胶囊与橡胶堆组成，胶囊与橡胶堆串联工作，通过对两个部件的优化，可以获得较高的乘坐舒适性。空气弹簧系统由两个空气弹簧、两个高度阀、压差阀和两个附加空气室通过管路连接而成，是转向架构架与上枕梁之间的悬挂装置，空气弹簧系统确保车辆保持高度不变。在正常工况下（充气状态），橡胶堆有助于胶囊适应转向架的转动，如果胶囊失效，橡胶堆将独立工作，此时上盖下表面与橡胶堆顶部的磨耗板接触，磨耗板采用特殊制造确保获得较低的摩擦系数（0.08 ~ 0.12）。该系统刚度小，可以使车辆获得较高的乘坐舒适性，悬挂系统仍然能够安全地进行工作，不会影响到车辆的运行速度。

（2）高度阀。

在转向架上安装有高度控制阀（简称高度阀），其主要作用及要求：维持车体在不同静载荷下都与轨面保持一定的高度；在直线上运行时，车辆在正常振动情况下不发生进、排气作用；在车辆通过曲线时，如果车体倾斜程度超过无感区后，转向架左右两侧的高度控制阀分别产生进、排气的不同作用，从而减少车辆的倾斜。

（3）差压阀。

差压阀是保证一个转向架两侧空气弹簧的内压之差，不能超过行车安全规定的某一定值。若超出时，差压阀将自动连通左右两侧的空气弹簧，使压差维持在定值以下。因此，差压阀在空气弹簧悬挂系统装置中起保证安全的作用。一般差压阀的压差值为 0.08 ~ 0.12 MPa。

（五）二系减振器

1. 抗蛇行减振器

为抑制高速车辆的蛇行运动，在车体与转向架之间设有抗蛇行运动回转阻尼装置。通过理论计算和运行实践均证明，可有效抑制动车组运行过程中的蛇行运动保证车辆运行稳定。抗蛇行减振器每个转向架 4 个，为冗余结构设计，转向架每侧设置 2 个抗蛇行减振器，通过抗蛇行减振器支座与上枕梁及构架相连，保证在其中一个减振器失效的前提下，动车组仍能够以一定速度运行。

2. 二系横向减振器

设置二系横向减振器用于控制车体相对于转向架之间的横向运动。二系横向减振器每个转向架2个，与转向架中心对称，二系横向减振器通过中心销上设置的支座与枕梁相连，通过构架上设置的支座与构架相连，如图11.4.7所示。横向缓冲橡胶止挡具有非线性特性，自由间隙为20 mm。中心销、中心销座和牵引拉杆拟采用高强度低合金钢铸造结构。

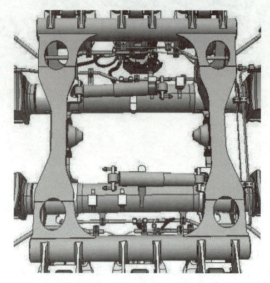

图 11.4.7　二系横向减振器

3. 二系垂向减振器

该减振器用于抑制、衰减车体与转向架之间的垂向运动，即点头和沉浮运动。二系垂向减振器每个转向架2个，对角安装，二系垂向减振器通过支座与上枕梁及构架相连。

（六）牵引装置

车体与转向架间采用双牵引杆的牵引装置，如图11.4.8所示，传递牵引力和制动力。牵引装置呈"Z"形连接，由一个牵引梁、两个带有弹性橡胶节点的牵引拉杆组成。

转向架与车体枕梁通过中心销连接，中心销由铸钢制成并通过螺栓与枕梁固定。中心销插入金属和橡胶复合支撑的中心销套内与牵引装置相连。

图 11.4.8　牵引拉杆组成

（七）抗侧滚扭杆

抗侧滚扭杆由扭杆、两个扭臂和两个连杆组成，如图 11.4.9 所示，连接在构架和枕梁间，其主要作用是减小车辆曲线运行时车体的侧滚角。每个转向架装有一套抗侧滚扭杆。抗侧滚扭杆通过吊杆与上枕梁相连、通过扭臂与构架相连，以达到抑制车体侧滚的目的。

扭杆安装在组合为枕梁的两个空心套内。扭杆的轴向间隙可以通过不同厚度的调整垫片进行调节。

扭杆上的扭臂通过热装的方法装到扭杆上。这些扭臂通过锥形接头和球形接头挠性连接到可调连杆上。可调连杆的另一端通过球形块连接到转向架构架上的扭杆安装座上。

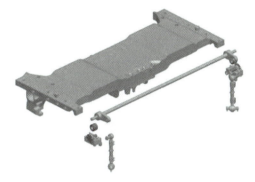

图 11.4.9　抗侧滚扭杆组成

（八）驱动装置

驱动装置仅动力转向架有，它由齿轮箱、联轴节、安全装置和牵引电机及配套的牵引电机通风装置等组成，齿轮箱安装在动力轴上通过联轴节与电机连接，如图 11.4.10 所示。

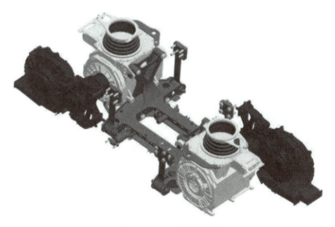

图 11.4.10　驱动装置

转向架齿轮的传动比为 2.429，能够满足动车组 350 km/h 的持续运行要求。齿轮装置的一端在轴的滚动轴承中运动，另一端通过一 C 形支架安装在转向架构架处。

在齿轮箱下部与构架间设有一个两端带有弹性叠层橡胶结构的 C 形支架，用以克服牵引力矩。牵引电机和齿轮箱之间通过联轴节连接，联轴节可以抵消牵引电机和齿轮箱之间的相对运动。

将牵引电机悬挂在电机吊架上，电机吊架横向具有弹性。设计有安全杆用于固定电机并防止安装螺栓失效时，牵引电机掉落至轨道上。

牵引电机通过设置在设备舱内的牵引电机通风机对牵引电机进行强制通风冷却。

（九）基础制动装置

基础制动装置包括动车转向架的轮装制动盘和拖车转向架的轴装制动盘，如图 11.4.11 所示。

动车转向架的每个轮上安装一套轮装制动盘，制动盘直径为 750 mm。

拖车转向架的每轴安装 3 个轴装制动盘，制动盘直径为 640 mm，根据需要设置带有停放功能的单元制动缸。

每个制动盘的制动缸和卡钳是传统形式的，所有制动夹钳都带有内置自动间隙调整器。制动闸片为粉末冶金材料，最大允许温度为 600 ℃；制动夹钳吊座焊在转向架制动横梁上；制动横梁通过关节轴承、水平摆杆与构架构成四杆机构，可实现制动夹钳跟随轮对横向随动；横梁中部有两个支撑杆与构架的横梁连接。

动车基础制动装置

拖车基础制动装置

图 11.4.11　基础制动装置

知识巩固

【知识巩固】

1. 简述动车转向架与普通客车转向架的区别与联系。
2. 简述 CRH380B 型转向架具体的结构组成及特点。

知识拓展

动车组辅助装置：辅助装置包括轮缘润滑装置、撒砂装置、扫石器装置、轴温传感器、横向不稳定检测系统等。

（1）轮缘润滑装置：CRH380B 型动车组 01/08 车、CRH380BL 型动车组 01/16 车的 1 位端转向架上的外侧轮对都装有轮缘润滑装置。轮缘润滑装置的支架可以调节，从而可以调节润滑喷嘴的位置，使其与新的或磨耗的轮缘相适应。润滑油箱位于车体上。该系统可按照列车运行方向、预定的时间间隔和列车时速启动。润滑油属于生物可降解型白色植物油，如图 11.4.12 所示。

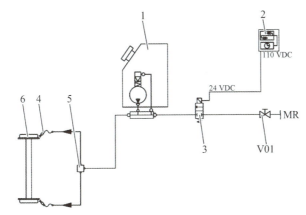

1—泵中央；2—控制系统；3—电磁阀；4—喷嘴；5—分配器；
6—轮对；MR—主储气管；V1—球阀。

图 11.4.12　轮缘润滑系统

（2）撒砂装置：动车转向架安装有撒砂装置，砂箱安装在车体上。砂将通过软管传输至转向架构架上的撒砂管。撒砂管带有电伴热。根据列车的运行工况需要触发撒砂器，如图 11.4.13 所示。

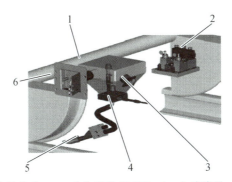

1—砂箱；2—辅助控制单元；3—砂位指示仪-SK；4—上砂装置；5—砂管加热装置。

图 11.4.13　撒砂装置在转向架上的位置

（3）扫石器装置：仅列车端部转向架上设置，每列车装 2 套扫石器。

（4）检测轴箱轴承温度：检测轴箱轴承温度指的是轮对轴承温度，用于检测轴承是否过热。轴承过热的可能原因如下：轴承中无剩余润滑脂或旧油脂；轴承因焊接和电流故障导致电腐蚀；轴承持续磨损、开裂或材料分解；轴承装配不完整。受损轴承可导致轮对停止旋转。轴箱的温度由轮对轴承上的两个温度传感器进行测量。出现紧急情况时，司机室人机界面将向司机发出警告消息，必要时将启动紧急制动。司机必须确认该警告信息，并根据操作规程采取补救措施。

（5）监测运行稳定性：运行平稳性受很多因素的影响，包括轮轨接触状态、轮轨几何关系以及转向架组成结构。运营时，运行平稳性可能受到以下情况的影响：减振器故障；车轮过度磨耗或损坏；轨道过度磨耗或损坏；轮对导向装置损坏。运行平稳性监测由制动控制单元执行。转向架构架的横向加速度不得超出特定极限范围。每个转向架上均有一个加速度传感器，通过该传感器测量加速度值。出现紧急情况时，司机室人机界面将向司机发出警告消息，必要时将启动紧急制动。司机必须确认该警告信息，并根据操作规程采取补救措施。

任务 5　动车组制动及其控制

由于动车组运行速度高，给列车的制动能力、运行平稳性等方面提出了一系列问题，因此，传统的纯空气制动已不能满足高速列车的需要，高速列车必须采用能提供强大制动力并更好利用黏着的复合制动系统。复合制动系统通常由制动控制系统、动力制动、摩擦制动（如盘形制动和踏面制动等）系统、微机控制的防滑器和非黏着制动装置等组成。下面让我们共同学习一下动车组制动系统是如何运行的吧。

一、动车组制动系统的基本要求

由于列车的制动能量和速度成平方关系，因此，速度 200～350 km/h 的高速列车与我国的普通客车（速度 100～140 km/h）在制动系统的性能要求和组成方面，均有很大区别。对高速列车制动系统的基本要求如下：

（一）制动能力的要求

动车组列车制动能力是根据紧急制动距离标准来设计的。紧急制动距离的数值是世界各国根据本国铁路情况（主要是列车速度、牵引质量、信号和制动技术等）以及乘坐舒适性（加速度）制定出来的，还要考虑必要的安全裕量，特别是在动力制动作用不良状态下的紧急制动能力，并以此值作为对轮轨间制动黏着的利用、基础制动装置的热容量以及制动控制性能等提出要求的依据。

国外 300 km/h 高速列车的紧急制动距离均在 3 000～4 000 m。我国《铁路技术管理规程》原来规定的紧急制动距离为 800 m，但随着列车速度的提高，制动距离的标准也要相应加长。对国产 200 km/h 的动车组，当制动初速度为 160 km/h 时，规定紧急制动距离为 1 400 m；当制动初速度为 200 km/h 时，紧急制动距离为 2 000 m；当制动初速度为 250 km/h 时，紧急制动距离为 3 200 m；当制动初速度为 300 km/h 时，紧急制动距离为 3 800 m；当制动初速度为 350 km/h 时，紧急制动距离为 6 500 m。

（二）舒适性的要求

由于高速列车对制动平均减速度、最大减速度和纵向冲动的要求远高于普通旅客列车。因此，为满足纵向舒适性的高要求，高速列车制动系统必须采用下述关键技术：

（1）采用微机控制的电气指令制动系统，以实现制动过程的优化控制，并在提高平均减速度的同时尽量减小减速度的变化率。

（2）对复合制动的模式进行合理设计，使不同形式的制动力达到较佳的匹配作用。

（3）减少同编组列车中不同车辆制动力的差别，以减缓车辆之间的纵向动力作用。

（4）组合采用摩擦性能良好的盘形制动装置和强有力的动力制动装置等复合方式，以提供足够的制动力。

（三）可靠性要求

制动系统的可靠性是列车行车安全的基本保证，要设计一个可靠的制动系统，除了选择尽量可靠的零部件、精心编制软件以外，更为重要的是运用可靠性理论，进行可靠性设计、可靠性试验和可靠性计算，以此贯穿制动系统的研制过程，并在制动系统的运用过程中加以验证。

制动系统的可靠性首先是需要组成制动系统的零部件和软件必须可靠，这是整个系统可靠的基础；其次是系统的关键（薄弱）部件和重要的软件系统必须有冗余。例如，指令传输方式的冗余、备用制动（冷备或热备）相对常用制动的冗余、非常制动相对紧急制动的冗余等；最后是系统作用故障是否导向安全。由于零部件的可靠性是相对的，不可靠是绝对的，系统只有在"故障导向安全"的前提下，才能在零部件故障时保证系统的基本功能，也只有在这一前提下，冗余才能真正发挥作用。

二、动车组制动系统的组成及工作原理

动车组制动系统是一个能提供强大制动能力并能更好利用黏着的复合制动系统。它包含多个子系统，主要由电制动系统、空气制动系统、防滑装置和制动控制系统等组成。其中，电制动系统包括电阻制动和再生制动两种；空气制动系统采用电气指令的直通式电空制动装置，主要包括压缩空气供给系统、空气制动装置和基础制动装置等。动车组制动时采用电制动与空气制动联合作用的方式，且以电制动为主，如图 11.5.1 所示。

图 11.5.1　高速动车组制动系统组成

（一）电制动系统

应用在国产 200 km/h 动车组上的电制动有电阻制动和再生制动两种，它们都是让列车的动能带动动力传动装置（牵引电动机），使其产生逆作用，将列车的动能转变为电能，再变成热能消耗掉或反馈回电网的制动方式。下面以 CRH380B 型动车组为例，介绍电制动系统的组成及原理。

CRH380B 型动车组制动系统采用了微机控制的直通电空制动和备用制动冗余组成。其中常用制动和紧急制动由直通电空制动系统负责，回送、救援和冗余的紧急制动由备用制动系统负责。转向架基础制动装置采用成熟的盘型制动方式，动车采用一轴两轮盘布置方式，拖车采用一轴三轴盘的布置方式；制动系统采用标准化、系列化、模块化、信息化设计理念；系统设计基于"故障导向安全"的原则，在控制、紧急制动等方面均采用高冗余设计；制动系统管路连接采用卡套式管接头的无螺纹连接，提高了管路连接的可靠性和安全性。

动车组实施电制动时，控制系统将三相异步电动机转换为发电机工作，将列车运行的动能转变为电能消耗掉或反馈回电网。动车轴使用电制动时，电空制动仅供拖车轴使用；对于动车轴来说，电空制动仅可用于无法使用电制动的速度范围内。如果电制动失效，可在有关动车轴上使用空气制动系统。

电制动可单独使用，也可与空气制动一起使用。与空气制动一起使用时，将优先使用电制动，可以减轻拖车的空气制动负荷，从而减少其机械制动部件磨耗。低速时，该混合制动模式仅由空气制动系统产生停车制动。

（二）空气制动系统

虽然电制动可以提供强大的制动力，但目前空气制动对于高速动车组来说仍然不可缺少。这是因为：直流电机的制动力随着列车速度的降低而减少，如不采取其他制动方式，列车就不可能完全停下来。而交流电机虽然可通过改变转差来控制制动力的大小，理论上可使制动力不受列车速度的限制，但从高速到停止均能有效的、可靠的电制动装置尚处于研究阶段。

动车组的空气制动系统由压缩空气供给系统、空气制动控制部分和基础制动装置 3 大部分组成。空气制动控制部分是指根据制动电子控制装置的指令，产生空气原动力并对其进行操纵和控制的部分，包括各种阀、塞门和制动缸等部件；而基础制动装置分为传动部分和摩擦部分，包括制动盘和制动闸片等。

1. 压缩空气供给系统

压缩空气供给系统用于产生并储存各用气装置所需的压缩空气，该系统一般包括空气压缩机、干燥装置、风缸和安全阀等部分。压缩机的位置如图 11.5.2 所示。

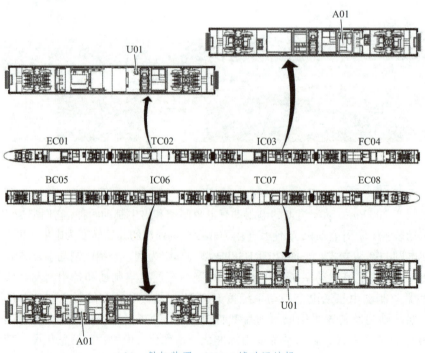

A01—供气装置；U01—辅助压缩机。

图 11.5.2　压缩机的位置

CRH380B 型动车组压缩空气供给系统包括两套压缩空气供风设备。压缩空气供给系统主要包括空气压缩机单元、干燥器及冷凝水收集器等部件,能为制动系统及其他用风设备提供清洁、干燥的压缩空气,并在动车组 1/2 以下单元的空气压缩机出现故障时,仍能维持动车组正常运营。供风系统布置如图 11.5.3 所示。主供风单元由驱动电动机、空气过滤器、冷却器、旋转部件、油控制装置、温度开关、油气部件、外壳、精细滤油器、双塔干燥器、冷凝水收集器等部件组成,能够为全列用风设备(制动系统、门系统、空调系统、雨刷系统、轮缘润滑系统、卫生间系统等)提供充足的用风。

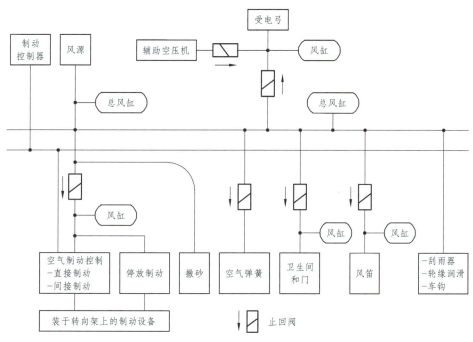

图 11.5.3 供风系统布置图

供风系统为制动系统、空气弹簧及所有辅助系统提供压缩空气。供风系统有两个空气压缩机,如果一个压缩机坏了,列车仍能正常运行。列车运行只有一个空气压缩机工作时,耗风量超过压缩机的供应量。为了解决这种问题,利用各种储气缸给用风设备供风,可保证制动及用风设备的正常使用。此种情况下,为了保护空压机,也可间歇地关断个别用风设备,使空压机压力不超过标称值。因为储气缸提供了空气,因此供风系统的功能不受影响。

2. 空气制动控制装置

空气制动控制部分的作用是根据制动控制单元(BCU)的指令,产生空气制动原动力并对其进行操纵和控制。该部分包含各种控制阀(如电空转换阀、中继阀和电磁阀)和制动缸等部件。国产 CRH 系列动车组中的控制阀、塞门等采用单元化方式,集中安装在金属面板的前面,总称为空气制动控制装置。

(1)电空转换阀(EP 阀)。电空转换阀简称电空阀,它安装在空气制动控制装置内,工作原理如图 11.5.4 所示。电空转换阀由电磁线圈、供气阀和供排气阀杆等零件构成。当制动控制单元 BCU 输出的空气制动指令(电空转换阀电流)通过电磁线圈时,会产生与电流成比例的吸力,控制供气阀的开闭。通过电空转换阀的控制,可将输入的空气压强变成与电空转换阀电流成比例的输出空气压强。为防止在缓解时输出压强随电空转换阀温度的变化而变化，需要加偏流进行缓解补偿。另外，为补偿输出压强上升和下降时所产生的压强差，即使是对于相同的制动级别，也要供给不同的电空转换阀电流以保证输出正确的空气压强。图示电空阀的输入量（线圈电流）和输出量（空气压强）的数值都是连续变化的，属于模拟型控制部件。

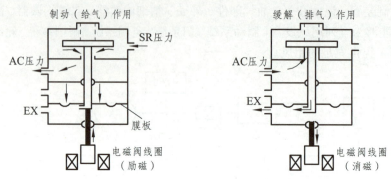

图 11.5.4　电空转换阀的工作原理

还有的电空转换阀由后面介绍的电磁阀组成，属于开关型控制部件。两种类型的电空转换阀在 CRH 系列中的动车组中都有使用。

（2）中继阀。中继阀也安装在空气制动控制装置内，它由供排气阀杆、供气阀、复位弹簧等构成，其工作原理是将电空转换阀输出的空气压强作为输入压强，以控制向增压风缸输出压缩空气，提高常用制动或非常制动的性能。

（3）压力调整阀。压力调整阀是利用弹簧力和空气压力的差使橡胶膜板动作，进行空气压强的调整。弹簧力的大小可通过安装在调压阀下部的调节螺钉调节，从而实现输出不同的空气压强的目的。

（4）电磁阀。电磁阀由排气阀部和电磁阀部组成。它通过电磁阀部线圈的励磁和消磁（得电和失电）使可动铁心动作，开闭供排气阀。因此，动车组中的电磁阀为开关型控制件，有 ON 型和 OFF 型两种。例如，在 CRH2 型动车组上，踏面清扫装置用的是 ON 型电磁阀，励磁后向踏面清扫装置输送压缩空气，使增黏研磨块产生作用；而紧急制动用的电磁阀是 OFF 型电磁阀，励磁时关闭输入口，消磁时打开输入口使中继阀得到紧急制动压强。

（5）增压缸。增压缸是 CRH 型动车组特有的部件，它由气缸、油缸和活塞等构成。增压缸的活塞具有一大一小两个活塞面，分别位于活塞缸的两端；大活塞面上作用的是气压，小活塞面上作用的是油压。增压缸可将来自中继阀的空气压强转换为一定倍率的油压输出到夹钳装置中。由于油的压强比气压高得多，因而油压面的尺寸要比气压面小得多，从而使得与其相连的夹钳机构的尺寸也大大减小，以实现制动装置的小型轻量化。

（6）制动缸。制动缸是产生制动原动力的部件，动车组上的制动缸有液压制动缸（CRH2型动车组）和气压制动缸（CRH1 型、CRH3 型和 CRH5 型动车组）两种，分别以油压和气压作为制动原动力来驱动夹钳机构动作。动车组的制动缸也采取了一定的措施来实现小型轻量化，如采用铝合金结构等。

（三）基础制动装置

动车组的基础制动装置可分为传动部分和摩擦部分。

1. 传动部分

为减少空间的占用，动车组基础制动装置的传动部分采用紧凑式的夹钳结构。国产 CRH 系列动车组的制动夹钳有杠杆式（CRH1 型、CRH3 型和 CRH5 型动车组）和一体式（CRH2 型动车组）两种。

杠杆式制动夹钳是用一根横杆将两个制动杠杆用销轴连接起来，形成"H"形的结构，制动缸和闸片分别安装在"H"形夹钳的两端。制动时，通过制动缸及制动杠杆的作用，使安装在另一端的闸片夹紧制动盘；缓解时，由于制动缸内的压强降低，在制动缸内缓解弹簧的作用下，闸片离开制动盘。

一体式制动夹钳由支架和"H"形的本体组成，由于整个本体为一个零件，故称"一体式"夹钳。"H"形本体的一端以销轴与支架连接，本体可沿销轴的轴向滑动；另一端安装液压制动缸（内藏于夹钳）和闸片。本体上还有闸片间隙调整器，以适应闸片的不同磨耗程度。这种一体式夹钳结构只在本体的一侧设有液压制动缸，夹钳本身可以移动，称为浮动式夹钳；还有一种一体式夹钳，在本体两侧均设有制动缸，称为对置式夹钳。

2. 摩擦部分

（1）制动盘。按摩擦面的配置，制动盘可分为单摩擦面和双摩擦面两种。按盘本身的结构，制动盘可分为整体式和由两个半圆盘用螺栓组装而成的对半式；对半式便于制动盘磨耗到限时更换，不需退轮。按盘安装的位置，制动盘可分为轴盘式和轮盘式，前者装在车轴上，后者装在车轮辐板的两侧。

考虑到制动盘要有良好的散热性，在制动盘的中间部分设计有散热筋片，当车辆运行时，空气对流即达到散热作用。

轮盘式的制动装置是在车轮辐板的两侧各设一个盘片，用螺栓紧固。它也有两种形式：一种是在轮对组装状态下就可以更换的对半式盘；另一种是只有卸下车轮才可以更换的整体式盘。安装时用螺栓把制动盘固定在车轮上，对半式盘在每个盘的接合面各设 2 个定位销。轮盘式制动装置在制动盘片的背面设有散热筋。

长期以来，世界各国开发了多种适合于不同运行工况的制动材料。制动盘材料曾使用过普通铸铁、普通铸钢、低合金铸铁；此后，由于列车轻量化的需要，又相继研究开发了特殊合金铸钢、低合金锻钢、铸铁-铸钢组合材料、C/C 纤维复合材料和铝合金基复合材料等。总体来说，制动盘材料可分为两大类，即铁系金属材料和复合材料。

（2）制动闸片。闸片的形状均呈月牙形（见图 11.5.5）；速度为 250 km/h 动车组统一采用 UIC541-3 标准接口闸片，速度为 350 km/h 动车组统一采用 ISOBAR 结构形式闸片。制动闸片材料的发展与制动盘材料的发展密切相关，闸片必须具有足够而稳定的摩擦系数、较高的耐磨性，良好的物理机械性能、经济环保性能等。

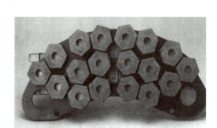

图 11.5.5　月牙形制动闸片

三、制动系统基本功能及作用原理

动车组制动系统能实现下列基本功能：紧急制动、常用制动、停放制动、备用制动等。各部分功能作用原理如下：

（一）紧急制动控制

为确保动车组的安全，动车组制动系统的设计遵循了"故障导向安全"的原则，紧急制动主要用于动车组运行中出现影响安全的重大故障或意外情况时，对列车实施的一种制动模式。施加紧急制动时，列车将产生最大制动力和减速度，所以紧急制动是制动级别中最高级别的制动，也是其他制动方式失效时，动车组安全停车的最后保障措施。

动车组采用两种方式实施紧急制动：空电复合紧急制动或纯空气紧急制动。当列车正常运行且线路网压允许时，紧急制动为空气制动和电制动的复合制动。在这种情况下，紧急制动时最大限度地优先采用电制动，不足部分用空气制动补充。当列车低于一定速度时电制动撤除，全部采用空气制动，此时动车组制动控制单元（BCU）根据制动指令、车辆载重和电制动能力，进行电制动力与空气制动力的分配；在电制动失效或列车电气控制系统出现故障的情况下，紧急制动力通过纯空气紧急制动方式施加。两种不同的紧急制动力作用方式相互冗余，确保了列车在紧急情况下能够安全可靠地停车。

各轴都具有车轮防滑保护功能。制动控制单元检测各轴速度，如果检测到车轮滑动，制动控制单元将通过接通/断开防滑阀的电源来缓解/保持/实施制动。紧急制动时，车轮滑动保护设备依然有效。

直通空气制动用于常用制动和紧急制动（含 EB 和 UB）。根据从空气悬挂系统输送到制动控制单元（BCU）的负载信号（T-压力），BCU 执行本车制动控制功能。它接收和发送制动指令信号，以及其他列车网络信号，来控制直通电空制动系统。微机控制逻辑包括故障分析和故障显示，用于帮助维修和操作。

在紧急制动 UB 实施时，紧急制动 UB 回路将断开（故障导向安全原则）。在紧急制动 UB 施加期间，列车需要最大制动力，因而没有制动缸压力的连续调整。动车在速度高于 260 km/h 时施加低阶制动压力，在速度低于 250 km/h 时施加高阶制动压力。拖车在速度高于 305 km/h 时施加低阶制动压力，在速度低于 295 km/h 时施加高阶制动压力。

（二）常用制动控制

列车正常运行时，实施常用制动。因为列车编组中有动车也有拖车，其采用的制动方式也不同，因此制动时需要在各车之间进行协调，为了减小磨损，首先启用电制动作为基本的常用制动。当动车的再生制动力达到最大值之前，基本不使用空气制动；当再生制动力不足时，由拖车的空气制动来承担；当制动力需求更大时，在不超过黏着极限的情况下，再启动动车的空气制动补充。

列车常用制动力的设定值通过列车控制系统读取，常用制动力设定值包括制动力控制器的制动力设定值和从列车保护系统来的设定值。列车常用制动力的大小在制动管理范围内，通过控制系统在可用的再生制动和电空制动之间分配。制动管理系统保证了在制动时摩擦系数不会超标，也保证了列车摩擦制动与负载的匹配（即空气制动时磨耗最优化和过热时的保护）。

常用制动的设定值通过车辆数据总线（MVB）和列车总线（WTB）传输。每辆车上制动控制单元通过"MVB"读取制动设定值，并通过控制模拟转换器来控制每辆车的制动缸压力。

（三）停放制动

停放制动可以使动车组安全地保持静止，设计为最大 20‰的坡道。停放制动缸是通过弹簧力实施制动。为了缓解弹簧施加的制动力，通过施加压缩空气以抵消机械的弹簧力。在装有停放制动的拖车转向架的两侧都装有手动缓解拉手，以便紧急手动缓解停放制动。通过该手动缓解拉手可切除有故障的停放制动。

对于带有停放制动控制的动车组列车，主要的执行机构为带有停放缸的制动缸（简称停放制动缸）及基础制动单元，司机通过一个按钮控制停放制动，在列车停放（无压缩供气）时，使列车安全停靠。

司机按钮产生停放制动信号，并直接转换为停放制动控制线的信号。通过停放制动电气线将"应用"和"缓解"信号分配到整列车上的本地制动控制单元。缓解停放制动时，激活一个双稳态电磁阀为弹簧制动缸充风。实施制动时，停放制动单元制动缸通过电磁阀来排风，实施制动。

（四）备用制动

和谐号动车组制动系统采用微机直通电空式制动系统作为常用制动模式，间接制动系统为备用制动模式；备用制动模式主要在直通电空制动系统发生故障或车辆回送时使用。动车组备用制动系统为纯空气制动的自动空气制动机，是由列车管控制的间接制动。当直通式电空制动系统发生故障时，其备用制动必须依靠列车司机手动操作才能激活，因此其备用方式为非"热备"方式。

备用制动系统的制动施加和缓解可通过驾驶员的制动阀手柄对制动管压力进行控制，实现动车组的制动和缓解。

知识巩固

1. 简述动车组的电制动工作原理。
2. 动车组基础制动装置的基本组成是什么？
3. 简述动车组制动系统能实现哪些基本功能。

知识拓展

防滑装置

制动过程中的滑行是由于制动力超过了轮轨之间的黏着力，车轮被"抱死"而导致转动速度急剧减小的现象。轮轨之间的滑动会延长制动距离并使踏面擦伤，踏面擦伤后，不仅降低乘车的舒适性，也会给转向架零部件带来附加的冲击力，使其寿命缩短。所以，应尽可能防止滑行现象的发生。

防滑装置的功能就是通过各车轴或牵引电机上安装的速度传感器，对速度进行检测，在滑行即将发生的短暂临界阶段将其检测出，并及时动作，使作用在车轮上的制动力迅速降低至黏着力以下，以防止车轮滑行，恢复轮轨的黏着状态。在黏着恢复以后，还要根据不同的情况保持或继续增加制动力。防滑装置不仅可以有效控制轮对的滑行擦伤，还可以充分利用轮轨间的黏着。

防滑装置共经历了机械式防滑器、电子式防滑器和微机控制式防滑器 3 个技术发展阶段。各种防滑器的区别主要在于对滑行进行判断的部分。

1. 机械式防滑器

最早出现的防滑装置是机械式的，它判断是否要发生滑行的根据只有一种，即车轮的角减速度。机械式防滑器利用车轮的转动带动回转体（惯性体），当某轮对的角减速度骤然降低时，利用回转体与车轮的转速差动作，打开阀门或接通电路，使该轮对缓解。机械式防滑器的缺点是灵敏度和响应速度都较差。

2. 电子式防滑器

防滑装置发展的第二阶段是电子式防滑器。它可以采用多种检测滑行的判据，具有较高的灵敏度和动作速度。其缺点是电子元件的零点漂移不易清除，需进行大量调整工作，而且易受环境影响，性能不稳定，维修量较大。

3. 微机控制式防滑器

微机控制式防滑器已在世界各国的动车组上广泛使用。微机控制式防滑器可对制动、即将滑行、缓解、再黏着的全过程进行动态检测与控制，信息采用脉冲处理，简单可靠，无零点漂移，故无须调节和补偿。更重要的是微处理器（MPU）的处理速度极快，可大大提高检测精度，即使微小而缓慢的滑行也能及早检测出来并采取措施加以防止。微机控制式防滑器还有一个突出的优点，即它可以利用软件随时提供有关信息，进行自我检查、诊断和监督，必要时可对有关信息随时进行存储、调用和显示；它还能根据新的情况和要求很方便地改变控制判据而不必改动软件。

微机控制式防滑装置由速度传感器、滑行检测器及防滑电磁阀构成，其工作原理如图 11.5.6 所示。

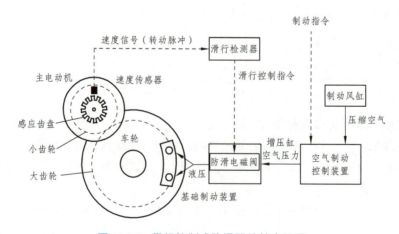

图 11.5.6　微机控制式防滑器的基本原理

任务 6 **动车组网络控制**

任务导入

随着我国交流传动高速列车、电动车组、城市轨道交通车辆研究工作的开展，列车控制技术已从单台机车控制逐步向列车网络控制方向发展，网络控制技术已成为高速列车、动车组的必备技术之一。列车控制网络能够将整个列车连成一个整体，完成对列车控制、检测和诊断等信息的传输，从而使整个列车有效而安全地工作。它是列车运行控制的中枢神经和指挥中心，并已引起越来越多研究工作者的兴趣与重视。下面就让我们来认识一下这个指挥家吧。

一、概　述

列车网络控制系统由中央控制单元、输入输出工作站、紧凑型输入输出模块、温度采集模块、显示器构成。列车通信和控制的特点是使用了基于 TCN 模块的清晰结构。TCN 是一个分为两级的通信网络，由列车总线 WTB（列车总线）和车辆总线 MVB（多功能车辆总线）组成。动车组在每个牵引单元内由 MVB 总线通信，牵引单元间通信由网关通过 WTB 总线通信。

动车组网络控制系统的主要任务有：

（1）通过贯穿列车的总线来传送信息，简化连线，减轻列车的质量，降低安装和布线的费用。

（2）实现整列车同步、协调、可靠的牵引与制动控制功能。

（3）实现整列车的状态监测、故障诊断、故障决策、安全防护等功能，实时将信息显示在信息显示屏上，使司机及时了解列车的运行状态。

（4）提供更多的信息流，实现全列车所有智能设备的联网通信和资源共享。

（5）实现全列车的自动门控制和空调控制等功能。

（6）提供列车车载试验功能。

（7）集中管理列车及车载设备运行的相关数据，提高列车的保养能力和降低维护强度。

列车网络控制系统涉及网络、控制和计算机等技术领域。在实时性、安全性、可靠性和运行环境等方面有特殊要求。目前，典型的列车网络控制系统基本上采用列车总线和车辆总线的两级分层网络结构，如图 11.6.1 所示。

列车总线用于连接列车各个车辆单元（一节车辆或车辆组）的节点（网关）；车辆总线用于连接列车总线节点（网关）和连接在该车辆总线的设备。

列车总线与车辆总线之间通过网关通信。网关是将两个或多个不同体系结构、不同协议的网络在高层协议上互联时所用的设备或节点。它的主要作用是实现不同网络传输协议的翻译和转换工作，因此又叫作网间协议转换器。控制单元及子功能单元统称设备，是车辆总线上用于实现功能的节点；总线控制器管理列车总线或车辆总线，也可以直接参与控制。在列车总线上设有主节点（又称强节点），用于实现列车网络的监控、管理、维护和功能调度，一个列车网络内可设多个主节点作为冗余，但任何时刻只能有一个主节点实施主控。

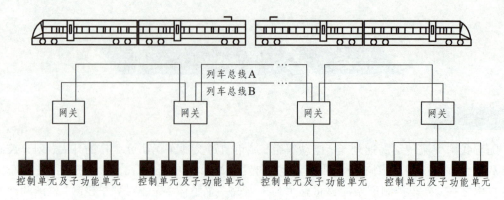

图 11.6.1　列车通信网络

以 CRH380B 型动车组为例：

列车通信和控制及其子系统与传统电路技术（安全回路、列车控制线路）形成了列车总体控制系统。

列车各控制装置间的通信通过由列车总线 WTB（绞线式列车总线）和车辆总线 MVB（多功能车辆总线）组成的双级通信网络予以实现。一个 8 节车厢的列车被称为一个动车组。根据列车通信和控制可将一个动车组分为两个牵引单元，各牵引单元包括 4 节车。各牵引单元配有各自的车辆总线 MVB。列车组中的牵引单元通过列车总线 WTB 互相连接。

为了提高可用性，将使用一个主链结构实现车辆总线 MVB 的拓扑结构。MVB 分支段通过中继器连接到主线（主链）上。该结构的优点在于如果车内一个 MVB 分支段出现故障，通常不会对牵引单元其他车的通信产生影响。因此，EC01/EC08 车内安装有两个独立的 MVB 分支段，冗余设备分给了各分支段。

WTB 和 MVB 使用冗余双绞线路进行数据传输。以下设备通过车辆总线（MVB）与牵引单元的列车通信和控制相连：

（1）中央控制单元（主从 CCU）和有关网关。

（2）司机显示器（司机 MMI），即进行列车控制和诊断的人机界面。

（3）牵引变流器的牵引控制单元（TCU）。

（4）制动装置箱的制动控制单元（BCU）。

（5）电池充电器（BC）控制系统。

（6）辅助变流器装置（ACU）控制系统。

（7）门控单元（门）。

（8）暖通空调控制单元（HVAC）。

（9）旅客信息系统（PIS）中央系统控制器。

（10）乘务员显示器（乘务员 MMI）。

（11）输入/输出装置（SIBAS-KLIP 和 MVB 袖珍型 I/O 模块）。

每个（EC01/EC08）头车（即每个牵引单元）的司机室中有两个中央控制单元（CCU）。每个 CCU 都与各自的 MVB 分支段相连，即头车配有两个 MVB 段。一个 CCU 以主 CCU 模式进行操作，而另一个以从 CCU 模式进行操作。引导司机室中的主 CCU 称为引导主 CCU。除执行主 CCU 的任务外，它还可对整个列车组进行优化控制。在相邻牵引单元中的主 CCU 被称为受引导主 CCU。

主 CCU 负责自身牵引单元的车辆控制。除读取外围设备和列车总线（WTB）发出的指令和消息外，还向这些设备发出控制信号和反馈消息。

除此之外，主 CCU 还执行以下任务：

（1）主断路器和受电弓控制。

（2）牵引控制单元（TCU）的牵引设定值生成。

（3）变压器保护。

（4）车载电源控制。

（5）自动车钩和车钩罩控制。

（6）多个控制单元高级指令生成和控制，如，门、HVAC、照明等。

（7）安全回路、火警系统和转向架诊断监测。

（8）通过输入/输出装置（SIBAS-KLIP、MVB 袖珍型 I/O）实现数字和模拟输入和输出控制。

（9）稳定运行控制。

（10）CCU 单元诊断以及列车和车辆总线（WTB 和 MVB）通信诊断。

（11）通过相关网关连接至列车总线（WTB），对动车组和连挂列车进行配置确定及检查。

从 CCU 与主 CCU 的运行程序相同，但它不会主动地控制过程。从 CCU 监测主 CCU 的状态，并在后者出现故障时随时接管主 CCU 的任务。在主从 CCU 上都处于激活状态的高压设备的保护硬件功能除外。

正常操作时，EC01/EC08 车内的两个控制单元轮流用作主 CCU，即每次列车电源接通（装上电池）时，分配就更换一次。在以下情形时，需进行 CCU 故障转换：

（1）完全闭锁（如操作系统计算机时间监测功能激活）。

（2）主 CCU 重要组件（电源装置/中央处理器和 I/O 模块）出现故障。

（3）主 CCU 的 MVB 接口或 MVB 总线管理器出现故障或 MVB 分支段和主 CCU 都出现故障。

（4）主 CCU 的网关出现故障。

（5）激活有源司机室的故障开关"CCU 1-2"。

主从 CCU 转换会导致动车组中的主断路器断开，即主断路器释放回路被断开（在主断路器释放回路中，主从 CCU 都有硬件接点）。

每个 EC01/EC08 车安装有两个网关。网关为牵引单元 MVB 通信系统和列车组 WETB 通信系统的接口。只有分配给主 CCU 的网关才与 WTB 和 MVB 的通信有关。从 CCU 网关被禁用。除用作 WTB 和 MVB 通信接口外，网关还执行列车初运行任务。

二、动车组监控与诊断网络的组成

高速动车组的控制、监测与诊断系统是车载分布式的计算机网络系统。在每节车辆（动车或拖车）内通过车厢总线将分布在同一车厢内的各计算机控制装置联网；通过列车总线把分布在不同车厢中的主控单元（节点）联网，支撑牵引协同、制动分配等核心功能的实时执行，适应频繁编组变化的运营需求再通过动车司机操纵台上的显示屏，可选择显示列车中各受控设备的工作状态，从而实现对动车的重联控制和对全列车的综合监控作用。如图 11.6.2 所示为高速列车控制、监测与诊断系统的组成框图。

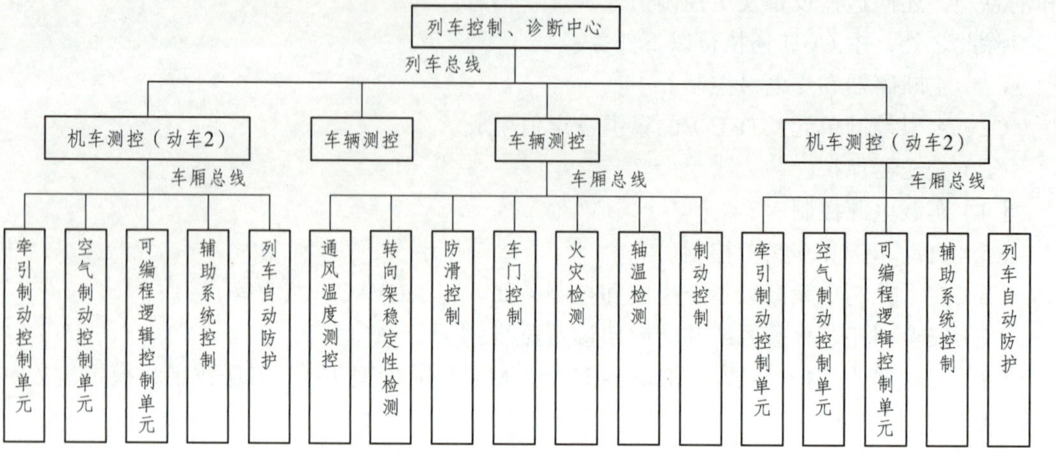

图 11.6.2　高速列车控制、监测与诊断系统的组成框图

该系统组成在结构上可以分为 3 个层次：列车级、车辆级和子系统级。由两个网络即列车网络和车厢网络的各计算机连接构成为一个树状网络系统。系统组成按其作用功能又可分为 3 部分：其一，是一个包括牵引控制、制动控制、车辆部件控制、辅助系统控制和超速防护在内的控制系统，在控制系统的各部分均应作冗余设计，保证在工作层失效时冗余层能顶替工作；其二，在上述各控制中具有各种故障诊断、储存及显示功能，如通风温度检测、转向架动力学性能检测、轴温检测、火灾检测和制动装置检测等均属于这部分的作用功能；其三，还有传输大量信息的网络通信功能，不仅是列车内部各种控制命令、设备状态、旅客服务信息和故障信息等的传输，还包括和地面的无线电网络联络，与车辆维修基地之间的远程故障信息传输等。

三、动车组监测与诊断系统

（一）监测与诊断系统的任务

对高速动车组实施车上监测和诊断的目的是提高其运营安全性和车辆运用率，优化运行管理，并便于运用和维修作业。为此，监测和诊断的主要任务是：

（1）识别部件磨耗和偶发性故障，并记录故障信息。

（2）尽量明确显示故障发生的部位和功能范围。

（3）在故障情况下提示运行方式，包括提出保持功能措施的建议。

（4）提示迅速排除故障的维修方式。

（5）在必要时提示紧急制动作用。

（6）自动化整备作业，包括全自动的制动过程试验等。

（二）监测与诊断装置的车载设备

动车组除在司机室内装有显示各种机器动作状态和故障信息的显示装置以外，还有其他一些具有诊断功能的监测装置，按其系统结构和作用功能可以分为：

1. 机器监测器

为分析故障原因，需要有故障发生时间（地点）和故障发生前后机器状态的信息记录。因此，在机器内装有经常监视机器动作状态的监测器，平时经常按几秒钟的间隔进行记录储存，当发生故障时触发使保护装置动作，从而可保持故障前后的详细记录。其数据采样时间为几十毫秒，在装置高速动作时的采样时间甚至可精确到 20 μs，以便于分析故障。

2. 带有传输功能的监测装置

机器监测器带有传输系统，能采集数据和故障显示，并具有表示故障处理顺序的指导显示，还有到站显示、自动广播、接收传输地面信息的装置等。为了减少车辆连接线，传输系统采用串行传输，司机室的显示装置经由中央装置与终端装置连接。

3. 带有运行控制的监测装置

此设备是带有传输功能的监测装置的进一步发展，是以保证列车运行安全为主要目的的列车速度监控装置。在做月检查时除主控制器本身的检查外，不需要检查员操作主控制器，从司机室中央装置自动发出检查所需的模拟牵引、制动指令，可以有效地进行车内检查。

（三）车载诊断系统分类

车载诊断系统的结构分为下列 3 个层次：

1. 部件诊断

由各计算机控制装置对其本身进行自诊断，并对被控对象进行监测诊断，然后按事先确定的编码将诊断数据输入控制单元。

2. 车辆诊断（包括动车和拖车）

各车的节点通过车厢总线或输出入口获取、分类、评估本车的诊断数据，并以断电保存的方式存储这些数据，按事先确定的单车诊断参数编码，传输到动力车主控单元中进行故障列表。

3. 列车诊断

由列车安装在动力车上的主控单元（诊断中心）获取、分类、评估和存储列车的诊断结果，并在前导动力车上显示，同时可将这些信息存储在其他动力车的主控单元中。

上述各层诊断级均应设有故障自诊断、故障信息保存、必要的故障自排除以及将重要故障信息向上一级传送的功能。各诊断装置还应配备有人机接口，以便维修人员从故障部件读取故障信息和对故障进行定位分析，并查知本车的诊断结果。列车诊断级的人机接口应包括彩色液晶显示屏、功能按键及蜂鸣警报器。

（四）动车组控制与监测诊断的关系

车辆及列车诊断装置作为诊断系统的专用设备，与控制系统不直接相关，但部件诊断这一层一般与控制系统结合在一起，有的是增加插件（插在控制箱中），有的是在控制系统中增加诊断功能，诊断与控制共享输入和输出数据，不必另外增设传感器。保护性监测不仅是诊断需要，也是控制所必不可少的，诊断主要起故障监测、故障数据的保存、故障性质的评估以及故障数据的编码传送等方面的作用。诊断系统不附属于控制系统，它不是控制系统的一部分。没有诊断系统，车辆亦能正常运行。诊断功能与控制功能是不同的，是相对独立的，但作为一个完善的计算机系统，在力所能及时应增加诊断功能，可使系统性能更完善。

在车载诊断之外，还有地面诊断装置和控制系统的关系。主要是列车主控单元上应附加有对地面的发送设备，以便在列车到达前，将故障情况及时发送至地面车辆基地，做好地面维修的准备。

知识巩固

1. 简述动车组监测诊断系统。
2. 简述动车组控制系统的组成与原理。

知识拓展

动车组控制系统：

1. 车载设备

从20世纪80年代以后，日本、法国和德国等国的高速列车上发展新型控制系统的主要特点是将列车基本信息采集放在车上，不需要轨道电路等地面检测设备，在地面和车上之间的信息传输采用无线方式，从而能高速地进行大量的信息交换。由车载传感器接收地面的无线信息后，再通过车上的微机处理，根据列车制动性能、线路坡度及限速对制动模式进行计算，以防止超速和冒进。目前，我国高速动车组控制系统也在朝着这个方向发展。

2. 列车控制级

列车控制级主要由动力车上的主控单元（MCU）执行以下任务：

（1）从动力车上获取司机操纵台（包括牵引/制动指令）和列车自动防护装置（ATP）对列车控制的要求，并将控制所需的状态信息经过处理后送至各车辆的计算机接点，由后者再将状态的故障信息反馈给该主控单元。

（2）实现列车单元之间的重联控制。

（3）自动牵引/电制动控制，即牵引和动力制动级位的控制。

（4）传送列车速度、动力制动级位和ATP要求，以便各动车和拖车的制动控制单元对各种制动设备进行制动力的分配，包括列车超速时的调速制动。

（5）在列车停站时按列车运行方向和站台位置，控制拖车侧门的开启和关闭。

（6）收集各车厢中主要设备的诊断数据，采取相应的故障对策，并在显示屏上显示。

（7）根据列车防护设备（ATP）的信号允许速度要求和实际运行速度，对备用制动线输出控制要求，以便在通信故障时，司机仍能对列车进行常用制动和紧急制动的控制。

（8）与旅客信息系统接口。

（9）对列车总线和车厢总线的信息传输实施管理。

3. 动车车厢控制级

动车车厢总线上的控制信息主要是牵引和转向架控制单元、空气制动单元、空气装置与主控制单元之间的交换信息，其任务如下：

（1）牵引控制单元根据来自主控单元的指令及列车实际速度的目标控制值分别对动车的两个转向架进行牵引/制动和防空转/滑动控制。

（2）空气制动控制单元根据上一级指令对本动车的空气制动设备分配制动力，并进行防滑保护。

（3）对动车电气部分的主要参数进行监测和安全联锁的保护逻辑运算，并在必要时采取保护措施，以避免事故扩大。

（4）网侧变流器控制，使网侧功率因数接近于1，并采取措施防止过分相区时的电流冲击。

（5）司机室空调控制及轴温检测。

（6）电机侧变流器控制。

（7）辅助变流器控制。

（8）通过列车总线传来的数据和人机接口查知本车各计算机控制装置的状态。

4. 拖车车厢控制级

（1）拖车车门控制。

（2）防滑控制。

（3）轴温检测：分为预告、报警、故障3个档次。

（4）拖车车厢内压力和温度的空调控制。

（5）拖车制动控制：根据列车速度和从上一级接收的制动指令计算目标控制值，自动地对本拖车的各种制动设备分配制动力。

（6）列车和拖车车厢供电控制。

此外，拖车子系统应具有过分相区的保护措施，拖车中的各种微机控制装置可通过车厢总线与拖车控制单元通信，也可以通过输入/输出口与拖车控制单元交换信息，通过控制单元的人机接口应能查知本车中各计算机控制装置的状态。

任务 7　动车组运用与维修

任务导入

动车运用管理是指对动车组列车的组织、调度、运营和维护等各个环节进行有效管理和协调，通过合理的运营计划和调度安排，可以提高列车的正点率，减少故障和事故的发生，确保动车组列车正常运营并且保持良好的运营状态。同时，动车运用与管理还对列车的舒适度和效率有着直接影响，通过对列车的维护和检修等工作，可以确保列车设备的正常运行，提高动车组列车运行的安全性、舒适性和效率，满足旅客出行需求，为旅客提供优质的出行体验。接下来让我们一起来探索动车组运用与维修工作的奥秘吧。

一、动车组的运用管理

（一）我国动车组运用管理的内容及体制

1. 动车组运用管理的内容

动车组的运用管理工作是高速铁路运输组织工作的重要组成部分，运用管理工作的内容主要包括以下几个方面：

（1）运用组织：统一指挥、分级管理。

（2）动车组的运用：动车组周转图、动车组交路和周转方式。

（3）乘务员的使用：乘务制度和换班方式。

（4）动车组能力：运行时分和技术作业时分。

（5）动车组生产任务和指标：动车组运用指标计划。

（6）调查研究：动车组运用分析。

（7）行车安全：制度、措施和章程。

（8）行车组织指挥：内外勤和地勤工作管理。

（9）适应特殊情况下运输需要：专运动车组、机车（班）。

（10）救援列车的管理和出动。

（11）非值乘人员登乘动车组、机车的管理。

（12）动车组的配属、调拨、回送、备用及保养。

（13）乘务员的培养、教育、考试、提升和人事管理。

2. 运用管理部门的组织机构

我国铁路运用管理工作贯彻"统一指挥、分级管理"的原则，以利于充分发挥各级运用管理组织的职能作用。动车组运用及检修机构是保证动车组高效运营的关键，其布局合理对于运输生产有着重要的影响。如图11.7.1所示，动车组运用及检修设施的造价也很昂贵，每设置一处，都应认真分析其必要性与合理性，以及确定适当的规模。

图 11.7.1　动车组检修库

（二）动车组的配属及管理

1. 动车组配属与使用

动车组由国铁集团统一管理，统一调配，实行配属制度。所谓配属制度，就是国铁集团根据运输任务的需要和运输设备条件等因素将动车组配属给各铁路局集团有限公司、动车所使用和保管的制度。

配属原则：

（1）根据铁路建设的规划发展和客运量的变化趋势，远期、近期相结合，各地所配属的动车组要力求稳定，避免频繁调动。

（2）车型力争集中统一，有利于动车组的运用管理与检修的布局安排。

（3）要适应运输设备的基本条件，动车组的基本性能及构造条件要与该区段线路的限制坡道、钢轨重量、桥梁等级、最小曲线半径、允许速度、站线有效长度及气候特点等具体条件相适应。

（4）车型配置应与修理工厂的专业化修车方案相吻合，并力求缩短动车组检修时的回送距离。

2. 动车组管理的分类

由于动车组车型不同，运用情况复杂，为了正确统计、考核与分析有关动车组运用状况，便于管理，必须对动车组进行分类。具体分类有以下几种：

（1）按动车组的配属关系，分为配属动车组与非配属动车组。

配属动车组：根据国铁集团配属命令，拨交铁路局集团有限公司、动车所保管、使用的动车组。

配属动车组包括：在工作中、等待工作中和技术作业中的动车组，在检修和待修中的动车组，在长期备用和短期备用中的动车组以及等待报废和交接过程中的动车组。

非配属动车组：是指原配属关系不变，由于工作需要，根据国铁集团命令，由他局（段）派至本局（段）助勤的动车组，还包括某些临时加入支配的动车组［如跨段轮乘的动车组和未配给局（段），委托进行动力试验或运行考核的新造动车组］。

配属、非配属动车组的转变时分：

① 凡新购置、新造或在段调拨的动车组，依据国铁集团运用部门拍发的电报和机调命令，自实际交接完了共同签字时分起加入配属。

② 在工厂或动车段修竣后调拨的动车组，自验收员签字时分起加入配属。

③ 报废动车组，自国铁集团核备"动车组报废申请核准书"后并电复时起取消配属。

（2）按动车组的支配使用关系，分为支配动车组与非支配动车组。

支配动车组是指本局（段）有权支配使用的动车组。支配动车组不一定都是本局（段）的配属动车组；本局（段）的配属动车组也不是本局（段）都有权支配。

非支配动车组是指在配属动车组中本局（段）无权支配使用的动车组，其中包括根据铁路局集团有限公司命令批准的长期备用、出租的动车组，以及按租用合同办理的出租动车组。

（3）按动车组的工作状况，分为运用动车组与非运用动车组。

运用动车组为参加各种运用工作的动车组，包括担当工作以前必须进行必要的准备工作、等待工作的动车组，以及中间技术检查的动车组和经国铁集团命令批准的其他工作的动车组。

非运用动车组为未参加运用工作而处于停留或修理状态中的支配动车组，包括备用、检修及国铁集团命令批准的其他动车组。

3. 动车组的调拨

动车组的调拨，由国铁集团决定，以国铁集团机辆部的电报和调度命令为准；动车组状态应符合运用条件，原配属单位应做好交接准备工作，填写移交记录，办理移交手续。

4. 动车组的回送

动车组因新配属、调拨、出租、检修等需要时要进行回送。动车组的回送一般采用专列方式进行。按动车组动力可使用状态划分，可分为有动力回送和无动力回送两种，亦称为有火回送和无火回送。

（三）动车组运用方案

动车组与传统方式的旅客列车构成（机车与车辆分离）有着很大不同，动车组为机车车辆一体化，由此带来检修方式、体制、机构设置和设施等诸多方面的不同，动车组的所有检修作业均在动车组运用及检修机构内进行，动车组完成运输任务后进入动车所内进行检修和存放。

根据动车组运用检修一体化的特点，目前动车组运用方案主要有以下 3 种。

1. 固定运行区段的使用方式（简称固定使用方式）

此方式的优点是动车组在固定的区段内运行，其运行组织比较简单，便于管理，并且可以根据客流波动的特点改变车辆编组，在一些比较封闭的客运专线，如城际客运专线，可以实现规格化运行图，列车到站正点率高，方便旅客出行，也方便客专公司进行市场营销。

但此方式的缺点也比较明显，为了防止由于一些自然因素和动车组运行中出现故障，需要有一定数量的动车组备用，若各区段分别配备备用动车组，那么备用动车组数量较大。并且如果各区段客运量不是很大，则动车组利用率较低。此外，由于动车组检修设备昂贵、技术复杂，设置检修设备时必须集中设置，在此情况下，没有检修设备的区段必须专程送修，又专程取回，这样会造成大量的空车走行，并且占用大量的运行线，使运输组织调整困难。

2. 不固定运行区段的使用方式（简称不固定使用方式）

不固定使用方式与固定运行区段使用方式相比，可以根据动车组状态在其经过检修机构时，对于需要检修的动车组，安排对应级别的检修，这样可以避免空车走行，能够灵活地解决运用与维修一体化的问题。此外，由于动车组有多种运行线可以选择，就有可能提高动车组的使用效率，减少动车组的使用数量。

但是该方式缺点也很明显：一是由于对动车组安排比较紧密，出现晚点、动车组故障等运行异常时，运输组织调整比较困难；二是对于完全意义上的不固定使用来说，动车组运行径路不固定，管理起来比较复杂，对于动车组检修机构来说，其检修计划也难以制订；三是在现实工作中，由于我国采用 4 种不同型号的动车组，并且我国幅员辽阔，地区间气候差异较大，不同动车组适应在不同区域运行，更为现实的问题是，由于 4 种动车组构造不同，每种动车组车厢的载客人数不同，如果不固定运用，很可能出现旅客买票之后上车找不到对应的座位，对铁路客运市场的营销造成巨大影响。

3. 半固定运行区段的使用方式（简称半固定使用方式）

半固定使用方式是一部分动车组采用固定使用方式，而另一部分动车组采用不固定使用方式。它是介于固定式和不固定式之间的一种方式。如京沪高铁、北京—上海段采用固定运行方式，而沪宁段、京津段可采用不固定运行方式。

目前，我国铁路动车组运用的主要方式为固定方式（包括站间固定和套跑）。

（四）动车组运用计划

动车组运用计划是动车组运用和维修的综合计划，也就是根据给定的列车运行图、有关动车组检修修程的法律规定以及检修基地条件等，对动车组在什么时刻、在哪个车站、担当哪次列车、在什么时间、什么地点、进行哪种类型的检修等作出具体安排，以确保运用状态良好的动车组实现列车运行图。显然，动车组运用计划也是运输组织的基本计划，当列车运行图调整时，动车组运用计划也将被重新编制。

由于旅客运输的需求、动车组的归属、种类等不同，动车组运用计划可以分为不同的类型。

1. 平日运用计划与节假日运用计划

平日和节假日旅客的需求不同，体现在出行的时间、密度、方向等各个方面，为适应这种需求，在平日和节假日分别采用不同的运行图，因此，动车组运用计划也自然地被分为平日和节假日运用计划，动车组在平日按平日计划运用，在节假日按节假日计划运用。

为保证动车组在平日和节假日之间过渡和检修计划的实施，先编制平日计划；在编制节假日计划时，应确保节假日计划的交路段内容（始发车站、终到车站及检修的种类）与平日计划的相应交路段内容一致。

2. 单基地与多基地动车组运用计划

列车运行图由 1 个车辆基地配属的动车组担当，所做的运用计划为单基地动车组运用计划。如果列车运行图由 2 个以上的基地配属的动车组担当，相应的计划为多基地动车组运用计划。在编制多基地动车组运用计划时，运行图中的哪次列车由哪个基地的动车组来担当一般没有具体规定，由编制人员综合考虑各基地的情况和动车组的运用效率而定。

3. 单车种和多车种动车组运用计划

列车运行图上的列车采用同一种类型的动车组担当，所对应的计划为单车种动车组运用计划。如果运行图上的列车由不同种类的动车组担当，所对应的计划为多种类动车组运用计划。在编制多车种运用计划时，运行图中的哪个列车由哪种动车组担当没有完全规定，例如，只规定在早 7:30 至 8:30 之间的上行 10 列列车中必须有 4 列采用 10 辆编组的动车组，其他的采用 6 辆编组的动车组。

4. 各种种类的组合

上述各种种类组合，例如，单车种单基地平日计划、单车种多基地节假日计划等，其中单车种单基地的形式是最为广泛采用的方式。

二、动车组的检修

（一）动车组修程修制的基本框架

我国动车组维修分为预防维修和事后维修两大类，具体分类如图 11.7.2 所示。

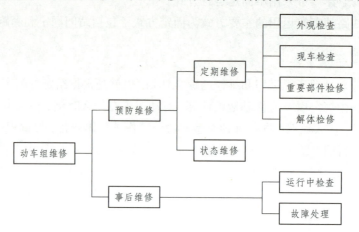

图 11.7.2　动车组维修分类

（二）动车组检修周期

动车组修程分为 5 个等级，一级和二级检修为运用检修，三级、四级、五级检修为高级检修。运用检修在动车组运用所内进行，高级检修在具备相应检修资质的检修单位进行。运用检修可在任一运用所内进行，执行统一的检修标准，运用所承担检修后动车组的运用安全和质量责任。动车组检修周期如表 11.7.1 所示。

表 11.7.1　动车组检修周期表

车型		CR400AF/BF	CRH380A	CRH380B/CL	CRH2	CRH5	CRH6
一级修	人工检修	7 700 km/48h	7 700 km/48 h	7 700 km/48 h	6 600 km/72 h	6 600 km/72 h	6 600 km/96 h
	人机配合	7 700 km/48h 机检+24 h 人工检修	7700 km/48 h 机检+24 h 人工检修	7 700 km/48 h 机检+24 h 人工检修	6 600 km/48 h 机检+48 h 人工检修	6 600 km/48 h 机检+48 h 人工检修	无
二级修	I2	2 万 km/20 天	3 万 km/30 天	2 万 km/20 天	3 万 km/30 天	5 万 km/60 天	3 万 km/30 天
	M1	10 万 km/90 天	6 万 km/60 天	10 万 km/90 天	6 万 km/60 天	10 万 km/120 天	5 万 km/60 天
	M2	40 万 km/360 天	9 万 km/90 天	40 万 km/360 天	9 万 km/90 天	15 万公里/180 天	9 万 km/90 天
	M3	80 万 km/720 天	18 万 km/180 天	80 万 km/720 天	18 万 km/180 天	30 万 km/360 天	18 万 km/180 天
	M4					60 万 km/720 天	
	S/60 万	60 万 km/540 天（仅 CR400AF）	60 万 km/540 天		60 万公里/540 天	20 万 km/240 天	60 万 km/3 年

续表

车型		CR400AF/BF	CRH380A	CRH380B/CL	CRH2	CRH5	CRH6
三级修	首次	165 万 km/3 年	120 万 km/3 年	120 万 km/3 年（第一次为 145 万 km）	120 万 km/3 年	120 万 km/3 年（第一轮次为 145 万 km）	120 万 km/6 年
	首次以后	132 万 km/3 年					
四级修	首次	277 万 km/6 年	240 万 km/6 年	240 万 km/6 年	240 万 km/6 年	240 万 km/6 年	
	首次以后	264 万 km/6 年					
五级修	首次	541 万 km/12 年	480 万 km/12 年	480 万 km/12 年	480 万 km/12 年	480 万 km/12 年	
	首次以后	528 万 km/12 年					

（三）动车组各级检修内容

如图 11.7.3 所示，动车组在检修库中进行检修作业。各级别检修的顺序是依据一定原则安排的，首先做的是基本清扫工作，其次根据各级别的检修周期，先检修最容易出现问题的地方，然后对较高级别应该检修的部件进行外观检查及测试。现将我国动车组的各级检修内容归纳如下：

图 11.7.3　动车组检修作业

1. 一级维修（日常维修）

技术人员根据车载诊断系统所监测到的故障信息，在系统所提供的维修指导书帮助下进行故障的隔离或简单修复，修复的目标是使列车维持运行，可以继续跑完全程，尽量减少乘客的不方便。维修内容包括更换、调整和补充消耗部件，检查各部分的状态和性能，特别是车下悬吊件的安装情况，包括对受电弓、转向架、走行装置、制动装置、电气设备、自动门、车内设备等状态、作用及性能进行外观检查等。

2. 二级维修（重点检查）

按照规定进行动车组性能试验和安全性检测，维护的目标是减少停顿时间，提高列车使用效率，争取在不拆除的情况下检查重要部件，更换磨损部件或单元。包括对受电弓、高压回路、主回路、辅助回路、控制回路、自动门、制动装置、转向架、走行装置、车体、仪表、车内设备、附属设备等的状态、作用及性能进行检修，重点检查轮对踏面和车轴。

3. 三级维修（重要部件分解检修）

维修的目标是通过高质量的维修，保持零部件的可靠性，从而保证列车的可靠性。重点是对转向架及其主要零部件进行分解检修，包括转向架、牵引电动机、传动装置、走行装置、弹簧装置、制动装置等主要部件解体后进行全面仔细检修，车轴探伤。

4. 四级维修（系统全面分解检修）

对各主系统进行分解检修，包括受电弓、高压回路、主回路、辅助回路、控制回路、自动门、制动装置、转向架、牵引电机、传动装置、走行装置、弹簧装置、制动装置等主要部件解体后进行全面仔细检修，车轴探伤，必要时进行车体的涂漆。

5. 五级维修（整车全面分解检修）

对全车进行分解检修，较大范围地更新零部件，并进行车体的涂漆。

📖 知识巩固

1. 请简述动车组运用管理包括哪些内容。
2. 动车组的运用方式及制度是什么？

📖 知识拓展

我国动车组检修基地布局

目前我国有 7 个基地能够进行高级检修，三级修已基本由铁路局动车段承担，四级修由动车段和中车动车组造修企业共同承担，五级修则完全由中车动车组造修企业负责，因此现在各铁路局最高只能进行到四级检修，未来可能会考虑开展五级检修。

下面是国铁集团确认能进行动车组高级检修的 7 个检修基地：

（1）北京动车检修基地：目前具有四级检修能力，主要负责华北及京津冀地区的动车组高级修。

（2）上海动车检修基地：目前具有四级检修能力，主要负责华东和长三角地区的动车组高级修（上海铁路局、济南铁路局）。

（3）广州动车检修基地：目前具有四级检修能力，主要负责华南和珠三角地区的动车组高级修（广铁集团、南昌铁路局）。

（4）武汉动车检修基地：目前具有四级检修能力，主要负责中原和长江中部地区的动车组高级修（武汉铁路局、郑州铁路局）。

（5）成都动车检修基地：目前具有三级检修能力，主要负责西南地区（成都铁路局、昆明铁路局、南宁铁路局）的动车组高级修，并有计划未来提升到四级和五级修的能力。

（6）西安动车检修基地：目前具有三级检修能力，负责西北地区的动车组高级修。

（7）沈阳动车检修基地：目前具有三级检修能力，负责东北地区的动车组高级修，即沈阳铁路局和哈尔滨铁路局。

随着我国高速铁路的持续发展，动车组将不断接受技术更新，复兴号相较于和谐号有更长的维护周期和更简便的维护方式。正是这些严格的检修规程，确保了全国范围内的动车组能够安全、舒适地服务旅客。

参考文献

[1] 严隽髦，傅茂海. 车辆工程[M]. 北京：中国铁道出版社，2008.

[2] 刘志强. 铁道机车车辆[M]. 北京：中国铁道出版社，2009.

[3] 铁道部运输局装备部. HXD3 型电力机车[M]. 北京：中国铁道出版社，2011.

[4] 杨兆昆. 东风 8B 型内燃机车乘务员[M]. 北京：中国铁道出版社，2004.

[5] 焦凤川，王斌杰. 动车组运用与维修[M]. 北京：北京交通大学出版社，2012.

[6] 史红梅. 动车组控制与管理系统[M]. 北京：北京交通大学出版社，2012.

[7] 《和谐型交流传动机车技术丛书》编委会. HXN5 型内燃机车[M]. 北京：中国铁道出版社，2019.

[8] 崔晶，张省伟. 机车总体与走行部[M]. 成都：西南交通大学出版社，2021.

[9] 张旺狮. 车辆制动装置[M]. 北京：中国铁道出版社，2021.

[10] 李纯，张文. 铁道车辆机械装置[M]. 北京：北京交通大学出版社，2021

[11] 中国国家铁路集团有限公司机辆部. 铁路客车检修[M]. 北京：中国铁道出版社，2022.

[12] 中国国家铁路集团有限公司机辆部. 铁路货车检修[M]. 北京：中国铁道出版社，2022.